经典与解释（50）

斯宾格勒与西方的没落
——纪念斯宾格勒《西方的没落》出版一百周年

■ 古典文明研究工作坊 编
顾问／刘小枫 甘阳
主编／娄林

华夏出版社

古典教育基金·"资龙"资助项目

目 录

论题　斯宾格勒与西方的没落（刘小枫 策划）

- 2　两次大战之间的欧洲大陆快照……………………贝尔托诺
- 21　斯宾格勒的不详预言…………………………………梅　里
- 40　斯宾格勒论民主、平等与"无历史性"…………贝尔托诺
- 54　斯宾格勒与历史循环论……………………………柯林伍德
- 73　斯宾格勒与古典时代的启示………………………戈特弗里德
- 89　斯宾格勒世界历史哲学的转变……………………法伦科夫

古典作品研究

- 123　黑格尔《法哲学原理》的结构………………………伊尔廷

思想史发微

153　孟德斯鸠的历史哲学 ……………………………… 卡里瑟斯
186　对施特劳斯政治哲学观念的批判 ………………… 郑和烈

旧文新刊

224　讀《廣論語駢枝·微子篇》質章太炎先生………… 黄云眉
232　劉向別錄考釋 ………………………………………… 李獨清

评　论

279　评《阿伦特的宪政主义》……………………………… 沙　孔
286　评劳勒《现代的美国式尊严》………………………… 施耐德

论题　斯宾格勒与西方的没落

两次大战之间的欧洲大陆快照

——凯泽林的《欧洲》与斯宾格勒的《决定时刻》

贝尔托诺（Thomas F. Bertonneau） 撰

张培均 译

1984年，刚开始研究生生涯不久，我注意到，将自己称为知识分子的人——在当时，人们可以在研究生人文课程中遇到这类家伙——往往痴迷于时事问题和当下之事。一些人明确追随这种或那种非历史的意识形态（ideology of the a-historical），非常强烈地认同所谓的先锋派（avant-garde）或"前沿"（cutting edge），而他们昨天还对这些弃如敝屣，视为一种需要谴责的东西，以便为改革生存方式让路。但是，多数人曾经是（我猜现在还是）墨守成规者，他们寻找某些提示，以便告诉他们可以摆出哪些有效的姿态或用哪些话表明自己赶上了"时髦"（with it）。赶上"时髦"在1980年代中期加利福尼亚的一个比较文学课程中意味着熟悉"理论"，而"理论"意味着法语刊物《当代哲学家》（*philosophe du jour*）的最新预言，好像几乎在作者写出之前就已通过那些学术责任的指向标——大学出版社——发行。首先是福柯，然后是德里达，再然后是利奥塔。由于明天迅即变成昨天，人们感到一种要跟上一系列望不到边的

"时髦"大师(gurus)的恐慌,害怕自己在其他消息更灵通人士面前显得是滑稽的后卫派(derrière-garde)。

由于信念上的保守,我决定走一条相反的道路:忽视先锋派而往回读,可以说是进入另一间档案室,里面是那些被遗忘的、边缘的书——任何一个被既有体制认为可敬的人都不再去读它们,我同时侧身进入当代的异端。这个古怪的计划变成了一种习惯,但也有幸运的收获,比如我与两本奇异的厚书的结识,它们尽管奇怪,但在我看来,在第二次世界大战之前的10年中,它们在欧洲心灵的显著成就中独树一帜。一本是凯泽林伯爵(Count Hermann Keyserling)的《欧洲》(*Europe*,1928年),另一本是斯宾格勒的《决定时刻》(*The Hour of Decision*,1934年)。在被上帝遗弃的当前时刻,这两本书都以不小的批评敏锐对我们说话。

一

事实证明,斯宾格勒是比凯泽林更加持久的人物,但魏玛民国早年的读者更了解凯泽林而非斯宾格勒。人们谈论斯宾格勒,但他们阅读凯泽林,后者的风格更易接近。作为波罗的海容克(Baltic Junker)的后裔,凯泽林伯爵(1880–1946)在大战的余波中时运不济。新获独立的爱沙尼亚共和国,明显无力扭转往昔的布尔什维克政策,没收了(毋宁说是再次没收)这位说德语的前贵族的固定财产,他就此失去了赖库尔(Rayküll)——位于容克治下的利沃尼亚(Livonia)——的世袭凯泽林家产。凯泽林发现自己失去故国、一贫如洗,在寻找职业时,他剩下的唯一资产就是所受的教育(在多尔帕特、海德堡和维也纳受到的高等教育)。但与俾斯麦孙女的婚姻(1919年)还是让凯泽林多少有些地位,而他的第一本书《哲人旅记》(*The Travel Diary of a Philosopher*，1922年，以下简称《日记》)的成功，则让他获得了稳定的收入。《日记》很快被译成包括英语在内的六种语言，迄今仍然可读，甚至还很迷人。1914年，在战争爆发前，凯泽林进行了一次环球旅行，《日记》根据不同国家对当时世界作了一番描述，以沉思的方式记录了那次旅行的教训。

《日记》显示出一种世界公民-自由主义的(cosmopolitan-liberal)态度，兼具显著的神秘倾向。相比之下，他的另一本书，《欧洲》，德语原文作《欧洲的光谱》(*Das Spektrum Europas*)，则将作为一次为民族主义和个人主义的(高质量)申辩而令读者震惊。凯泽林对不同欧洲民族作了"光谱分析"，既分析它们独特的个性，也分析它们复杂的相互关系，从而推进了这一论点：如果欧洲要从自己爱发牢骚的多样性(variety)中锻造出行政上的统一体，它要这么做才可以——将充分的权利和合法性赋予各种样态(varieties)。

凯泽林支持一个适度的泛欧洲政府，其首要职能是调解不同主权民族国家之间的争端，但与他往常的习惯一样，他没有提供具体细节。凯泽林关于一个泛欧洲的行政机构的概念，因其适度而不同于很多早前人物的提法，比如威尔斯(H. G. Wells)的泛欧洲概念，构设了各种纯理论的乌托邦——例如在《诸神般的人们》(*Men Like Gods*)中，这些乌托邦都预言民族国家将会解体，不只是变成一个泛欧洲的组合体，而是变成一个世界共和国。当然，威尔斯假定英语，而非法语或北京话，将成为那个共和国唯一的统一语言。精英将教育民众，以使最初着迷(captive)的一代人彻底放弃任何民族认同之类的东西。在《欧洲》最后一章，在一次关于民族"类型"的讨论中，凯泽林坚持认为他自己对认同的感觉，不同于共产主义者和社会主义者宣传的认同，后者的认同类型是"国际的"或与具体的政治有关。就具体的政治认同而言，主体使自己的个性屈身融入意识形态的构建。凯泽林对此的反应就像对待一种毒素。凯泽林问道:"当我分析我自己的自我意识时,我发现我自己会是什么呢?"凯泽林的回答是:

> 首先且最重要的,我是我自己;第二,一位贵族;第三,一个凯泽林[家族的人];第四,一个西方人;第五,一个欧洲人;第六,一个波罗的海人(Balt);第七,一个德国人;第八,一个俄国人;第九,一个法国人——是的,一个法国人,因为我以法国为师的那些年深刻地影响了我的自我。

值得注意的是,政治全然没有进入其中。阅读《欧洲》中那些自传性的段落,尤其是"波罗的海各国"一章中的那些段落,人们偶尔会获得这一印象:就凯泽林的自我评价而言,归属波罗的海地区,其实比它的位置在他明确的认同等级中所表明的更加重要。

《欧洲》施展了一种关于个人特性与民族特性的考虑周详的辩证法,凯泽林在"导论"中展示出这种辩证法的精微之处。在同一篇"导论"中,作者还阐明了他判定相互对立的各民族和各文化的绝对合法性的理由。凯泽林以一句摘自保罗致罗马教会的名言弥合整本《欧洲》:"因为所有的人都犯了罪,都失掉了天主的光荣。"① 他的辩证法产生自他的如下信念:基本人性和人类对政治存在的安排均不完美。

凯泽林借助一个人们广泛应用的例子注意到,拉丁臣民(Laxin subject)的身份感是"civis Romanus[罗马公民]……这在作为个体的他的内部唤醒一种深刻的自律感和义务感";凯泽林也宣称,

---

① [译注]《新约·罗马人书》3:23,中译采思高本圣经。

人若试图从他是某个特殊团体的成员这一事实推出自身价值，那是在歪想，除了展示出一个荒唐的景象，还会使自己令人生厌。

对凯泽林而言，这两种说法不含矛盾。本着圣保罗的精神，凯泽林确实危及了这一笼统的——对一些人而言是烦扰的——法则："在任何单一民族中，民族元素本身都不与任何有价值的东西绑在一起"，因为，"每个民族的天赋被相应的缺陷所平衡"。如凯泽林所见，"民族精神的唯一价值在于，它可以对个人起到基本质料、形式原则的作用"。在反讽的结论中，凯泽林如此结束自己的三段论：

> 正是出于这个理由，每个民族都本能地以自己已产生的有世界影响的（world-important）人物的数量和质量衡量自己的地位。

在凯泽林警句式的判断中，一方面，"个体之物和独特之物超越于民族之上，无论是某人自己的还是另一个人的"；另一方面，"价值与乌合之众（mass）二者之间绝对没有任何关系"。至于凯泽林对"乌合之众"的轻蔑，他指出，"基督宣扬对自己邻人的爱只是因为他头脑中没有博爱和民主"。

凯泽林援引希伯来神学和日耳曼音乐为例，进而声称：

> 一个民族只能在某些方面为人类实现意义；亦即，在这些方面，这个民族的特殊才能可以令它适合对全人类产生作用。

因此，对凯泽林而言，求助于"关于正义的抽象思考"是"无用的"训练，严重违背某种"宇宙真理"。考虑到凯泽林体系中个体的中心地位,读者一点都不会惊讶作者在《欧洲》中坚持的看法:他认为个体不仅拥有权利,而且实际上生活在一种伦理规则之下,以便根据一种形而上的价值等级就各个集体发表公共判断。

  在绝对意义上,强壮和美高于虚弱和丑;在绝对意义上,上级高于下级,而贵族高于平民。

  除了带来其他的乐趣,《欧洲》还使凯泽林赋予自己"完全的行动自由",以一种"内在解放"的精神表达这类判断,有教养的读者肯定会欣赏这种精神,以同等的严肃和反讽对待每一个人。

  凯泽林承认,"对于此书,有些人除了愤恨什么也没有"。他实际上希望"所有法利赛人(Pharisees),所有非利士人(Philistines),所有傻瓜,资产阶级,无幽默感的人,头脑迟钝的人,会被深刻地、彻底地伤到"。这些话几乎更适合——当然更适合、极其适合——公元(Anno Domine)2009年而非1928年;但人们会在上下文中预设这些话的合法性。凯泽林预先提醒他的读者,像在评估其他民族时那样,在评估"我自己的民族"——意为波罗的海人——时他会推行同样的标准。

二

  可以说,在总结《欧洲》时,一个人只能抽取样品,牢记凯泽林的警告——他必定要得罪那些易于得罪的人。读者需要自己去探索《欧洲》,去发现凯泽林关于荷兰人、匈牙利人、罗马尼亚人、瑞典人和瑞士人的说法。接下来的内容只谈及与英格兰、法国和德国有关的章节。第一章开始分析英格兰,章节顺序是否暗示了即便最温和的等级体系?凯泽林必须承认,他的英语读者对他的作品是否流行至关重要。他对英格兰人的处理,尽管总体上讲不宽容,但确实由于钟爱而看上去亲热一些。对凯泽林而言,"对英格兰的狂热"(Anglomania)这一奇怪现象(现今人们会说"亲英格兰"[Anglophilia])间接地告诉了我们某些关于英格兰的东西。

一个国家在其他国家的映像中看见自己,不是看见它本来的样子,而是它想要成为的样子;正如在世界大战中,每个国家都将自身无意识中最坏的特征归给它的敌人。

论英格兰

凯泽林以典型的直率陈述,将"本能"而非"智力"归于盎格鲁-撒克逊人。根据凯泽林的看法,

整个[英吉利]民族……对思考有一种不可遏制的偏见,而且,最重要的是,对以任何方式执着于智力问题都怀有一种不可遏制的偏见。

作为本能的生物,英格兰人带着确信或至少带着确信的样子行事。在盎格鲁-撒克逊精神中,正是这种确信,实用主义地转化为采取大胆行动的习惯,其他人对此相当钦佩,尽管对此有所误解。"英格兰人……是一种动物-人(animal-man)";而且,"在梯级的最底端,他是马-人(horse-man),带有相应的马的特征。"对推理的厌恶可以解释不列颠帝国,它"简单地生长,对任何人的领域都没有意图",受到殖民-官员型(colonial-administrator type)的管理,后者"几乎不思考任何东西,除了食物、饮料、运动以及——如果他年轻——调情"。

凯泽林眼中的英格兰人,不管宗派归属(sectarian dispensation)

为何，除了上帝，还崇拜"游戏规则"。因此，他"对一个人的土地、一个人的党派、一个人的阶级、一个人的偏见的忠诚……［是］第一法则"，所以"绝对价值的问题并不重要"。从这些倾向产生了"英格兰经验主义，它尽管极受法兰西人鄙视，却使英格兰人能够成功地预见时代精神促成的危机"。但是，根据凯泽林的判断，如果英格兰人在智力上没有天赋，他就会"在心理上更有天赋"，结果是，布里顿人（Briton）拥有"处理非凡人类质料（human material）的技能"。这种天赋的核心就在于凯泽林所谓的"原始"原则：一个人应当"己活活人"（live and let live）。英格兰人的个体感和权利感，在积极意义上，作为对现代潮流、对《贝奥武甫》(Beowulf) 诸英雄和阿尔弗雷德国王（King Alfred）的贵族-自我主义的一种反转，同样是原始的。英格兰保留了比任何其他欧洲国家都要多的中世纪习俗，这些风俗实为有益的镇痛剂，可以缓解现代性固有的去文化（deculturation）倾向。但凯泽林担心，英格兰人可能难以维持这个习俗，且会比其他民族更彻底地扎入"乌合之众时代"，正如其旁系美利坚民族——按他的判断——之所为。

论法兰西

放声大笑的高卢读者，只需翻转书页，就能收到凯泽林以独有的直率（patented forthrightness）给他们开的刺痛药量。讨论以足够的奉承开始。英格兰人根据本能生活，反之，法兰西人一般说来表现得好像是一种"普遍易懂的生命形式"（universally intelligible life-form）；在法国人身上，人们看到一种有"意识"和有"智力"的生物，其理性——在高卢成语中——"为自己"编造了"一种完美的语言"。因此，"所有西方的意识形态，不管它究竟能否由法语表达，都可以在那种语言体内找到自己最易懂的表达方式。"不过，

"无论法兰西人的头脑多么明晰,他的自我意识都是情绪的而非智性的",既然如此,这种自我意识凭借情绪本身,就"容易激烈地激起"其"为自身的终极辩护"。从巴黎人的情绪性,从其他人对法兰西的尊敬,用带有智性上的精确(intellectual precision)的法语来说,产生了最无吸引力的高卢品质:"法兰西人……总是在自己的对手中看到文明的敌人。"1914年出现的正是这种倾向,但在法兰西共和国诞生之时,雅各宾党人的凶残就表明了这种倾向的存在。

然而,如凯泽林所见,法兰西不是动态的而是本质上保守的民族,正是这一点使它能够在一轮又一轮无尽的革命中存活下来。1918年之后法兰西的真实角色,不应该像法兰西人自己通过国际联盟扮演的那样,是通过一些合理的模式去"恢复"——即去改造——欧洲,而应该是保存革命前文化的遗迹。"法兰西是欧洲最卓越的文化民族。"

论日耳曼

凯泽林关于日耳曼的话题,始于引用其老朋友沙皇驻伦敦大使本肯多夫伯爵(Count Benckendorff)的话:Ne dites pas *les* allemands; il n'y a que *des* allemands[不要谈论那些日耳曼人;只有整体的日耳曼人]。根据凯泽林的看法,"只有从其他人的视角看,某个日耳曼人才存在";但并非全然如此,因为人们可以作出适当的概括。一个日耳曼人是一个"客体生物",他的"生命–要素,从外部看,永远(once and for all)最典型地见于对客体的崇拜"。因此,一个日耳曼人天生就是一名专家,致力于他自己的专业技能和作为有序存在原则的专业技能本身。凯泽林利用了一个老笑话:

> 如果有两扇门,第一扇上面写着通往天堂,第二扇上面写

着通往关于天堂的讲道,所有日耳曼人都会走向第二扇门。

日耳曼人对客体和实物的兴趣造就了日耳曼人丰富的技术——日耳曼人在精密工程和日常生活的机械系统化中占据首要地位。日耳曼人尽管朝向客体,却在精神上为"不真实"所苦。为何如此?

凯泽林注意到,

> 人的个人要素,随着人的意识变得集中于分离的、具体化的观念而相应地衰退;而对那些不得不与他打交道的人而言,知道他们可以期待什么、可以依靠什么,事实上已变得不可能。

凯泽林没有预见到魏玛民国的瓦解和独裁的灾难,但在刚刚引用的那句话中,他确实看到了两者的原因。

《欧洲》的最后一章试图以预言作结。凯泽林写道:

> 欧洲正在作为一个统一体出现,因为,面对日益迫近的非欧洲的人性(humanity),欧洲人共有的东西变得比那些将他们分开的东西更加重要,因此,新的因素开始在共同意识中统治旧的因素。

但是,凯泽林根据自己的辩证法,发出一个警告:欧洲各国面对非欧洲人而联合起来时,必须避免产生"疯狂的泛欧洲人"这一结果,这种人忘了各组成国的特殊性,"没有比以前更好地相互理解,反倒不再那么能够理解彼此"。倘若如此,那么,欧洲实际上会"美国化"。凯泽林以一个不祥的音符作结:

> 不止一种文化在达到全盛之前灭绝。亚特兰蒂斯、冈瓦

纳(Gondwana)大陆,都走了死亡之路。人类的愚蠢、人类的怠惰没有止境。

三

凯泽林与斯宾格勒(1880-1936)从未真正互相认识;相反,他们活着时对对方都很冷淡,凯泽林扮演更外向的角色而斯宾格勒扮演更内向的角色。1922年2月,凯泽林从达姆施塔特(Darmstadt)写信给斯宾格勒,附上他对《西方的没落》的评论,并邀请斯宾格勒参加一场"智慧学园"(School of Wisdom)研讨会,研讨会将在伯爵的达姆施塔特府邸举办。("智慧学园"是凯泽林的讲座基金项目,自1920年运营,直到1933年纳粹政权将其禁停。)斯宾格勒谢绝了这一邀请,原因是听众可能是"塞满理论知识的年轻人"。斯宾格勒在回信中对凯泽林谈到,

> 借助智慧,我明白,一个人经过数十年艰苦的实践工作获得的一些东西,完全与知识无关。

斯宾格勒在信末(adieu)许诺,他会让自己的出版商给对方寄上新版《西方的没落》。凯泽林邀请的语调可能冒犯了斯宾格勒的分寸感;凯泽林确实设想了一种合作的意愿,这对斯宾格勒而言可能过于强烈。尽管如此,凯泽林还是正确地预设自己与斯宾格勒有很多相同看法——但关于斯宾格勒是否有义务接受来自凯泽林的社交邀请,二人显然看法相左。

《决定时刻》[①]与斯宾格勒的一切作品类似,是一座富含观察

---

① [译按]《决定时刻》,中译参郭子林译本,上海:上海人民出版社,2009。

力和洞察力的富矿,难以总结,主要是因为,它如此深刻地与里程碑式的《西方的没落》相通,以至于成了后者的一个尾声。《决定时刻》的核心是最后一章的双联画,斯宾格勒称之为"白人的世界革命"和"有色人种的世界革命"。如同凯泽林直率的反讽,斯宾格勒的坦率言论只会过之而无不及,这使他十足地政治不正确。

希特勒政权会打压《决定时刻》,正如它打压凯泽林的达姆施塔特讲座机构。两者在极权主义的语境中都是不可宽恕的异端。斯宾格勒在"纳粹时代"(die Nazizeit)的开端写作,他在可怕的事态发展中没有看到什么特别新的东西,只有一种熟悉的趋势(Tendenz)在加强。西方的终极危机已经持续了一百个混乱的年头;解体的壮观景象只会继续,这不仅关乎外部世界的制度和形式,而且关乎内部世界的精神完整(spiritual integrity)。

斯宾格勒召唤出现代大都市的形象,与奥尔特加(Ortega)对乌合之众的恐慌形成呼应,他写道:"一堆原子并不比单独一个原子更有生机。"现代乌合之众主体,以其精神过程粗略地定量,等同于带有"文明和历史"的"经济活动的物质产物"。斯宾格勒坚持认为,经济只是一套变戏法(sleight-of-hand)似的话语,用于掩饰那场已压垮西方的"灾难"的真实本性,那场灾难就是文化神经的彻底衰弱。

在《决定时刻》中,斯宾格勒把自己在《西方的没落》中发展出的概念作为基础,尤其是这一观念:西方已不再是一种"文化",一种健康的、生气勃勃的东西,已进入其生命的濒死阶段,或斯宾格勒所谓的"文明"阶段。斯宾格勒写道:

> 不断增长的一群群农民,被从土地连根拔起,成为可怕意义上的"乌合之众",无形式的人类沙子,从中可以捏出人造

的、因而稍纵即逝的人物。

他们"拥"入大都市,"这个石头和石化物的世界"。斯宾格勒强调"文明"的无形式,在其中,"用于家庭和种族持存的本能"处于废止状态。"文化是生长",是"大量的孩子",而"文明"是"寒冷的智力……是对于当天,对于日报、短命(ephemeral)文学和国民议会的仅有智力",不热衷于将自己作为固定习俗、有教养的子孙或一个尊重传统的后代来延续。"白人的世界革命"由"乌合之众、一切意义上的下界(underworld)"的胜利构成。

乌合之众从低处看一切,厌恶优雅,鄙弃任何永久之物。乌合之众想要"从所有……束缚、从一切形式和习俗、从一切(乌合之众在自己迟钝的狂暴中觉得)生活方式更优越的人们中解放出来。"因此,乌合之众吁求平等主义。但是,斯宾格勒表明,平等主义实际上只是一句口号,一种婉辞。真实的趋势是"虚无主义"。

"虚无主义"的图式(pattern)及其关于拉平(leveling)的词汇,出现于法国大革命期间,比如出现于公民(citoyen)彻底政治化的礼仪和据称对"自由、平等、博爱"的普世要求中。斯宾格勒写道,"政治自由主义的核心要求",就包含在"免于旧文化的伦理约束的欲望"之中。而斯宾格勒坚持认为:

> 这一要求绝不普世;它只是被那些以此为生并通过这一自由觊觎进一步的私人目标的夸夸其谈者和作家叫嚷成这样。

今天,我们在各种编造的紧急事件中看到这同一种图式和所谓的普世要求,合众国当前彻底自由–虚无主义的政权,不断地遛出来(trots out)证明自己权力的巩固,以此不断地攻击美利坚政治

体中形式和习俗的残余。用斯宾格勒的警句说:

> 积极的自由主义合乎逻辑地从雅各宾主义发展至布尔什维克主义。

而且,按斯宾格勒的判断,将布尔什维克主义——1930年代的人会这么做——仅仅等同于苏联,是一个错误。

> 实际上[布尔什维克主义]诞生于西欧,而且,作为1770年的自由民主制——也就是说,以纸上的各种体系和理想来控制活生生的历史的冒失意图——的最后阶段,其诞生确实有逻辑必然性。

当斯宾格勒论及自由主义-虚无主义中的(所谓的)宽容这一主题时,人们再次想到21世纪第一个十年存在于欧洲和北美的形势。内在于形式的,是形式对无形式的严格排斥。要把那些被正确排除在外的东西、那些属于破坏势力的东西包括进来,这一挑衅性的要求使得自由-虚无主义的政权积极把反社会的行为洗白。因此,在自由主义-虚无主义之下,自命的人民代表们将"宽容扩展(extended)而非要求(demanded)至那些破坏力量"。当然,"那些破坏力量"并不拒绝扩展。斯宾格勒在历史类比的意义上,将这称为"格拉古的方法"。一旦——斯宾格勒时代的欧洲已然发生——"中产阶级接受无产阶级这一概念",文化自杀的配方就终于使所有原料准备就绪了。斯宾格勒写道:

> 我意识到,多数人会带着恐慌拒绝承认,这种不可避免的将数世纪建立起来的一切粉碎的行为,是有意为之,是为此目的蓄意工作的结果……但它确实如此。

四

类似于后来另一个现代性病痛的诊脉者沃格林,斯宾格勒看到自由主义-虚无主义的根子在于对一种宗教观念的歪曲。

> 西方所有的理想主义体系,事实上都源自基督教神学思想:莫尔的乌托邦、康帕内拉(Dominica Campanella)的太阳国(Sun-State)、路德的信徒卡尔施塔特(Karlstadt)和闵采尔(Thomas Münzer)的学说,以及费希特的国家社会主义……基督教神学是这些主义的祖母。

这种虚无主义的类型——作为对福音主题的歪曲,与自由主义-虚无主义的情况丝毫没有矛盾。

> 只要一个人(以富与贫、对与错的道德语调)混淆贫穷、饥饿、不幸、工作和薪水等概念,并因而被导向加入无产者类型的社会和经济要求,亦即金钱要求,他就是一个物质主义者。

这是斯宾格勒的观点,但是,一个人对自己的物质主义学说,也可能有那种狂热信奉上帝的人对自己的精神偶像的信仰-态度,带着伴生的凶残和无情。真实基督教的终点是"弃绝"(renunciation)。论到上帝给亚当的判决,斯宾格勒写道,福音告诉人们,"勿将生命的这种艰苦含义视为苦难,并企图以党派政治来规避它"。

斯宾格勒在精确描述现代对移民友好的公共福利国家时注意到,"无产阶级的选举宣传",要求一项与福音原则相反的原则:"物质论者更喜欢吃他人汗流满面赚得的面包。"当格拉古式的暴民支配于下,从而煽动家们可以操纵于上,就会紧接着发生这样的事:"那些低劣的心灵,将其他人的经济生活和整个经济生活视为一个能从中以最小努力榨出最大享乐的对象,其寄生虫式的自私自利"将在panem et circenses[面包和马戏]中寻求其兽性目标。一旦多数人通过压榨——并通过一种在"政治薪水"的福利伞下假装的工作——堕落至庸俗的消费者,该社会就已使自己的灭亡成为必然。它只会朝着自己不可避免的死亡蹒跚而行。甚至目光尖锐的人也将不想面对现实。斯宾格勒写道,他们会"在恐慌中拒绝"相信自己看到的东西。斯宾格勒也许想到了一封来自其通信者施鲁巴赫(Roderich Schlubach)的书信,日期是1931年10月9日。施鲁巴赫写道:

> 我坦率地承认,你[在《西方的没落》中]预言的很多事情业已发生。西方的没落似乎近在眼前,而我仍然不相信一个世界末日,只相信我们的境况会有一次彻底的改变。

这就是"白人的世界革命"——暴民-嫉妒、形式的毁灭、绝嗣以及大众娱乐的孩子气所赢得的胜利。实际上,当施鲁巴赫说"我们的境况会有一次彻底的改变"时,他不明白,他的话与他想要表达的意思正相反。"有色人种的世界革命"又如何呢?凯泽林在《欧洲》的最后一章已警告过,欧洲在自己摩擦着的统一中会受到附近非欧洲世界的威胁。在斯宾格勒的史学理论中,外部的野蛮行为(barbarism)的威胁总是与"文化"进入自己易潮解的(deliquescent)暴民阶段——《西方的没落》的作者反讽地称这一阶段为"文明"——的过程同步。更早的时候,在文化阶段的稳健势态中,优势民族不可避免地将自己的影响强加于各邻近的异族,后者的社会复杂性和技术精密性的水平更低，无法有效抵挡侵蚀。斯宾格勒强调，不可能存在别的情况。欠发达社会的人民只会逐渐意识到一种差异，而发达社会冒出的煽动家阶层，则在自由的发作（liberal paroxysm）中，迅速鼓励他们将这种差异视为不义。

如是，斯宾格勒称，"1770年以来的白人革命，一直在为有色人种的革命准备土壤"。该过程遵循以下进程：

> 像密尔和斯宾塞那样的英格兰自由主义者的著作……向印度各高等学校提供了"世界观"。由此，年轻的改革者们容易为自己找到通往马克思的道路。孙中山，中国革命的领袖，也在美国找到这条道路。由此引出了一切革命著作，其中的激进主义甚至令马克思和鲍罗廷相形见绌。

斯宾格勒自觉而有意地使自己远离国家社会主义者，他提醒自己的读者，他不是"在如今欧洲和美洲的反犹者（anti-Semites）中间的潮流意义上……谈论种族"。他只不过是在比较现存各民族的生活态度。西方各国与非西方各国争夺统治权，不管它们愿意与否。非西方各国，比如日本，其大胆行为与那些将西方扮成一个替罪羊角色且明显是种族主义的意识形态一致。西方有各种敌人。它无法选择不与它们为敌；它们不容分说地选择与西方为敌。西方要么抗击进犯者要么屈服。当斯宾格勒转向人口统计学，转向他对西方的人口－置换（birth-replacement）赤字与其他地方迅速增长的人口之对比时，他的论述令我们印象深刻，那不是过时的东西，而是完全当代的东西。

> 易卜生时代的妇女解放，要的不是从丈夫那里，而是从孩子那里、从孩子们的负担中解脱出来，正如同一时期的男人解

放意味着从对家庭、民族和国家的责任中解脱出来。

欧洲中产阶级，从他们未能反对社会的庸俗化、从他们不愿延续子孙从而使自己不朽来判断，他们的态度都是在虚无势力面前的某种退让（abdication）——这一点不管在1934年还是2009年都真实存在。跟无产阶级一样，小资产阶级（bourgeoisie）当时和现在都只渴望panem et circenses［面包和马戏］，或者，如我们别致地在当今美国对此的称呼，消费者的生活方式。斯宾格勒在《决定时刻》中预测，非西方世界会对西方越来越敌对并具有掠夺性，它们会眼看这些颓废的国家唾手可得，并寻找机会攻击和羞辱它们所痛恨的他者（other）。斯宾格勒相信，西方革命者的虚无主义潮流，会与其非西方的、殖民地的或前殖民地同仁的类似潮流汇合，内部与外部的乌合之众会在一个共同的破坏计划中彼此合作。此外就是柏林纳粹政权与东京武士道（Bushido）政权之间的古怪联盟？或者希姆莱（Heinrich Himmler）① 与耶路撒冷的大穆夫提（Grand Mufti）② 之间的联盟？今天看来，情况正是国产的极权主义者与不可同化的费拉-协作者（fellah-collaborators）③ 之间的这种亲密合作，比如在大不列颠和瑞典——在合众国同样如此，并且程度丝毫不减，合作范围也不只关乎墨西哥非法移民一事。

《决定时刻》依旧是一本令人震惊的书。它甚至会使保守主义者震惊，因为面对某种程度上盛行的关于一个人可以说或不可以说的教条，他们无法避免被同化。人们可以想象当代自由主义者们对这本书的反应——假如他们对此书有任何了解的话：唾弃、

---

① ［译注］德国纳粹党秘密警察头子。
② ［译注］耶路撒冷的伊斯兰教教法的最高权威。
③ ［译注］Fellah原意为阿拉伯国家的农夫。

怒不可遏。当代自由主义者根据妄自菲薄的多元文化主义者在顺民心态(dhimmi-mentality)①下立下的行规,几乎已经完全禁止斯宾格勒的词汇。《决定时刻》还是一本激进的书,尤其是其中的见解也屡见于《西方的没落》两卷书中,即,18世纪已经开始的西方的危机,很可能就在20世纪末及之后发展到尽头。凯泽林的《欧洲》——我们记得它发表于1928年——结尾处出现的不安,在《决定时刻》最后一章以更强烈的忧虑呈现出来,后者1934年以德语出版,在戈培尔压制了德语版的进一步出版之后,1936年以英语出版。国家社会主义者与现代自由主义者一样,无法忍受一个强有力的声音说出了他们实际上是谁、实际上是什么。

---

① [译注]纳忠,《阿拉伯通史》,北京:商务印书馆,2005,第十四章,"新领土的管理":"作为顺民(Dhimmi),受治的人民都享受穆斯林的保护,且没有服兵役的义务,因为他们的宗教妨碍他们在穆斯林的军队中服务;但是,他们必须缴纳重税。"顺民不相信穆罕默德是先知,但他们从来不说任何话去冒犯穆斯林。

斯宾格勒的不祥预言

梅里(Robert W. Merry) 撰
郑惠文 译 周 行 校

一个问题纠缠着美国:美国是否正在世界舞台上没落?外交政策论文充满了对此表示肯定的论调。有的人,比如肯纳(Parag Khanna),认为这种没落由一些美国不能掌控的力量所致。包括耶鲁大学的肯尼迪(Paul Kennedy)在内的有些人则认为,美国通过"帝国式过度扩张"以及其他出自全球野心的行动,导致或至少部分地导致了自身的没落。还有一部分人,比如布鲁金斯学会的卡根(Robert Kagan)和斯特拉福的弗里德曼(George Friedman),则主张美国压根儿没有没落。但这个问题迫在眉睫,是个核心而不可避免的问题。

这或许是个错误的问题。美国是西方文明的产物,也是西方文明不可分割的一部分,所以,严肃分析美国作为具有全球性大国的命运,必须在西方语境中进行,这里的西方主要指欧洲。

卡根对此表示怀疑。在2003年出版的名著《天堂与权力:世界新秩序中的美国与欧洲》(*Of Paradise and Power: America and*

Europe in the New World Order)中,① 他提出一个著名论断:美国人来自火星而欧洲人来自金星。他写道:"他们共识极少且越来越不理解对方。"且又补充说:

> 当涉及设置国家优先权、确定威胁、定义挑战、制定并实施外交和国防政策时,美国与欧洲有不同做法。

也许如此。但美国与欧洲的确有着共同的文化遗产,命运休戚与共,这一点不会随双方的喜好而改变。想想希腊与罗马,也都是古典文明的一部分。二者尊崇同样的神明,追求同样的艺术表达样式,且在各自最繁荣的时期以大致相同的方式看待政治。并且,罗马将军穆米乌斯(Mummius)和美忒路斯(Metellus)水陆两面进军希腊,迫使罗马与希腊的命运最终粗暴地结合在一起。但这与小斯基皮奥毁灭迦太基性质不同,因为希腊人并不代表异族文明。杜兰(Will Durant)将希腊文明的终点定在325年,是时君士坦丁建立君士坦丁堡,罗马随之决定性地背弃了属于自己的希腊遗产。

美国与欧洲也是如此。因此,研究美国的没落一定会引向西方没落的问题。而对西方没落的分析必定指向斯宾格勒,这位德国知识分子在1918年写出他的惊世之作《西方的没落》第一卷,随后在1922年完成第二卷。斯宾格勒的论点要求读者用一个完全不同的视角来看待历史。读者们确实这么做了,斯宾格勒因而曾经影响广泛。但如今,他和他的作品都已黯然失色,几乎没有迹象表明,研究美国没落的学者们,曾参考过这位德国浪漫式思想家的消极沉思或他的主要历史理论。卡普兰(Robert D. Kaplan)在世界各

---

① [译注]中译参刘坤译本,北京:社会科学文献出版社,2013。

地研究各个民族和各种文化的学者,他认为斯宾格勒"……文字晦涩,催人入眠,同时思想深奥,坦率地说,英文译本有时不太好懂"。卡普兰认为,我们借助地理学更能看清历史的意义,而非借助斯宾格勒热切思考的所谓引导历史的文化力量。

但事情并非总是如此。如法伦科夫(John Farrenkopf)在他的《没落的先知:斯宾格勒论世界历史和政治》(*Prophet of Decline: Spengler on World History and Politics*)中指出,斯宾格勒的衰退论在二战后的美国吸引了许多思想和行动上卓越的人,包括凯南(George Kennan)、基辛格、尼策(Paul Nitze)、哈利(Louis Halle)、摩根索和尼布尔。凯南在年轻时留德期间读过斯宾格勒的原书;基辛格在哈佛的本科论文写的就是斯宾格勒以及汤因比和康德,尽管基辛格最终拒绝了西方无法避免会走向没落的观点,但他曾坦白,自己用这个德国人的观点来"保持吸引力";尼策年轻时离开华尔街去哈佛大学专程学习衰退论;哈利则据说因为沉迷于该书而成绩糟糕。尽管如此,法伦科夫注意到,斯宾格勒"在现代国际理论中的地位很少受人关注","他的富有挑战性的观念尚未被重构成一种关于国际关系的理论立场"。也许他认为,除了那些最理论化的沉思之外,斯宾格勒的悲观主义有点过于不祥。

斯宾格勒的著作紧接着第一次世界大战的屠杀之后出现,而传统史学家也立即对他发起了攻击。休斯(H. Stuart Hughes)在《斯宾格勒批判》(*Oswald Spengler: A Critical Estimate*)里提到,学术界"备感尴尬,不知道如何对待这本书"。尽管《西方的没落》是令人印象深刻的研究,也言之有物,但学界并不认为它是值得尊敬的学术成就。休斯写道:

它太形而上、太教条了——在所有方面都太极端了。但它就在那里——真理之路上的一块巨大的绊脚石。

他似乎在说，之后的学者不太可能忽略这本书，但也不会搞清楚如何把书中观点纳入他们自己的思考。

拙文的意图在于，以斯宾格勒的讨论作为棱镜，帮助我们观测这个世界在公元2013年的状态，并考察关于美国和西方没落的问题。虽然我这么做不能保证得出什么有价值的结论，但我确信，这一论题的要素也许会启发我们努力理解我们的时代。斯宾格勒的作品就像一剂猛药，适量服用有益健康；但正如休斯所言，由于其形而上、教条和极端的性质，囫囵吞下则很危险。此外，斯宾格勒的论题是不折不扣的命定论，这在哲学上不免引发疑虑，在心理上则很难让人接受，毕竟人们对命定论的非道德内涵心生抵触，更何况命定论还攻讦无论神圣还是世俗的救赎概念。

但斯宾格勒思想的两种品质值得特别留意。一是对"进步观"的驳斥。这个西方的陈腐观点认为，人类几个世纪以来通过越来越快的发展速率不断前进，从原始和野蛮状态到启蒙和文明，而且还会通过自己在地球上的经验积累而继续前进。进步观从13世纪萌芽开始，几乎启发了西方所有重要的哲学思想。正如作家兼哲学家尼斯比特（Robert Nisbet）所言：

> 在西方文明中，没有一种单独的观念比进步观更重要，连与之同等重要的观念也没有。

在我们自己的时代，进步观也是欧洲中心论和美国例外论的先驱。它是福山著名的"历史的终结论"的基础，历史终结论认为，西方民主资本主义代表人类文明发展的顶峰。该观点激发了如今的外交政策信念，这一信念在政治光谱中相当盛行，即认为美国的世界角色是用西方形象重塑其他社会和文化。

斯宾格勒正相反,他认为历史是各种不相关的文明的故事,每一个文明都有自己独特的文化,这些文化产生、发展、繁荣,然后没落。这一循环视角包括某种潜在的看法。首先,由于各种文明和各种文化皆不相同,所以不可能存在普世文化。没有哪个产生自某种文化的思想可以强加于另一种文化,不管以和平方式或通过暴力。而且,文明的没落是一条不可避免的规则,适用于所有文明,当然包括西方文明在内。

基于对八大文明的研究,斯宾格勒的第二个鲜明观点是,没落的进程伴随着某种帝国冲动和对恺撒主义的向往。霸权冲动与独裁形式一起显现。如比尔德夫妇(Charles and Mary Beard)在《美国人的精神》(*The American Spirit*)中所言:

> 斯宾格勒对历史的判断显然给美国读者带来这样一种观点:"西方文明"注定灭亡,另一个恺撒——一位铁血征服者,会终结这种文明。

斯宾格勒称这一阶段为文明阶段,它能够持续两个世纪。如果通过斯宾格勒的棱镜看待当今世界,那么,美国人如今面临的问题就在于,他们的国家作为西方世界的领导者,是否正在拥抱斯宾格勒所说的文明阶段的那些元素。

但首先让我们看看斯宾格勒其人其学。他1880年出生于哈茨山(Harz Mountains)北部地带,作为采矿工程师的父亲严厉而冷淡。接受完传统的高中教育后,年轻的斯宾格勒在柏林、慕尼黑和哈雷(Halle)的大学里研究数学和科学。他没有通过口试,这也许是其人生最大失落。尽管六个月以后他最终还是通过了这次考试,但那次失败使他不能获得德国大学教授的头衔,于是他辞去之前的工作,屈尊去高中教书。但没过多久,他就放弃教职,搬到慕尼黑,依靠继承的财产在那里平静生活。

1911年,他见证了自己的祖国与法兰西在第二次摩洛哥危机中的激烈冲突。战争之所以得以避免,是因为德国在不列颠鼎力支持法兰西之后退让了。但这个事件也形成了斯宾格勒不可磨灭的恐惧,他担心德国与英法联盟间会爆发不可避免的战争。他认为,这种悄然逼近的冲突是史诗规模的碰撞,将对西方文明影响深远。

他开始写书预测这次冲突,并探索与英国之间的竞争关系。在许多德国人看来,大不列颠这个民主资本主义的贸易帝国本质上已经没落;而德国,一个正在崛起的社会性帝国,在斯宾格勒的国家观中代表一种更神圣的普鲁士文化(Kurtur)。问题在于:哪种力量能够在自己的文明阶段主导西方。

但是,他立刻就形成一种视野,用于更加广阔地探索各世界文明的兴衰,包括在文化上已经耗空、贫瘠的西方文明。他投身于这次探索,即使他之前预测过的这场战争已变成血淋淋的现实,他也没有停止探索。最终,1918年,维也纳的布劳穆勒(Wilhelm Braumuller)出版社推出《西方的没落》第一卷。预想到惨淡的利润和低销量,布劳穆勒只印了1500册。

这本书对德国人的观念产生了巨大影响,如同巨石投入蚁穴。几年后一位学者写道:

> 从未有大部头的哲学著作获得如此成功——无论在受过教育还是未受教育的读者当中,在严肃还是势利的读者当中。

八年内,这本书卖了十万册,并被译成多种语言。如休斯所言,斯宾格勒变成了"时代的哲人"。读者为他极端的大胆所吸引。他不是用笔在画布上画,而是用手臂来回挥动,勾勒出西方哲学的全部线索。

我们可以把斯宾格勒的论题分解成各个组成部分,首先从他对以下观念的反驳开始:可以通过自然科学的探究来理解历史,因为根本原因可解释为一系列展开的事件。斯宾格勒对此说"不",他认为理解历史只能通过领会命运的神秘,这才是"所有历史的本质与核心",而这"不可能通过[康德的]《纯粹理性批判》(*Critique of Pure Reason*)探讨的认知形式而到达"。因此,斯宾格勒拒绝通过科学手段研究过去的目标,而选择一种专注于严格历史类比的分析框架。这种方法显得有些神秘,但斯宾格勒拒绝用科学手段来考察西方兴衰,也许预示了今日所谓"复杂适应系统"(complex adaptive system)的智识潮流。这种刚出现的分析框架拒绝用线性的科学手段来解释有生命的宇宙内部的组织、演化和行为的基本原则,而是在"行为体"(agents)中探索一个"系统"内部的非线性互动,无论这个系统是活细胞、免疫系统、器官、人类共同体还是国家经济。

其次,斯宾格勒拒绝人类统一体的概念,我们可以通过历史探究来追溯这一概念在地球上的滥用情况。他写道:

> "人类"没有目标,没有观念,没有计划,并不比蝴蝶或兰花这一类东西更多。

相反,他提出自己关于不同活文化的论题:

> 我看到……大量强大有力的文化(Cultures)构成的戏剧,每种文化都带着源自母地(a mother-region)土壤的原始力量

而生长，其整个生命周期都与这片母地紧密相连；每种文化都给它的物质和人印上它自己的形象；每种文化都有它自己的观念，它自己的激情，它自己的生命、意志和感觉，它自己的死亡。

第三，如果"人类"是一种无意义的抽象概念，历史是不同文明间的故事，那么，认为西方在世界历史上占据中心舞台就愚不可及。斯宾格勒将欧洲中心论归结为"史学的托勒密式体系"的错误观点，并提出他自己的"历史领域的哥白尼式发现"，他的观点不会为古典的或西方的文明提供相对于其他伟大文明的特殊位置。他写道：其他文明是"动态存在的独立世界……这些独立世界处于历史的整体图景之中"，与古典的或西方的经验"同样重要"，并在某种程度上因"精神的伟大和激增的力量"而超过古典的或西方的文明。

在这里，斯宾格勒的观点变得更加神秘，因为他将各种伟大文化描绘成本质上有机的实体，这些有机实体的出现、发展和没落阶段在不同文化间有显著的相似。他写道：

> 文化是有机体，如果我们解开它们的外形，我们会发现构成所有个体文化的原始文化-形式（Culture-form），这种原始文化-形式反映在它们的各种外在形态中。

斯宾格勒说，之所以追求历史类比对理解"历史循环"至关重要，原因就在于此：通过学习过去文明的模式，我们可以更好地理解自己的文明，理解当前的文化健康或没落状态。

斯宾格勒说，每种文明的诞生，都始于一个特定地区的民族相当突然地发展出一种特别的看待世界的方式。这种世界观完全新鲜,不受制于其他文化的影响。这种新文化出现后,随之发展出一种属于自己的道德感,道德感激起对完满(fulfillment)的强烈渴望,这种渴望转而释放一种激情,用于创造性的表达、新的探究方法以及新的知识模式——这些都与新文化的独特"灵魂"相一致。

对创造性表达的激情,以及文化知识的新张力,可持续好几个世纪,大致一千年或更久,除非被外力阻断。但它终将慢慢消失。然后文明阶段开始,这一阶段的特征是民族传统的堕落和对文化的无知热情(innocent enthusiasms)。它的文化本质曾经来自土壤,后来通过"母地"传播到城镇、乡村和城市,如今这种文化本质已成为少数富裕而强大的"世界城市"的统治,但这些"世界城市"扭结并歪曲旧概念,代之以犬儒主义、世界主义、反讽和一种金钱文化。

这样,斯宾格勒严格区分了文化与文明。文化是创造性能力的阶段,是乡村的"灵魂";文明是物质成见的时代,是城市的"智力"。休斯阐释道:

> 只要文化阶段存在,一个社会里的领军人物便显现出一种对艺术"风格"和个人"形式"的明确感觉。实际上,风格和形式的崩塌最清楚地标志出了由文化到文明的转变。

我们稍微留意一下这个想法,思索它的含义。回想一下,斯宾格勒是在近一个世纪之前写作,当时西方的前卫派运动仅仅是一个由艺术家组成的小集团,热衷于攻击流行文化中的传统情感。正如作家兼批评家特里林(Lionel Trilling)的解释:在斯宾格勒时代,这些人对向大众讲话并不感兴趣。他们的艺术精妙而特殊,仅仅是为了前卫派本身——那些人往往瞧不起大众以及传统观点和文化。那时曾有少数人预言说,这些前卫派的犬儒主义和文化虚无主义,终将被流行文化本身吸收,被大量民众,包括所谓的大众——就是前卫派攻击的同大众——所接纳甚至信奉。但是,斯宾格勒认为,这种情形的出现不过是任何文明从自己的文化阶段过渡到文明阶段的必然结果。

斯宾格勒也预言西方未来出生率会衰退,这主要由女性主义的出现所致,而女性主义也是他描述的文明阶段的一个特点。女性主义在西方的出现和成功,在我们的时代被视为公民进步的一个标志。然而,对其他文明循环的研究使斯宾格勒相信,情况正好相反,这是文化没落的一种反映,主要因为女性主义会导致生育率降低。他说:

> 最初的女人,即农妇,是**母亲**。她从小一直渴望的使命就包括在这个词中。但现在出现了**易卜生式**的女人,即同志,她是从北部戏剧到巴黎小说这一整套都市文学中的女主角。她不再有孩子,只有冲突的灵魂;婚姻成了一种手段,目的是达成"相互的理解"。无论不会错过任何东西的美国妇女,还是总担心爱人离开的巴黎妇女,或是易卜生笔下"为自己而活"的女主角,她们都不需要孩子——她们只属于她们自己,她们都不能生育。

斯宾格勒说,这种现象存在于每个社会由文化向文明转变的阶段。在所有情况下,都会导致他所谓的"人口锐减"。斯宾格勒在政治领域看到一种相似的现象。把目光投向公元前400年的雅典,投向恺撒时代的罗马,他看到一种进步的堕落:

> 与任何地方一样,选举从阶级代表的任命,变成政党候选人的战场,成了金钱可以干预的领域,而且……投入的钱也越

来越多。"个人手中能积聚的财富变得越多,政治权力的斗争就越会发展成一个金钱问题。"

但文明阶段最明显的标志,是斯宾格勒所谓的对恺撒主义和对帝国的不可避免的渴望。斯宾格勒所作的历史类比告诉他,由文化到文明的过渡解放了某种权力意志,对内显现为在文明内部巩固力量的冲动(drive),对外则体现为维持对其他民族的统治的冲动。斯宾格勒写道:"帝国主义是一种纯粹的文明。"在探究这些让人倍感刺激的惑人问题之前,我们必须首先探讨他的历史类比,因为他把这些类比运用于世界历史上的各种伟大文明。

斯宾格勒所谓的八大文明分别是西方文明、希腊-罗马文明、印度文明、巴比伦文明、中国文明、埃及文明、阿拉伯文明和墨西哥文明(阿兹特克文明)。他极为关注三个文明——西方文明(他称其为"浮士德式的文明"),希腊-罗马文明("阿波罗式的文明")和阿拉伯文明("麻葛式的文明")。每种伟大文化在自己的世界观、哲学基础、艺术表达方式、科学技术甚至数学方面都十分独特。

每种文化皆有自己独特的空间概念,这一概念为该文化提供首要的知觉符号,塑造其身份并引导其每一种想法。比如,埃及式的灵魂认为自己是沿着一种狭窄的、规定了的"生命路径"下降,最终到达生命的最终审判。斯宾格勒说,那就是埃及式灵魂的"命运-观念",且这一文化的整个"形式-语言"都在阐明这一个主题。因此,第四王朝的金字塔是一个按节奏安排的空间序列——走廊、大厅、拱廊庭院以及变得越来越窄的带柱子的房间。埃及的浮雕和绘画总是成排出现,引导观赏者走向一个确定的方向。斯宾格勒写道:

对一个埃及人来说,主导他的世界-形式的深度经验无疑带有指向性,他甚至认为空间多多少少是一种持续的现实化过程。

或者考虑一下中国的首要符号,它受"道"这个具有强烈指向性的原则引导。埃及人沿着由不可阻挡的必要性规定的道路行走,中国人则被引向自己祖先的坟墓,不是受石錾引导,而是受友好的自然本身引导。斯宾格勒写道:

> 没有别的地方能使景观真正地变成建筑材料。庙宇不是一栋自我限制的楼房,而是一种布局,在其中,有着明确形式和位置的山、水、树、花和石头,与门、墙、桥和房屋同等重要。

他还补充说,唯有在这种文化中,"园林艺术才是一种伟大的宗教艺术"。

古典文化,或阿波罗式的文化,主要符号则大相径庭。这种符号最恰当的表述就是"身体与形式"。它小而受限,刻画清晰,有着固定的根基,比如帕特农神庙。斯宾格勒写道,阿波罗式的建筑以牢固的基础和底座为特征。"多里斯式的柱子安插在地基中,主殿常常让人觉得是从下往上延伸而来",而且"柱子得到不成比例的强调"。这种对身体的强调导致雕塑成为古典人的典型艺术形式,并导致多神论——"个别身体的多样性"——成为古典人的宗教框架。诚如休斯所言:

> 独立而无依凭的裸体雕像,以其和谐的轮廓和平静的目光,以可见的形式象征人的独立自为这一古典态度以及对神秘命运的安详接受。

对麻葛式的人(Magian man)而言，主要符号是洞穴，光从其中穿过并与黑暗战斗。从建筑角度看，麻葛文明的教堂体现出这一特征，这特征甚至可以追溯到伊斯兰教兴起之前：教堂用厚墙封住洞穴，用些实用的窗将外面的光带给里面的黑暗，这些窗除此之外没有任何艺术表达。这一持续的冲突定义了麻葛式的精神，善与恶之间"持续、未解的斗争"占据这种精神。斯宾格勒说，在这些斗争中，个人意志的概念"毫无意义，因为人的'意志'和'思想'并不是首要的，神已对其产生影响"。这使我们注意到麻葛文化与浮士德文化的一个基本区别：

> 在麻葛世界中……政治与宗教的分离在理论上既不可能也没意义，然而在浮士德文化中，教会与国家(State)之间的冲突内在于这两个概念之中，这种冲突符合逻辑、必要且无休无止。

斯宾格勒说道，在这种浮士德文化中，指导性的形式概念不过是"纯粹的、不可感觉的、无限的空间"。也就是说，"浮士德文化力求跨越各种感性障碍朝向无限"。"无限"作为一个概念，对古典思想家来说完全陌生，因为他们的数学取向是几何学(形式和比例)，他们也没有负数甚至零的概念。但斯宾格勒说，西方人抛弃了欧几里得的公式，转向全新的数学方法，将宏伟的浮士德式观念纳入其中。"替换具体的线和平面这一感性元素……代之以点这一抽象、立体、非古典的元素"和"空间位置间不确定的相对价值"。因此，西方人构想出西方的微积分和西方的物理学，这些研究模式在任何其他文化中都不可设想。

建筑方面有一种类似的区别。伊奥尼亚式(Ionic)建筑盘旋式朝上，而哥特式(Gothic)建筑则直直耸立。所以，西方人必然发明飞拱(flying buttress)，必然能够建造反映出他们对空间的无限向往的教堂。或者说，他们发展出作为建筑的窗户："从中可感觉到想从内部拓展到无限的意志。"

正如传统建筑使雕像成为阿波罗式艺术的首要形式，西方建筑则不可避免地导向音乐。斯宾格勒写道，从1500年左右到约1800年，在浮士德式的人在与自己的"空间超越的意志"搏斗的同时，器乐产生，并成为西方支配性的艺术形式。但最初西方人改变的是绘画，绘画在16世纪经历了它独有的"决定性的划时代转向"。西方画家用光和影突破空间和时间，为他们的作品带来维度，且使背景成为无限的象征。这就是"浮士德式灵魂的深度经验……反映在一幅画的运动(kinesis)中"。这种艺术表达在伦勃朗那儿达到全盛。且重要的是，随着荷兰的巴洛克式(Baroque)绘画达到鼎盛，巴洛克式音乐直耸式的崭新表达增加了西方的文化动量。

至于西方科学，诸如望远镜是一项西方发明，或人类的飞行首先发生在西方，就并非偶然了。类似地，在戏剧方面，特别是肃剧方面，西方发展出一种有穿透力的"传记"(biographical)方式，这种方式与古希腊的"事件"(anecdotal)相反。前者处理人的整个一生，后者处理单个的时刻。斯宾格勒问道：

> 俄狄浦斯或俄瑞斯忒斯(Orestes)的整个内在的过去，与半途突发在他们身上的令人震惊的事件之间……有什么关联呢？

另一方面，"在《奥赛罗》这部心理分析的杰作中，奥赛罗过去生活中哪怕最微不足道的特性，都与后来的灾难有某些关系"。西方的艺术表达深入生命的心理学，最终落脚于对个人的专注，这是人格观念的开端,这种开端随后创造出关于忏悔和个人赦罪的神圣仪式。

斯宾格勒写道:

> 总而言之,如果我们来看整个图景——哥白尼式的世界扩展至我们今天掌握的星空,哥伦布的大发现在西方发展成一种对地球表面的全球性控制,油画和剧院的透视法,我们的文明对于极速转变的渴求,对天空的征服,对极地的探索以及攀登几乎不可攀登的山峰——在所有这些方面,我们都看到涌现出浮士德式灵魂的首要符号,即无限的空间。而那些特别西方式的灵魂-神话(soul-myth)创造——诸如"意志""力量""行为"之类,必然是这个首要符号的派生物。

斯宾格勒总结说,但所有那些渴望、深察、探索以及艺术表达,在一个世纪以前的西方就已经完成。他认为,新的文明阶段的标志,表现在新的伪艺术表达中,即不再称颂西方基本的文化观念,而是抨击这些文化观念;表现为非个人的世界城市的兴起,这种大城市带来的世界主义压倒旧的民族传统;表现为对金钱文化的专注;表现为出生率下降和只属于自己的那种易卜生笔下妇女数量的增加;并最终表现在一场殊死斗争之中,斗争一方是受成功伦理支配的英格兰民主国家,另一方是受义务伦理支配的德意志社会型国家。

斯宾格勒确信德国会在这场斗争中胜出,并成为"最终的西方国家",培养出未来的恺撒,他将领导西方走向西方最后的文明辉煌:统治世界。斯宾格勒通过仔细研究的历史类比而得出这些结论。但他关于殊死斗争的说法错了,他于1936年去世,来不及看到他的祖国被盎格鲁-撒克逊世界的强大力量所击败。这股力量的领导者就是极速上升的美国,而美国所关切的,恰恰是自由民主、自由市场以及个人对自我命运的掌控。然而,他仍得以在有生之年拒绝德国法西斯主义,因为这股异己力量无法带德国走向他渴求的文明间的(intracivilizational)胜利;或者反过来说,他在有生之年遭到了早期纳粹的拒绝,纳粹在1933年掌权后禁了他的书。无论如何,是美国而非德国,成了西方最终的国家,能够定义西方文明并在西方经历自己的文明阶段时决定西方的命运。

以斯宾格勒的棱镜评价我们自己的时代,会使我们不由得产生一系列观点。首先,斯宾格勒通过一种怪异的洞见,预言了西方过去一个世纪的发展现象,包括世界城市和金钱文化兴起,以易卜生笔下妇女的渴望为中心的强大的女性主义出现,金钱在政治中发挥力量,出生率下降,以及充斥着犬儒主义和世界主义、决心摧毁过去文化真理(verities)的前卫文化趣味大肆流行。

其次,斯宾格勒提出了一个有力的观点——处于上升状态的文明没有其特征和发展。相反,文化和社会的衰退和没落倒有很多标志。即使神圣的进步观向西方社会掩盖了这个真理,但事实是明确的:西方文化的没落是彻底的——正如斯宾格勒理解并预言的那样。在我们的时代,已故的巴尔赞(Jacques Barzun)说得很好,他写道:我们的时代

> 看不到任何前进的清晰线条。这个时代面对的困境正是可能性的丧失。艺术以及生活的种种形式看起来已然耗尽,发展的阶段业已结束。各种机构运作艰难。重复和失望就是难以忍受的结果。

第三,斯宾格勒拒绝普世文化这一概念,他的拒绝一度成为

西方思想中颇有争议性的论题,因为当时人们普遍认为普世文化是美国政治的基础之一。我们时代的一些学者在这一点上重复了斯宾格勒的观点,最著名的就是法国知识分子布罗代尔(Fernand Braudel)以及更重要的已故哈佛大学教授亨廷顿,后者常被视为同时代政治理论家中最伟大的一位。亨廷顿援引斯宾格勒,谴责"西方盛行的对历史的近视看法,这种看法仅根据与西方相关的各阶段而对历史进行整齐的划分"。他也拒绝那种"广为传播但狭隘自负的认识,即认为西方的欧洲文明就是当下世界的普世文明"。在其著名的《文明的冲突与世界秩序的重建》(The Clash of Civilizations and the Remarking of World Order)一书中,① 亨廷顿引用了他赞同的布罗代尔的评论:认为现代化或"单极文明的胜利"会导致几世纪发展而来的多元历史文化的终结,几乎是一个幼稚的观点。

这种观点形成了亨廷顿的著名论题:冷战后的世界正向一个充满文明冲突的时期发展,各种不同文明背后的文化激情,会塑造我们时代巨大的地缘政治断裂线。亨廷顿于1993年提出他的看法,其后发生的一连串事件似乎证实了他富有争议的观点。不过,一些外交政策学者还是拒斥他的思想,这些学者支持福山之类的知识分子的普世论概念,而随后的历史事件证明,福山的历史终结论不过是一种知识糖果(intellectual confection)而已。两种观点在知识界的命运,折射出流行的西方普世论观点及其先驱——进步观的力量。

因此,我们不难发现,为什么当今美国或更一般的西方世界这些接受进步观和欧洲中心论的地区,没有与斯宾格勒产生共鸣。

---

① [译注]中译本参周琪等译,《文明的冲突》,北京:新华出版社,2012。

我们也不难发现,在一些推崇文明伦理的所有元素并视这些元素为进步的社会里,斯宾格勒的历史循环论为什么不受欢迎,因为他预见到这些元素,并认定它们其实是文化没落的迹象。

当斯宾格勒仔细地观察西方文明的未来时,所有这些现象都没有让斯宾格勒忧伤。他也没有为自己预见到的西方帝国主义时代和民主制度的没落而悲痛。这些同样仅仅是西方正在经历的自然发展循环所不可避免的结果。实际上,作为西方的产物,他对西方权力和荣耀的最终阶段这一观念感到兴奋。

但现代西方人——特别是美国人——也许会仔细思考斯宾格勒以下预言的含义:西方的最后一个国家,会带领文明进入一个因民主制度严重腐蚀而导致的帝国主义时代。在这一点上,这位神秘的德国思想家会正确吗,既然他那么多关于西方行为和文化模式的其他预言全都正确?我们时代重要的外交政策辩论,比如,美国是否应继续实行冷战后以美国例外论和西方普世论为名实施的干涉主义政策,或者,美国是否应为一种更实用的军事和经济权力而放弃那一使命——大抵而言,这种辩论不就是一场关于斯宾格勒是否正确的辩论吗?

今日外交政策辩论中一个有趣的现象是,这个国家的领导人同集体大众脱节。一种新保守主义的情感支配着共和党,这种情感支持美国广泛卷入海外事务,比如伊拉克、阿富汗、利比亚、叙利亚和伊朗。民主党则受威尔逊式的道德至上情感的强烈影响,这种情感往往也会同样导致拥护干涉主义,即使这种拥护有时是出于不同的原因。民意调查则显示,美国人民对这两种干涉主义的效力持强烈的保留态度。

因此,美国有时候就好像在一个自动驾驶系统上蹒跚向前,同时又伴随一种不可阻挡的、越来越深地卷入世界事务的力量,即便全体选民越来越不满这种卷入。斯宾格勒预言说,西方的民主形式将随着西方朝向帝国的文明推进而必然腐蚀,这一预言正确吗?当然,对这么一种东西,并没有流行的意见。但是,我们能看出美国正向那个方向前行的某些迹象,这些迹象反映为国家行政部门一方日益增加的篡权倾向,其代价就是国会,以及国会对这种倾向的消极默许。从美联储近些年显著增加的权力也可以看出这一点。美联储能够跳过国会的许可而直接分发资金给银行,来实施其"量化宽松"政策以放松资金约束。国会却一声不吭地默认美联储这样侵略其宪法规定的管辖领域。

于是我们触到了不得不思考的真正问题,这也是全球不稳定状况升级时美国要面对的问题:作为西方的最终国家,美国是否注定会成为斯宾格勒所说的混合着独裁冲动与霸权热忱的国家?我们或许会对斯宾格勒教条性的决定论产生某种自然的厌恶,这里正是这种厌恶能起作用的地方。答案当然是否定的,美国的未来掌握在美国人的手里。但斯宾格勒的大胆看法可以成为对美国人的巨大警示,他们要致力于保护神圣的文明习俗,因为这些习俗以他们的共和国为基础而形成。西方文化健康的时代已死去,死去的方式也大致如斯宾格勒所预测。无疑,他对过去伟大文明的研究,事实上也准确地辨认出,一些压力和强力将在文明发展的特定时刻出现并导向帝国和恺撒主义。献身于保护自己的旧制度的自由人民会抵抗这种推力。但是,如果事情发生在自动驾驶系统上,这些制度就得不到保护。如果美国朝向帝国主义的文明冲动没有受到美国人民及其领袖的自觉反对,那么,这种冲动就将蔓延开来。一旦蔓延,民主共和国就会在这种冲动醒来时崩溃。那么,笑到最后的,就是斯宾格勒了。

斯宾格勒论民主、平等与"无历史性"

——《决定时刻》及其与当代政治和文化的关联

贝尔托诺(Thomas F. Bertonneau) 撰

李孟阳 译

  斯宾格勒在其最后的一部著作《决定时刻》中,解释了为什么现存制度话语无视或诋毁他的著作,无论是《决定时刻》还是两卷本的《西方的没落》(1919;1922)。用斯宾格勒的话来说,一个至今使人气馁的"对现实的普遍恐惧",令人厌倦地统治着现代世界。这个有毒的恐惧侵入所有意识,修正一切话语,不断裁剪获得许可的语言,以防任何人说出他偶然从恍惚中出离而与世界相遇时所见的东西。现存政制话语不会也不能容忍斯宾格勒,因为,无论是1933年的德国还是2011年的美国,斯宾格勒都在兜售避讳言辞和违禁思想。他用规范性的语言(prescriptively)引入必然性、宿命、等级制、君主制和秩序的概念;他指出文明在毁灭性力量面前不堪一击,并且煽动性地点出那些力量的名字。

  斯宾格勒在《决定时刻》里问:他的同时代人是否有任何一个人

有眼力看到地球上正在发生什么？看到庞大的危险正逼近这群乌合之众？我谈的不是有文化或没文化的城市杂众、报刊读者、在选举中投票的芸芸众生——在这个问题上，投票人和备选人之间已再无品质上的差异——而是白人国家里尚未被败坏的统治阶级，是还存在的政治家；是政体、经济生活、军队以及思想的真正领导者。我想问，哪个人有超越他自身的时代、大陆、国家或他自己狭隘的活动圈子的眼光？

在斯宾格勒看来，当代流行精神状态中的蒙昧主义，与过去一样——软弱无力、毫无生机。斯宾格勒写道，"更高文明的'末'人的精神弱点，是不再承受真实（reality）"，同时为了避免看见真实的境况，"他们以对未来的愿景取代事实，尽管命运从未注意到人类的幻想"。《决定时刻》用为人熟悉的鸵鸟形象，来比喻现代——自由主义的、社会主义的——精神状态遗忘事实（fact-obliviousness）的特征。像尼采一样，作为其杰出后继者的斯宾格勒认为，这个时代无可救药的逃避主义，源于启蒙运动表面上的冷静态度和抽象风格，他认为启蒙运动那种自以为是的愚蠢来自一种情有可原的傲慢。斯宾格勒认为，启蒙运动被过分吹嘘的理性主义不过是

都市才智的傲慢，这种才智脱离了自己的源泉，不再由强大的本能引导，轻蔑地贬低对历史进行热情洋溢的思考。

一种冷漠的思考主导了18世纪的西方，给后世带来严重后果。斯宾格勒写道，自由主义

沉迷于种种概念——时代的各种新神，并以自己观看世界的方式，对世界运用自己的才智。

按照斯宾格勒的看法,末人的举止就像神的一个老鼠般大小的、自我谄媚的幻影。他固执地否认神的存在,但又想承认不动的动者的作用。末人,如同自由主义-社会主义者,受自己的各种理论引导,不懈地对社会和道德的各个领域进行小修小补,却并未对自己议题中那些不可见的或意料之外的后果的可能性作出任何保证。末人轻蔑历史,自我迷恋,不承认任何传承下来的事物(无论习俗还是制度)曾表明的功能有任何正当性。斯宾格勒让他的左翼自由派的典型代表说,"这没什么好的,我们可以让它更好",而且真的,"来吧,让我们为一个更好的世界设计项目!"在斯宾格勒看来,"儿童乐园"与"世界和平"运动及"工人天堂",在枯燥无味上并驾齐驱。

在斯宾格勒看来,在那些不停对生活进行胡乱改造的自由派观念里,没有一个超出如下两个互相关联的概念:民主和平等。在现代民族国家的自我描述里,民主概念随处可见,包括遗留的君主制国家,其实全部是共和制,以及遗留的共产主义专政,后者倾向于把自己称为民主共和国。第二个概念在革命的三位一体即自由、平等、友爱(fraternité)中获得了圣化,1789年的雅各宾派叛乱分子首先赞颂了它。反共和主义的斯宾格勒对共和政体相当厌恶,尤其是对魏玛共和国,他不愿对后者的崩溃表示痛惜,就算与此同时他也开始批评国家社会主义者。在《决定时刻》里,斯宾格勒将民主与浪漫主义、青春崇拜(Die Jünglinge)以及他笔下的"一种虚弱的、自我憎恨的才智"关联起来。按照斯宾格勒的分析,鼓吹社会乌托邦的长粉刺的家伙基于什么原因,要对当前秩序进行毁灭性的变革?

按照《决定时刻》,乌托邦主义者发现社会"过于男子气、过分健康、过分清醒"。这些男性品质贬低乌托邦主义者，冒犯了他，在他身上激起尼采所说的怨恨(ressentiment)，即对那些明显比自身优秀的人和事产生的一种包含屈辱和恼怒的混合心理状态。在斯宾格勒看来，民主人"女里女气、柔弱不堪"；他多愁善感，真正处于一种"邪恶的多愁善感"中，而这是孕育他的仇恨的沃土。斯宾格勒写道，"存在一种由多愁善感者形成的社会浪漫主义"，以及"一种政治浪漫主义，将参选人和大众集会演讲带来的兴奋视为正事"。还存在"一种经济浪漫主义，从病态心灵的黄金理论背后涓涓流出，而这种心灵对现代经济学的内在形式一无所知"。在一个复述尼采的段落里，斯宾格勒的"理性主义者和浪漫主义者通过"在某种半神圣的(quasi-sacred)"对个人主义的克服"中"大量繁殖自己"，而抵消了他们自己可鄙的犯罪意识。

对斯宾格勒来说，现存处境蕴含着一个悖论："这个时代充满力量，但其中的人却如此卑微。"斯宾格勒写道：现代人仿如"衰老灵魂"的性格"渴求幸福的结局"。斯宾格勒写道，民主的现代乐观主义者喊道"别再打仗了！"，但"他们却欲求阶级斗争"。"当杀人凶手因激情之罪而被处决"，这类现代民主人士"便感到愤慨"，但他们又会因听到政治对手遇害的消息而窃喜。斯宾格勒在1930年代就如此愤世嫉俗，这些文字非常适宜用来评论随便一份报纸在"每日闲情"中的文章。斯宾格勒的说法（"这个时代充满力量"，尽管它的居民微不足道）与他的如下观察相一致：全面的分崩离析，属于一个伟大文明循环周期的命定环节。在每个周期(seasonal epoch)，种种力量粉墨登场，阻挠个人欲望，责难对幸福的期盼。这就是斯宾格勒将这个时代描述为"充满力量"的意思。《决定时刻》声称，

> 我们生活在决定性的时代,历史纪元的巨大动力如今破晓发端,使得这个时期最为宏大,不仅就浮士德式的西方欧洲文明而言,而且——正因为如此——就所有世界历史而言,这个时期都比恺撒和拿破仑的时代更加伟大、也更为糟糕。

在题为"白人革命"的章节中(占《决定时刻》最大篇幅的内容),斯宾格勒进一步讨论了民主制。"大众的民主化""统治阶级的变质",以及"世界人民群众"与"龌龊经济利益"的联盟,所有这些潮流的结合(其临时受益者用尊贵的名字称呼它们)都不过是传统礼法的全盘瓦解。斯宾格勒写道:

> 同样的事情已出现在此前所有处于同等阶段的文明里,但我们对此所知甚少。

事实上,并不存在像民主制这样的东西,这个词可爱而又听起来冷静客观。用斯宾格勒的话来说,存在的只是"彻底的民主无政府状态"。且这个"彻底的民主无政府状态"其实只是"专制"的伪装。因此,对斯宾格勒而言,所谓的民主制是表象,而专制才是处于解体状态的国家的实质。《决定时刻》将"大都市"的乌合之众与"社会"对比,如斯宾格勒所说,前者是"缺乏形式的人类沙子,从中可以捏塑出人造且因而稍纵即逝的人物"。后者,"社会",意味着"有文化,有'形式',有着最低限度的关于行为或思想的细节规范,一个经由代代相传的长久规训而建立的'准则'"。

斯宾格勒断言,文化必须坚持自身;文化必须专横地践行自己的法令,否则就将死去。一旦文化的担纲者屈从于多愁善感(源自对模糊不清者、对异来者的"理解、赞扬……和支持"),这个文化就完全放弃了自身。在斯宾格勒看来,这就是西方19世纪以来的情况。他写道,西方文明"没有任何抵抗",根本没有为自身抵抗,与此同时还"为自己的恶名和瓦解感到愉快"。与卢梭一致,聪明、太聪明的人在庆祝部落工艺和野蛮风俗,认为他们有着西方传统缺乏的所谓真实性。随后,那些人就开始庆祝野蛮本身。

那些鼓吹民主制的人也为平等摇旗呐喊。他们真的非常迷恋、极度狂热地迷恋平等。这个如此激昂的平等是什么呢?在根本上,研究者发现一个存在论上的直观,就连喊破喉咙的演说家也参与其中,尽管他未能精确地或可信地表达这个观念。嫉妒,《十诫》宣述两次的恶,总是处处与存在相关。存在总是处处与等级制密切相关。在《决定时刻》中,斯宾格勒不遗余力地对比平等及其真正的对立面,不是不平等,而是品质。斯宾格勒提醒自己的读者:

> 文化是有序的知性生活,是一个不断成熟而一直进行自我保护的形式,它要求一个更高阶的个性。

按照这个定义,斯宾格勒评论道,在无产阶级的宣传标语中,

> 所有人都工作这个事实,以及尤其是其他人——发明家、工程师和管理者——在做更多更为重要的工作这个事实,都被遗忘了。

如斯宾格勒所写,在罢工歇业的骇人气氛里,以及在群氓暴力的威胁之下,"没有人会再敢以等级或品质来衡量他自身成就的价值";相反,"现在只有按时间计算的工作才算劳动"。此外,"只有'工人'被允许和被指示去成为一个利己主义者……他只有权利没有义务",而且"他是特权阶级,其他人必须以自己的劳动来侍奉他"。

被连根拔起的现代乌合之众,靠着或为了蛊惑人心的领导阶层而工作,强迫生产部门摆出这些姿态(coerces these gesutres),以掩盖自己隐秘但不成熟的发现:品质始终存在,就算法律禁止它、公众谴责它;此外,所有雅各宾派一直以来吹嘘的平等,都不过是某种否认和否定,并未提及与之对立的任何事物。然而,一旦乌合之众开始对这种谄媚的荒唐表演失去信心,就出现了一种新的冲动。斯宾格勒论道,憎恨品质,基于其内在逻辑,基于其谎言与自我欺骗的暗中逻辑,必然转变为"虚无主义"。

虚无主义者从不把自己称为虚无主义者。但他们的直率透露了这个秘密。虚无主义者称自己为"自由"卫士或"解放"(Liberation)斗士。斯宾格勒写道:

> 在这里,"自由"一词有着它在衰落时代特有的血腥含义。

在"自由"那里,熟悉的憎恨感再次刺激了存在。正如社会以品质而非平等为存在基础,同样社会也必然

> 依赖于人的不平等……强的天性与弱的天性,生来统治或不统治的天性,富于创造和不太聪明的、受人尊敬的、懒惰的、有野心的和温和的天性。

正是通过等级差别的创立,社会才得以与人类本质中的天性差别相协调,但这需要数个世纪、数千年来进行细节上的调整。对于未成型的主体而言,一旦关于"普遍权利"和"平等权利"的慷慨陈词激发了他的嫉妒,同样的调整就变得像是——或者说是它可以被弄得像是——任意的和强制的。斯宾格勒文本中的两个时刻可以放在一起看:启蒙运动贫血苍白(bloodless)的观念,导致了现代时期造反的嗜血成性和灭绝计划。

斯宾格勒认为，形式（他常用的术语）等同于生活，而《决定时刻》分析的核心就建基于此。斯宾格勒写道，"想要用别的东西取代经数个世纪发展出来并由传统加强的社会结构，是愚蠢的想法"，因为"生活没有替代品"，而且"生活之外只有死亡"。当"懒惰无用的贵族……身败名裂的院士、冒险家和投机商、罪犯和妓女、二流子以及心灵脆弱者"以"自由"之名鼓动乌合之众时，他们的真实意图是：

> 处于无聊愤慨中的他们，可以从文明的一切束缚中、从一切种类的形式和习俗中、从所有那些认为自己的生活方式更优越的人中，解放出来。

要忽视那些高尚的（如今可能是陈腐的）语汇——斯宾格勒严正告诫他的读者。他们应该利用他们"相面术式的机敏"来理解虚无主义，要看到虚无主义是"无产者对一切更高形式、对作为其本质的文化、对作为其支持者和历史产物的社会的无尽憎恨"。此类现象，例如"所有国会的粗野行事"、"爵士和黑人舞曲"、"画得像妓女的女人"，以及"那些（会）通过嘲讽……有修养者的正确看法而赢得民心的作家"，这些现象表明的不过是虚无主义者的"无聊的愤慨"："任何人都应该有'形式'，掌握它，与之和谐相处"，或者，"得体、品味以及传统意识（应该）属于那些因家风传承而有很高修养的人"。此外，"无聊的愤慨"化作残暴的偏狭，此刻，"文化，由于自己的优越性，［成了］敌人"，而且"文化的创造物……由于不是所有人都可资利用……必须被毁灭"。按照斯宾格勒，就"自由"这个词的最近用法而言，"自由""意味着与文化及其社会断绝关系"，亦即以彻底的方式毁灭文化及其社会。

相当一部分人想起斯宾格勒在1930年代对当时呈现出的现代

处境的无情批评时,都会同意,《决定时刻》的语言令人惊讶地极其适合用来描述21世纪第二个十年开头的境况。《决定时刻》用自然主义式的直率描绘的乌合之众(Pöbel)或"群氓",令人震惊地与当代"占领运动"(Occupy)的暴民如出一辙,他们占据了北美的主要城市:缺乏形式、叽里咕噜、晃来荡去以及大量没有来由的憎恨,所有这些都在运动期间清晰地、臭气熏天地展示无疑。各种所谓的"妓女大游行",近来取代了1990年代的"重夺黑夜大游行",前者对"干活女"生活方式的吹捧,让这种生活方式有机会宣传自身。"占领运动"的暴民和"妓女大游行"的参与者从未组织自身;组织他们的是斯宾格勒所谓的"身败名裂的院士",以及那些自称进步主义者和女性主义者的人,或者就是院系教员(faculty)。未受教育者处在半吊子受教育者的领导下,双方都处在共同的虚无主义的"无聊愤慨"之中,这个关系似乎从未改变,无论是斯宾格勒的时代还是现在。另一方面,相比同时代的商业音乐,"爵士和黑人舞曲"看起来几乎像是古典风格了(艾灵顿公爵当然有形式),但在他们的时代,他们的批评者则正确地将他们视为瓦解的先驱;今天的批评家回溯过去、进行比较时,却会承认他们的价值。这些无法视而不见的相似之处引出了一些问题。

《西方的没落》和《决定时刻》分别大概是90年前和75年前的著作。斯宾格勒在《决定时刻》里尤其指向德国读者,而《西方的没落》则意在对更大范围的西方读者说话。然而,什么保证了所有那些相似之处是真的相似呢? 2011年的同时代人,能否真正生活在——并度过——同样的危机中,正如两代人之前那样? 是同样的危机吗? 它何以是同样的危机呢?

"无历史性"(Geschichtslosigkeit)一词,在英语里的确有点奇怪,出现在阿特金森(Chalrs Francis Atkinson)完美翻译的《西方的没落》里。斯宾格勒用"无历史性"来指这样的境况：某个民族失去了与自身传统的全部联系，没有远虑只有近忧，全面缩窄精神和文化视野，以至于每天的生活都没有差别，浑浑噩噩无尽期。威孚（Richard Weaver）在《秩序的幻想》(Visions of Order, 1957)里构造的"现在主义"(presentism)与此意义相当，即摈弃所有超个体的记忆。历史概念本身就算还存在，在"现在主义"或"无历史性"所经之处，同样也会缩窄：人们用完全期刊式的术语，把历史理解为顶多是过往十年内发生的事情；或者是去年，上个月，上一周；或者像奥莱利（Bill O'Reilly）那样，在电视上点评一下前一天晚上的事情。

认为斯宾格勒在1930年代中期的语境里讲的危机，与人们今天遭遇的危机不是同一个危机，这个怀疑本身就是"无历史性"的症状，因此也是危机的症状。这个怀疑将现在的事情与新的事情等同，拒绝承认延续性。

西方文明的危机似乎至少从18世纪中叶就已开始，且可能肇端始于15世纪的宗教分裂。历史的周期很长。奄奄一息的社会可以在死亡之前抱病残喘数个世纪。想想拜占庭，马拉兹吉尔特战役（Battle of Manzikert，1071年）后就衰落，衰落期持续了四百年——宫廷礼数未变，各党派常常像在竞技场上那样仪式性地互相厮杀，宫廷阴谋不绝如缕。或者想想伊斯兰教，胎死腹中却还仍然存在。当我们考察历史——斯宾格勒不断劝告读者这样做——我们会发现这些阶段，尽管混乱和败坏，仍能延续数十年乃至数百年。丧失对历史的感觉是一个历史阶段，一个"晚近的"和逐渐瓦解的阶段。在《西方的没落》（卷二）中，斯宾格勒写道：

"历史的"人……是属于某个文化的人，他大迈步子，走向自我完善。在此之前、在此之后、在此之外，人都是无历史的；对他来说，他所属民族的命运不算什么，正如地球的命运也不算什么，如果我们关心的是天文学而不是地质学的话。

另一个作家兼思想家看到了斯宾格勒所看到的，他在记录自己的观察时写了一部后人必然会视之为预言的著作；他就是加塞特(José Ortega y Gasset, 1883 – 1955)。值得考虑拿加塞特与斯宾格勒作对比，如加塞特本人所为。加塞特在写作《乌合之众的造反》)①时宣称，

> 斯宾格勒这个人，心思细腻而深邃——尽管过于狂热，在我看来……有点过分乐观。

按照加塞特的看法，斯宾格勒"相信'文化'之后是一个'文明'的时期，他尤其将后者理解为技术效率"。（写于1930年，加塞特显然在评论他引用的西班牙文版的《西方的没落》，而不是《决定时刻》。）加塞特自己有点怀疑"大众人"是否能维持技术秩序。加塞特写道：

> 今天占统治地位的那类人，是一个原始类型，一个从文明世界中升起的自然之子(Naturmensch)。

于是，"世界是文明化的，但栖居其中的人却不是"。人们会注意到这呼应了斯宾格勒的说法：这个时代是伟大的，尽管这个时代的人微不足道。加塞特认为，由于"技术主义与科学具有相同本

---

① *The Revolt of the Masses*, 1930。[译按]中译参刘训练译本，译为《大众的反叛》，长春：吉林出版集团，2004。

质",且由于"科学若不再对自身感兴趣便不再存在",所以,人们"若不再对文化的一般原则感兴趣",就不会对科学感兴趣,也因此就不会维持技术秩序。一个自然之子,一个"大众人",处在历史之外;他活在日复一日的日常中,对起源或延续性毫无概念。"大众人"也是无历史的。

加塞特在《造反》中描述的"大众人",与斯宾格勒在《决定时刻》里描述的"白人"无产者极其相似。加塞特写道:

> 普通人发现自己正处在一个技术发达、社会良好的世界里,他们相信这是自然而然的事情,从不考虑天赋异禀者为创造这个新世界做出的个人贡献。

"大众人"尽情享受"生命欲望的自由扩张",传承的文明这个事实允许他这么做,但正如加塞特所说,与此同时他也四处表明,"对那些使他活得轻松愉快的前提,他不会表示半点感恩"。就像被宠坏的小孩,"大众人"缺乏任何"关于自身限度的经验",而且,当他看到"别人的优越"时,往往表现出憎恨。加塞特声称,

> 大众……看不到,在文明的种种福利背后,是令人惊叹的发明创造,而这只能依靠巨大的努力和洞见。

与之相反,大众"误以为他们不能做的只是专横地要求〔文明的〕好处"。现代人"相当知足"。正如斯宾格勒在《决定时刻》中所为,加塞特在《乌合之众的造反》里也对比了现代俗众与俗众极其痛恶的东西:"高贵"。按照加塞特,"卓越之人……对自己有很高要求"。加塞特坚持认为,高贵"由义务而非权利……来定义"。与《决定时刻》相似,《乌合之众的造反》对此写道:读者已直面当代处境的这些特征。加塞特对如下"事实"并不感到惊讶:"极少

数国家有反对派"。他认为,有意思的"反对派"已经死去,这根源于自足大众的总体压力,这个"同质的(homogeneous)大众……使公共权威感到万分担忧,并压垮、毁灭了所有反对派"。"大众人"的行动大体上基于"对所有与自身不同的东西感到极端痛恨",因此,他们也痛恨一切妨碍俗众无拘无束地表达自身的东西。加塞特的说法又一次是斯宾格勒式的。斯宾格勒写道:"文化,由于自己的优越性,[成了]敌人",而且"文化的创造物……由于不是所有人都可资利用……必须被毁灭"。

《决定时刻》与《乌合之众的造反》一样,是一本神谕式的书。换一个说法就是先知式的。用"先知式的"来描述《决定时刻》,首次出现在威廉皇储(Crown Prince Wilhelm)给斯宾格勒(1933年11月12日)的信中:"你所写的大部分东西说出了我的心里话……你对未来发展的看法只能用先知来形容。"皇储赞扬《决定时刻》"说出了心里话",这或许有助于区分斯宾格勒与加塞特的语调,尽管这与我们通常关于国家的刻板印象有所不同。那位西班牙人的分析总是显得冷酷、有距离感,而这位德国人的分析给人一种设身处地的印象。在某种程度上,斯宾格勒在战壕之中——因为他拒绝国家社会主义,这使他成为国家社会主义的敌人。胡根伯格(Alfred Hugenberg)在一封给斯宾格勒的信里写道(1933年2月9日):

> 我非常不安地对你表示我的悔恨,我完全不同意我在低俗报刊上对你新书的攻击。

布伦斯维格(Hans Brunswig)随后也以同样的口吻给斯宾格勒写信(1934年8月16日):

看到最近那些对你的新书和……之前那部重要著作进行毫无根据、对个人充满恶意和深仇大恨的攻击,我感到有必要表达我的愤慨和痛苦。

主要攻击者是格贝尔斯(Joseph Goebbels)和罗森博格(Alfred Rosenberg)。

孟肯俱乐部(H. L. Mencken Club)组织了名为"重思保守主义经典"的活动,并邀请我谈谈斯宾格勒,因此才有了以上的评论。这些想法的很多灵感源自科岗(Steve Kogan)2011年发表在《布鲁塞尔期刊》(*Brussels Journal*)上关于斯宾格勒《西方的没落》的几部分论述。为了论及"保守主义经典"并回应科岗,我首先提及《西方的没落》;但随后,作为《西方的没落》不可缺少的阅读指引,我提及《决定时刻》。译者阿特金森非常用心,几乎在每页脚注里点出《决定时刻》与《西方的没落》的关联之处。

称赞《西方的没落》与《决定时刻》的人,包括小说家菲兹杰拉德(F. Scott Fitzgerald)和米勒(Henry Miller),以及作曲家普菲茨纳(Hans Pfitzner)。菲兹杰拉德以两种方式证明了他的赞美:他想成为美国的斯宾格勒,并把自己的小说视为这个宏愿的部分实现。就在人们知道这点之后,《了不起的盖茨比》(*The Great Gatsby*, 1925)出版。《西方的没落》与《决定时刻》属于米勒所谓的我一生的书籍,他以此为名出了一卷书(1969)。普菲茨纳的音乐作品康塔塔《德国魂》(*Von Deutscher Seele*, 1922),尽管歌词取自诗人艾兴多夫(Eichendorff),但他努力在哲学和音乐的感染力上展现出斯宾格勒的特征。就《决定时刻》本身而言,它的巨大价值在于它以生动的感受呈现了文化分崩离析的过程,并生动描述了精神与生活之水退潮后,那些残骸碎屑如何四散在我们正逝去的文明之船身旁。

斯宾格勒与历史循环论

柯林伍德(R. G. Collingwood) 撰

张培均 译

柏拉图声称历史进程七万两千年后回归原点,珀律比俄斯(Polybius)看出一种各国历史一次又一次回到同一点的"循环运动",自此以后,历史循环论早已成为欧洲思想的老生常谈。它也为文艺复兴时期的思想家们所熟知,维科在18世纪早期、黑格尔在19世纪早期再次对其进行了修改;这一观念的完整历史将展示很多奇异的转换并跨越很长一段时期。此处并不试图总结这一观念史,拙文的主题是斯宾格勒博士的《西方的没落》对这个一般理论最近的、最令我们震惊的阐述。①

斯宾格勒的历史观将历史呈现为一连串文化,每种文化都有自身独特的面相(physiognomy),保持并显现于甚至最小的各种细

---

① *Untergang des Abendlands*,1918。我引用的是Allen和Unwin出色的英译,1926。[译注]本文中译参斯宾格勒,《西方的没落》(两卷本),吴琼译,上海:上海三联书店,2006,该译本译自Charles Francis Atkinson的英译本。下同。

节之中；而且，每种文化都会经历所有文化同样具备的一系列阶段，遵循某种确定的发展过程。每种文化都有自己的春天即黎明阶段，这个阶段在经济上基于农村生活，在精神上可以通过表现在叙事诗和传奇故事中的丰富的神话想象而辨识出来；整个世界观后来会发展至哲学和科学的形式。随后是文化的夏天，它是对春天及其延续的神话和经院哲学的直接反叛；在这一时期，一种年轻、强健的城市智力将宗教推入幕后，而将意识的一种严格科学的形式带到前台。再然后，文化的秋天将这种意识推至极限，同时，它似乎也是宗教衰落和内在生活的贫乏期；理性主义和启蒙是其最明显的标志。

最后到来的是冬天，其表现是文化的衰落和文明的统治，① 各大城市崇拜物质生活，对科学的崇拜只限于科学用途，艺术和智力创造萎缩，学院哲学和专业哲学崛起，宗教死亡，精神生活所有源泉皆已枯竭。各阶段的四重划分并非必然，有时分成多于或少于四阶段更方便；但不管在一种文化中分成多少阶段，在所有其他文化中必然分成相同的数量。如是，对哥特式风格的反叛，即我们称之为文艺复兴的时期，是我们的文化的一个形态学意义上(morphologically)的必经阶段；它被称为文化的早期或原初阶段的终结，以及自觉或城市阶段的崛起，在其中，为自己工作的个人取代了春天阶段不计个人声名的共同努力。

因此，相同的事情必定发生于所有文化之中：在埃及是对"金字塔风格"的反叛，在希腊是古风时代的结束，诸如此类。此外，拿破仑在西方文化中标志着从秋天到冬天、从严格意义上的文化向文明转化的确切时间点，标志着严格意义上的国家的解体和帝

---

① ［译注］斯宾格勒严格区分文化与文明，文明是文化的最后阶段。

国主义的开始,大城市对农村的胜利,以及金钱对政治的凯旋。因此,拿破仑与亚历山大完全平行(或者用斯宾格勒的话说,"同代"〔contemporary〕),后者标志着从希腊世界向希腊化世界的转化;而绝不与恺撒(Caesar)平行,因为恺撒标志着"冬天"时期内部的一个阶段,与西方历史中尚属未来的某个阶段"同代"。我们如今已到达的时间点是伪装成煽动主义(demagogism)的财阀统治(plutocracy),被称为"民主制",由公元前2世纪的罗马代表。

如是,循环在最小的各种细节中自我重复,各阶段在每个循环中重复出现;但重现的绝不是相同的阶段——没有一件事能发生两次——而只是某种与其同源(homologous)的东西,某种在新循环中与旧循环中的东西在结构上对应的东西。比较解剖学可以给我们一点提示。一头鲸与一头象过着完全不同的生活,与各自有关的一切都适应于自己的生活,一头鲸完全是鲸,而一头象彻头彻尾是象。但其中一个的每个器官和每块骨头,与另一个的某个器官或某块骨头具有同源关系。形态学的任务是,通过两个物种之间的基本差异,直接抓住各部分的同源或一致及其变异。光说"象的这块骨头使我想起鲸的那块骨头"不科学,而说"一头鲸与一头象如此不同,通过比较什么也得不到"同样不科学。

类似地,只提历史中的相似,比如亚历山大与恺撒,或佛陀与基督之间的相似,并不科学;而说文化间的差异如此深远,不可能找到相似,也同样不科学。唯一能做的科学之事,是立刻识别相似和差异,将两者结合成关于某种同源性或结构同一性的概念。于是,我们发现,亚历山大与恺撒不可能同源,因为他们属于同一种文化,一个结束了它的秋天,而另一个有助于——尽管并非关键性地——巩固它的冬天。佛陀与基督更没什么可比,因为后者标志着阿拉伯文化富有创造力的春天,前者则标志着印度文化冰冻的冬天。

　　这本无序、杂乱的书以冗长的篇幅提出这一概念,①作者又以其丰富的学识,以其出色展示出的对类比的洞察力和更为出色的辨别力而阐明了这个概念。在书中那些令人难忘的段落里,作者刻画出那类基本差异,比如古典事物与其现代对应物之间的差异:他阐明了"古典文化没有记忆,没有最高意义上的历史器官"这一论题,或者古人认为空间不存在这一观点——他证明这一点时,不是简单地通过引用哲人而是通过分析雕像和建筑,因为西方人将无限空间视为自己真正的家园和严格意义上的环境。他也不是通过康德证明这一点,而是通过研究哥特式风格和油画。因为,这位哲人只是以自己独特的方式,系统地陈述了一种观念,这种观念必然是整个文化的共同遗产。没有什么比斯宾格勒发现和阐明这一重要真理的方式更值得钦佩。

　　然而奇怪的是,他似乎认为自己的观念是全新的。饱学如他,关于自己这门科学的历史,要么非常无知,要么非常保留。他一次又一次地声称,研究历史上诸种文化的形态学是一种全新的东西。在一个谨慎的句子中,他似乎准备承认对政治史而言这一观念是旧的,但他否认曾有人将其应用于"文化的所有分支"。也许如此吧,"所有"是一个大词,但是,如果他真的知道柏拉图、珀律比俄斯、马基雅维利的循环学说,尤其是维科的,后两位在所有要点上都已预示了他本人的学说且在历史深度上远非他所能及;如果他哪怕知道皮特里(Petrie)教授关于同一学说最近的精彩阐述——如果这样,那么,他就不能免于suppressio veri[隐瞒真相]之罪。他不能声称省略他们是因为行文缺少空间之故,他的书包含大量的重

---

① ［译注］柯林伍德此文似乎只针对《西方的没落》的第一卷。

复,在25万个词中,用250个词提一下他在这一领域的前辈,是轻而易举的事。他不曾这么做,这一事实使得像鄙人这样的批评家有义务承认,不仅他在一生中对斯宾格勒此书的主题都很熟悉,而且阅读此书也不曾给他任何一个真正的新观念,因为,该论题的所有应用都是机械的练习,就鄙人对该领域的认识而言,皆为已有的看法。一个人无须拥有斯宾格勒四分之一的学识,就可以这么说。

这种学识,尽管广博如此,却显出一道缺口。斯宾格勒在讨论哲学时最不济。当他将一种特意为之的"神话的"(mythical)文学形式误认为一种"神秘的"(mystical)思考类型时(哪位哲人比柏拉图还要不"神秘"呢?),他表现出某种东西,我们必须称之为对柏拉图的彻底误解;他不断将伊壁鸠鲁派的基本概念归于廊下派,偶尔还误解其含义;他还犯了这一骇人的大错:断言笛卡尔以为灵魂在空间之中——这一说法歪曲了空间与思想关系的整个现代概念。所有这些都有助于解释,他何以如此冗长而又杂乱无章地讨论他所以为的康德的看法。

这不仅是对人类历史的某一部分无知的问题。他不仅对哲学史所知不多,而且在哲学本身当中也局促不安;这意味着,不管他何时试图处理一个基本问题,他都做得笨手笨脚,没有稳定性或穿透力。他的"历史哲学"表面上出色,细节中闪耀着一种华而不实的聪明和显而易见的深度,但根本上缺乏方向,基本原则上也不健全,缺乏慎重的考虑,结果是效忠于一种手段,可当某个关键情况出现时,这种手段甚至不惜歪曲细节。这些是严肃的指控,做出这些指控只是因为斯宾格勒的书是一本严肃的书,值得严肃对待。要证明这些指控,第一步必须引述歪曲的细节。这些细节不可胜数,兹举数例。

希腊人与罗马人类似，都向他碰巧停留或居住之地的诸神献祭；而所有其他神灵则在他视线范围之外。（页83）

这一点肯定正确，因为此推断的基础是古典心智基本的无空间（spaceless）和无时间（timeless）的特性，及其对作为唯一现实的此地此时的坚持。但它不正确。甚至奥德修斯在惊涛骇浪中拼命求生时还向他自己的雅典娜祈祷；而罗马人尊崇卡皮托利乌姆至高无上的朱庇特（Juppiter Optimus Maximus of the Capitol），直至帝国终结。斯宾格勒的前半句话正确，后半句错误。这意味着，他作为古典心智的整体呈现的东西，其实只是一个部分。说希腊人和罗马人具有崇拜地方诸神的倾向完全正确，但那只是一种倾向，且不断受到一种相反倾向——即对本地祭祀文化的尊崇——的平衡和抑制。Caelum non animum mutant, qui trans mare currunt［漂洋过海者，变的是天空而非灵魂］。①

类似地，他不止一次断言，古典心智本质上是多神论的，与之相对的是"麻葛式的（Magian）一神论"（页404），即，他宣称一神论是贯穿我们纪元的第一个千年的阿拉伯文化的特征。但是，这一点再次不够精确。所有希腊哲人，直到衰颓时代（the decadence），都是一神论者；而斯宾格勒知道，哲学只不过是对诸文化所共有的诸观念的合乎理性的陈述。哲人们的一神论只能表明整个希腊-罗马世界中一种深远的关于一神论的张力。实际上，斯宾格勒本人也会承认这一张力（因为它的存在足够显著），如果不是他的错误逻辑迫使他在对形态学的兴趣中忽视了它的话。

再次，为了从古代宗教中另举一个例子，他断言古典时代的诸

---

① ［译注］出自贺拉斯，《书信集》，第一部，第11篇。

神都是"近的"和"具体的"诸神,是居留于此地此时的事物,如这个壁炉、这扇门、这块地、这条河中的numina[神意];这一行为,不管是播种行为还是恋爱行为;感觉上总是当下的、切近的,绝不是远的和将来的。

具有深刻意义的一个事实是:在希腊所有城邦中,代表遥远世界(the Far)的神意的星神完全付之阙如。(页402)

且不说罗马帝国的无敌太阳神(Sol Invictus)密特拉(Mithras)了。因为关于罗马帝国,作者玩着"正面我赢,反面你输"(heads I win, tails you lose)的游戏:罗马帝国一方面是"古典"的衰颓,另一方面是"麻葛"的崛起,而密特拉明显是麻葛式的。但他忘了天空之神宙斯-朱庇特吗?他忘了柏拉图的星球神灵和克塞诺芬尼(Xenophanes)哲学式的天空崇拜吗?他忘了自己选的最完美描述古典心智的形容词"阿波罗式的"(Apollinian)吗?

这些不只是表面上的瑕疵,不是任何伟大的作品都必定存在的那类小错或前后不一。它们是为了方法而牺牲真理;它们是一种逻辑谬误的症状,而这种逻辑谬误被作为全书基础且实际上被立为一项原则。这种谬误在于,试图通过一个单一观念或倾向或特征来刻画一种文化,从这个单一观念推导出一切,却没有认识到,如此宣称的单一观念目的只是反对某种东西以声张自身,它需要唤醒其自身的对立物从而继续前进,其方式不只是重复自身,而是与这个对立物玩一个陈述和反-陈述的游戏。

古典心智中的一切,斯宾格勒都是从直接的、意义给定的(sense-given)身体性在场的此地此时推导出来。但声扬在场的东西就是否定不在场的东西;因此,对古典心智而言,不在场的东西必然作为它正在否定的东西在场,而一个人将心智集中于否定某种东西是不可能的，除非他强烈地感受到否定它的需要，感受到它就在那儿要被否定，感受到有人或他自身内部某种隐蔽的力量正在声张它。

进而，当一个人已否定了不在场的东西，并且有效地、压倒性地给予了否定，这种不在场的东西就以一种新的形式重新声张自己；而一个人不得不再次开始，以便对付这种新的危险。所以，试图通过理解某个单一的基本观念的含义，由此构造一种完整的生活——政治的、艺术的、宗教的、科学的，诸如此类，这注定失败；单个观念只能活在与其自身的对立物的冲突中，而且，除非那一对立物作为一种有效的力量在场，否则就没有冲突和生机。

心灵生活作为对立观念或倾向之间的一种冲突，这一概念如今会被人视为老生常谈。事实上，斯宾格勒本人说它就是老生常谈。更微妙的是，他本人竟然没有这一概念；毋宁说，他竟然将自己的整个历史循环系统奠基于对这种概念的否定。因为这正是他实际所为。确实，古典艺术或思想往往明白易懂，而现代或西方艺术或思想往往对多数人隐蔽而只对少数人明白可懂，因此，斯宾格勒说，全部真相就是："古典的一切只需一瞥便可领会。"例如，不同于隐蔽的哲人，古典世界的哲人可以被街上的人理解：在这一语境中，他实际上提到的是赫拉克利特，但他未补充说明他的外号是"晦涩者"（页327）。

麻葛式的一神论是二元论的，因此，麻葛式的犹太宗教，将雅威（Jahweh）与——谁？你绝不会猜到——别西卜（Beelzebub）对立起来（页312，中译本页300）！古典文化只在乎当下，因此希腊人——与维京人不同——不会将他们的死者埋葬在巨大的坟丘中（页333，中译本页320）。那么，阿庇安大道（Via Appia）上的坟墓是什么呢？麻葛式的伦理观与西方的不同，它是温和的"建议"，而非强加于人的命令(页344)：

> 耶稣的福音，如同琐罗亚斯德、摩尼、穆罕默德、新柏拉图主义者们及一切同源的麻葛式宗教的福音一样，是被展示的而绝非被强加的神秘善行。(中译本页328注2)

难道伊斯兰教从未为了自己的延续而求助于刀剑？古典艺术创造出一个用于观察的对象，一个完全站在此地此时的东西，因而不会进入与观察者的任何联系或要求他的注意(页329)——那么阿里斯托芬戏剧中的parabasis[古典希腊喜剧中合唱队向观众的致辞]是什么呢？这些只是那种方法的一些例子，按照那种方法，为了将各种事实纳入体系，这些事实被不断抽空，剥夺某个要素仅仅因为它是隐性的，以便将另一个显性要素确立为错误的绝对原则。

也许，没人会否认，斯宾格勒视为这种或那种文化的特征的诸要素真是该文化的特征；不足之处在于，他未能仔细考虑他说的"特征"是什么意思。他认为特征就是某种基本的东西，其逻辑结论平顺地、不受反对地流入其所有表现形式；然而，它其实是一对对立物中的那个显性对子，它只有在能约束对方时才能维持自身，因此总是受到对方的秘密在场和隐蔽活动的影响。只看到显性特征而错过隐性特征，就是以肤浅的学者眼光看待历史了。

同样的错误，以不同的方式，也出现在他关于文化间相互关系的观点中。他对维科著作的忽视真是令人生奇，维科曾经指出，中世纪的封建野蛮不同于荷马时代的封建野蛮，因为前者自身蕴含着基督教，而基督教总结并超越了古代思想(克罗齐，《维科》，E.T.，页132)。当涉及数学时，实际上斯宾格勒也注意到欧式几何今天仍作为基础的或学校的几何学保留下来，因此现代数学包含并超越希腊数学。他看到了这一事实，但他并不理解；对他而言，每种文化与所有其他文化都极端不同,只以自身的观念而非任何除自身之外的观念为基础。每种文化都完全自我封闭;在自己的界限内,它按照一种与其余文化完全相同的类型-模式行事,但这种结构的相似性是它与其余文化的唯一联系。

因此,对斯宾格勒而言,我们的基础几何学仍是欧几里得式的,这是个不幸,它使我们陷入不良的数学习惯,并在我们理解现代非欧几何的路上设置了不必要的障碍。因此,我们推论,"古典教育"的整个观念是个巨大的错误。同样,他认为不幸之处在于,"麻葛"文化成长于衰朽的古典文明的监护之下,古典文明的石化遗迹令这个新文化未能在罗马帝国不受反对地自发崛起。但显然不难发现,非欧几何基于欧式几何,即使前者超越并对立于后者;"麻葛"文化也绝非被罗马帝国扼杀,而是将后者用作自身建筑的脚手架、供自身攀援的花架。

斯宾格勒否认这些明显的事实,是因为他无法理解对立面之间真实的动态关系;他在哲学上的错误将他引入纯粹史学上的大错,使他误以为一种文化不会以自己特殊的对立刺激另一种文化,而只会将对方压碎或被对方压碎。他从原子论的角度思考各种文化,认为每种文化都是一个自给自足或封闭的系统,正如伊壁鸠鲁思考"诸世界"(worlds)——斯宾格勒维护伊壁鸠鲁的复数;正如伊壁鸠鲁只能把诸世界之间的诸空间作为寓所交给诸神,并放弃所有理解世界与世界之间关系的努力,同样,斯宾格勒也用一种粗野、无文化的人类生活,塞住一种文化与相邻的另一种文化之间的缺口,将每种文化与其相邻的诸文化隔开,使得直观(envisage)一个历史整体——每种文化是其中的一个部分——成为不可能。

斯宾格勒实际上宣称,对历史整体的抛弃,以及关于诸文化的原子论观点,是他的系统的一大功绩。的确如此,因为这删除了历史的真实问题，不同文化间相互关联的问题——这一问题要求深刻和洞穿的思想，而只留下比较不同文化的问题。对那些肤浅的心灵而言，这是一项可接受的容易得多的任务。如果正如斯宾格勒所说，这是一个肤浅和思想颓废的时代，一个非哲学的哲学和非科学的科学的时代，那么，他的历史哲学——如他所说——正是时代所需要的东西。

事实上，斯宾格勒尽管学识和历史知识渊博，却缺乏真正的史学头脑。知识并不能造就史学家；有一种对历史的感觉并非通过学识所能获得，我们徒劳地指望斯宾格勒有这种历史感觉。史学处理个体的所有个性；史学家关心的是发现诸事实、全部的事实，除事实以外别无他物。既然比较解剖学不是史学而是科学，那么，斯宾格勒的形态学就仅仅是各历史时期的比较解剖学。历史形态学家关心的不是去弄清发生了什么，而是——假设他知道发生了什么——在与其他发生之事的结构比较中概括这一发生之事的结构。他的职责不是钻研历史，而是谈论历史，他假设其他某个人已经做了找出何为事实这一史学家的工作。

在这种意义上，斯宾格勒在任何地方都没有显示出要做一点史学工作的最轻微欲望，也没有显示出已经做了一点史学工作的最轻微迹象。他的历史由他在书中发现的现成事实组成；他想做的是根据各种模式安排这些事实。当一个有着历史感觉的人读到史书中的一个陈述时，他马上会问，真这样吗？有什么证据？我如何检验这一陈述？于是，他开始亲自重做一遍这项工作——决定事实的工作。这是因为，历史感觉意味着将历史思想当成活的思想去感受，这种思想在一个人自己的头脑中继续存在，而不是一种可以视为成品的死的思想，从思考它的头脑中连根切开，像一颗卵石般地被玩弄。

现在，关于斯宾格勒的不寻常的事情是，他给了我们一个对历史与自然之差异的深入而生动的描述，他还提出我们应当直观"作为历史的世界"的要求——这个绝妙的要求表达得可真精彩。之后，他继续将世界视为不是历史而完全是自然，也就是说，从科学的而非史学的观点去研究世界，并以一种自己承认的形态学取代一种真正的起源叙述，前者是科学而后者可以是史学。他自己的哲学错误，即他自己的思想结构的错误，迫使他这么做。确实，他公开藐视逻辑，并声明歌德和尼采是他仅有的两位导师，这样的说法已使我们对这一切有所准备，因为，不管歌德还是尼采，凭借其全部诗歌天赋和优秀才智，对自然与历史的区分都没有任何了解。斯宾格勒本人赞赏歌德将两者混淆，将自然（Nature）视为历史而将文化视为机体。

历史感觉的试金石是未来。科学决定未来，预告一次日食或类似之事，恰恰因为科学的对象是自然，而"自然没有历史"。自然的法则是超越时间的真理。对历史而言，时间是巨大的现实；而未来是事件的无限源泉，事件发生之时未来就变成现在，事件留给现在的踪迹使我们得以在它们过去之后重构它们。我们无法知道未来，恰恰因为未来尚未发生，因此无法在现在留下它的踪迹。试图预报未来的史学家就像一位追踪者，为了发现随后将经过一条泥路的人的脚印而急切地紧盯此路。史学家本能地知道这一切。你若请求他预报未来的某个单独时刻，他会当面笑话你。如果任何人提出要预告事件，他就不是作为史学家说话，而是作为科学家或千里眼说话了。他若提出要通过历史思维预告事件，要么他在愚弄自己的听众，要么他说的历史指的是科学。斯宾格勒一次又一次地声称，他的形态学使他能够预告未来。他甚至说，他的形态学的首要功绩和奇特之处就在于此。但跟往常一样，在这个语境中，他避免提及他的前辈，那是一些以马克思为首的社会学作家，他们也曾声称能够预言未来。

但是，斯宾格勒要预告未来的声称毫无根据。正如他的形态学不钻研历史而只谈论历史，不决定过去而——想当然地以为它已被决定——只是为过去贴标签，这种方法也无法决定未来，只不过是给未决定的未来提供一套标签——仍是原来那套旧标签。例如，斯宾格勒告诉我们，在公元后2000至2200年间，会出现某个与恺撒对应的人。好吧，我们问：他将做什么？他将生活在哪里？他会长什么样？他将征服谁？斯宾格勒能说的一切就是：他将对应于恺撒；他将做一个对应于恺撒的人会做的那类事；他将生活在一个对应于恺撒的罗马的地方；他会长得像一个对应于恺撒的人，诸如此类。

但是，我们必须反驳说，这不是预先决定历史。反之，假设这是一个关于过去的问题，假设我们问：在埃及文化中谁对应于恺撒？现在，假设我们被如此告知："哦，答案很简单：对应于恺撒的那个人。"这会是一个错误的答案，它什么也决定不了，它不过是承认对埃及的过去一无所知。正确的答案（斯宾格勒已经给出）应是"图特摩斯三世"（Thutmosis III）。这是一个真正的答案，因为它给出了一个真实具体的环境中的一个真实具体的个人的名字。在我们能做到这一点之前，我们根本没有决定任何历史。但是，如果在我们说"图特摩斯三世"之前过去未被决定，那么，在我们可以说"布拉瓦约的约翰·琼斯"（John Jones of Bulawayo）或不管谁之前，未来也未被决定。斯宾格勒声称的预告未来，就相当于说拥有一口钟的人可以预告未来，因为他可以说12点将在11点之后1个小时到来。是的，这毫无疑问；但12点将发生什么？

还有另一个原因说明这一声称为何全然无效。在他自己的陈述中,古典文化在罗马的衰朽与麻葛文化在同一个文化区的崛起同步。因此,诸文化也会同时在空间和时间上重叠。于是,在哈德良治下,可能某位斯宾格勒会断定一切古典事物将整体石化和衰朽,并说罗马世界是一个濒死的世界。当某人指着万神殿说,"那就是一个衰朽的症状吗?",他的答案会是,"那是一个利用物质和民众的帝国式展示的例子"(参书末表2),"因此它是一个毫无意义、空洞、粗俗的文明-建筑。"但某位反斯宾格勒者会反驳说:

> 绝非如此;万神殿是**第一座清真寺**(页72、211、358;像往常一样,他说了三遍),因此属于一种初生文化生机盎然的春天。

从文化的原子论观点来看,一种新的文化可以在任何地方、任何时刻开始,与任何环境都无关;而且,不可能证明现在没有某种文化正在开始。但如果这样,"预先决定未来"又有什么意义呢?

这一点愈加无望,因为根据斯宾格勒的看法,没有可能的方法去发现什么会是迄今为止未得到发展或未经检验的文化的基本观念。当然,这种看法推导自原子论概念,但结果非常严重。如果某两种文化碰巧有相同的基本观念,那它们将无法相区分;与恺撒对应的人可能是恺撒本人,在另一个时期,重复了他的名字,重复了一切。这一可能性合乎逻辑地推导自斯宾格勒的概念,从而表明了这个概念是多么深刻地反历史;但他没有注意到此事,这一点又表明他在考虑自己的立场时是多么拙劣(ill)。

而另一方面,如果一种文化的基本观念与另一种文化的不同,那么这种文化如何理解另一种文化?斯宾格勒毫不犹疑地回答:不能。我们不理解古典世界,我们在其中看到的是一面不透明镜子中的自我形象。很好,但他如何知道这只是我们自己的形象?

他如何知道我们没有如其真实所是地理解过去？没有答案，也不可能有答案；因为事实是，除非我们足够理解古人从而知道我们完全不理解他们，否则，我们绝无理由怀疑我们关于他们的错误认识是错误的。通过否认理解我们自己的文化以外的诸文化的可能性，斯宾格勒否认了历史本身的可能性。这儿，糟糕的哲学——一种肤浅的、半成熟的主观观念论——再次带来了对自身的惩罚。

如果历史可能，如果我们能理解其他文化，那么，要做到这一点，我们只能为自己重新思考它们的思想，打心眼儿里重视构成它们生活的基本观念；假若如此，它们的文化就继续活在我们的文化之中，就像欧式几何继续活在现代几何之中，希罗多德的史学也继续活在现代史学家的头脑之中。但是，这将摧毁关于各种原子文化的观念，这主张的将不只是诸文化的一种复数形态，而是该复数形态的某种统一，这种统一就是现在的文化，是所有过去的继承者。斯宾格勒与这种概念斗争，因为——没有历史感觉——他感受不到它，而且，作为一个蹩脚的哲人，他又无法理解它；但他作品的每一页都预设了这种概念。"地点、时间与行动的统一"，我随机打开书本就读到，"是……古代人对生命的感受的一种暗示"（页323）。斯宾格勒如何知道古代人的感受？除非他将自己放入古代人的位置并同样去感受。除非他已这样做过，否则他就是在故意欺骗我们；没人知道另一个人的感受，假如他无法亲身感受的话。

因此，我们可以重申，斯宾格勒所谓的历史哲学缺乏方向，因为它将历史简化为诸多文化的一种复数形态，它们的基本观念之间没有任何联系；这种历史哲学的根基不健全，因为其目的——"预先决定未来"——本身就不可能达到，在任何他的方法无法理解的案例中也不可能；他的历史哲学是拙劣的思考，因为没有任何迹象表明他会看到自己致命的缺陷；而且，这种历史哲学以系统地歪曲事实为己任,因为它曲解每一个事实,误以为该事实属于——或断言该事实将属于——一种给定的文化,它将每个事实错误地归为某种抽象而片面的观念的例子,并认为这种观念代表了那一文化的本质。

在所有这四个方面,他的历史哲学是最近两百年的历史研究的一个一文不值的产儿。它在每个方面都违反历史意识的基本规定;一百年前的黑格尔、两百年前的维科的循环学说,在每个方面都远超于它。维科意识到,文化(用斯宾格勒的术语来说)不可能奇迹般地出现于一种均质、纯粹无文化的生活中;维科还意识到,野蛮本身包含文化的种子,这些种子发芽就产生文化。因此,维科摆脱了斯宾格勒关于文化生活与无文化生活之间关系的肤浅、表面的二元论。而且,即使文化产生自维科称为某种"感觉功能的野蛮性"(barbarism of sensation)的东西,并在获得了经济和法律上、宗教和艺术上、科学和语言上同质的发展之后,衰朽为一种"反思功能的野蛮性"(barbarism of reflection)①——后者即斯宾格勒所谓的文明,维科还是看到,这一法则仅是近似而非先天(a priori)必然;他看到它有例外,或至少看到它在应用于实践时受制于此类多样性,因而不能作为预言的基础。根本原因在于,不同文化的基本观念不同,文化本身将以不同的节奏发展。

显然,维科是正确的。斯宾格勒假定,每种观念,无论它是什么观念,将用相同数量的年份发展自己的不同阶段并穷尽自己的可能,还有什么比这一假定更加荒谬的吗?为何它应该有完全相同的阶段?有人可能会辩解说,"我们发现它确实如此";但斯宾格

---

① [译注]这两种"野蛮性"采纳了朱光潜先生的译法,参维科,《新科学》,朱光潜译,北京:商务印书馆,1989,页608。

勒无权这样辩解，因为他断言一种给定的文化必须经历这一或那一阶段，尽管不知道是什么阶段，因为其他文化已如此经历。

那么，每种文化并非完全被非文化包围，而是被其他文化包围；比起自身，其他文化可能完美过之或不及，可能在规模或价值上更高或更低，但终归是文化。这是对斯宾格勒学说作的第一点修正。第二，我们承认，一种给定的文化有某种前后一致的特性、一种将自身发展为某种完全的社会生活的基本观念，但同时，我们也必须声明，这一观念或特性不是静态的而是动态的。它并非一成不变，奇迹般地诞生于某时，然后始终不变，最后被消除存在。相反，这一观念是一个精神发展的过程，它在其他观念的环境中并从其他观念中生出，然后通过一个互相交换的过程，在反对其他观念的同时维护自身，并在这一过程中改造对方也反过来被对方所改造。在这一过程达到顶点时，某个特定的观念似乎已获得一种绝对的主宰。于是，整个文化在这一观念的明光中辉煌起来；就它自己的人类媒介们（human vehicles）能自觉地领会这一观念而言，它对自己发光；就我们能够在头脑中重建他们的观念并由此看到生活对他们意味着什么而言，它对我们发光。但这种主宰并非绝对。它总是对某物的主宰；总有其他观念在敲门，且被某种力量挡住，这种力量对文化生命的围栅的压力与生命内部的扩张力量大小相同而方向相反。

所以，文化最辉煌的顶点显示出它们声张的东西与它们否定的东西之间的矛盾：希腊的自由建立在希腊的奴役之上，资本主义的财富建立在资本主义的贫困之上。而且，从长期看，仅仅试图一贯地搞清文化观念、充分地经历它（而非思考它），就足以摧毁文化。但是，一种文化的毁灭是另一种文化的诞生；因为并没有一个可称为文化的静态的实体，有的只是一种永恒的发展，在这种发展中，赢得的东西必须失去，以便可以赢得某种进一步的东西。而且，在这一过程中获得的一切，都建基于过去各阶段获得的一切。

因为这一过程始终相同——尽管总是新的，所以，很容易在其中的任何部分与任何其他部分之间发现相似和同质。但是，当我们把这一过程切成各个部分，并说"古典文化从这儿开始而在这儿结束，麻葛文化在这儿开始而在这儿结束"时，我们不是在谈论历史，而是在谈论我们选择贴在历史尸体上的各个标签。更好的历史思考，更深的历史知识，都将向我们表明，古典文化的内核不是某种单一不变的观念，而是诸观念的动态作用，甚至非常早就包含着准备转变成麻葛文化的各种要素。因为万神殿是麻葛式的，所以不是古典式的，这种论证是蹩脚的史学，同样也是蹩脚的哲学。

若顺此思路穷追到底，你会发现没有什么是古典式的。更正确的说法是，古典式的不是一种风格，而是一段时期、一个过程、一种发展，由其自身内部的逻辑导向麻葛式的。因此，万神殿既是麻葛式的又是古典式的；它在转入麻葛式的这一行为中是古典式的。而这一"转入"的概念，变化的概念，是（斯宾格勒本人伸张了它又努力忘掉了它）所有历史的基本观念。

那么，历史循环这一概念还剩下什么？很多。因为，尽管历史的一段"时期"是一种任意的虚构，仅仅是从历史织体中撕下的一部分，被赋予一种虚拟的统一性并置于一种虚拟的隔离之中，但是，这样的做法之后，历史获得了一个开始、一个中间阶段和一个结束。于是我们就抓住某个对我们而言特别明亮的点，试图如其实际所是的那样研究它，从而虚构出历史的各个阶段。也就是说，我们发现，我们的眼睛被某种惊人的现象吸引——［公元前］5世纪的希腊生活，诸如此类；它变成了一组历史探究的核心，我们追问它如何出现且如何消失，什么产生了它，它又产生了什么。如是，我们就形成了关于某一时期的观念，我们将其称为希腊时期；而这一时期作为一个时期将类似于拜占庭时期或巴洛克时期，也就是说，它有一个明亮的中心，前后还有一些过程，我们对这些过程的唯一兴趣，就是它们在何时导向和导自这个中心。

从另一个角度看，将公元前5世纪的希腊随风带走的那次运动，"希腊的没落"，就成了导向希腊化世界的运动。那么，这"确实"是一种没落还是一种进步？都不是，因为都是。它是一种变化、一种改变、一种发展；而史学家的最高任务就是去发现什么通过什么阶段发展成什么。如果某人对那个问题不感兴趣，他就对历史不感兴趣。

因此，历史循环说是所有史学思想的一个永久特征；但不管它发生在哪里，它都由某种观点引起。循环是史学家在某个特定时刻的视野。正是由于这个原因，人们才经常观察到历史在循环之中运动；也正是由于这个原因，虽然人们试图——很多人已尝试——用公式来表达一个循环的系统，并称这个系统"客观有效"，甚至在任何一个瞬时看来都有效，但他们都失败了，而且他们失败的彻底程度和惊人程度，总是与他们从事这一计划时的精密（rigour）程度成比例。任何人都可以在一篇轻巧写就的短文中阐述一个貌似有理的历史循环系统。斯宾格勒的此书如此长篇累牍，又在书中大肆施展他的特殊学问，这也许恰好有效地揭示出——因为较短或学问较差的作品不可能做到这一点——他在尝试一个不可能完成的任务。

斯宾格勒与古典时代的启示

戈特弗里德（Paul Gottfried） 撰

李旺成 译 张培均 校

一

在两次世界大战期间写就的许多政论及《西方的没落》诸多文字之中，斯宾格勒都自视为亲普鲁士分子（Prussophile）、保守派和历史哲人。这种认同自始至终贯穿他的写作生涯；他认为各文明有其周期，相信西方文化已精气耗尽——这些合起来证明，他厌恶现代政治的各种价值。斯宾格勒蔑视历史进程中的自由信念，质疑人类进步同个人主义和平等之间的联系。个人自决（self-determination）标志着艺术和道德上的现代性，而在他看来，无异于社会的分崩离析。在二三十年代的政治声明中，他号召国人放弃单子式的资本主义，代之以集体经济和明确的普鲁士国家义务伦理。

经常有人论及，斯宾格勒的史学理论创建显得缺乏深度，前后不一。《西方的没落》表现出对各文明兴衰的机械论式的看法。

八大文明之间互不关联。斯宾格勒对其中的一些文明草草带过，却尤其关注三个文明：麻葛文明（即闪族—希腊化—波斯文明）、希腊—罗马文明和西方文明。三者当中，后两个构成这两卷书的主要考察点。斯宾格勒宣称，他研究的文明组群经历了平行的进程，互不渗透。它们全都经历了一个相同的生命周期：从充满创造力和凝聚力的文化阶段，进入相当具有扩张性却世俗化的文明阶段。然而，任何一个文明都不可能影响另外一个文明的特征。文明被视为相互不能理解的诸多文化。每个文明创造出独一无二的文化传统，带着自己与生俱来的记号。①

古典时代具有一种界限感。那时产生了一种空间上自我封闭的数学（欧式几何），一套为城邦设计的政治制度，和一门强调形式与平衡的艺术。相反，西方社会却总是渴求不受限制。近东文化崇尚深度和内在，其典型代表是占星术士和神秘主义者；古典世界则颂扬形式之神（the god of form）阿波罗，而西方精神却以歌德的浮士德为代表，他奋斗不息，以求救赎。事实上，基督教一旦为入侵罗马帝国的日耳曼部落所信奉，就断绝了它的麻葛文明与古典文明之根。西方化的基督教（Westernized Christianity）产生了膨胀的僧侣共同体、教皇帝国的梦想、高耸入云的哥特式大教堂。②此外，浮士德文化的特征还包括历史意识、囊括无穷数的数学以及对普遍知识永不餍足的热望。

斯宾格勒认为，他能够熟练地识别各种各样的文化"面相"，由

---

① 斯宾格勒, *Der Untergang des A bendlandes*, Munich: C. H. Beck, 1969, 重版, 尤参页210-277, 页282-427各处。

② 斯宾格勒, *Der Untergang des A bendlandes*, 前揭, 页234-245, 页909-927。

此，这种独特的关于精神特质的编目（cataloging）变得可能。唯有通过直觉跳跃，而非推论分析，史学家才能理解世界文明的全景。这样的理解方式在现代西方首次变得可行。与黑格尔和马克思一样，斯宾格勒相信，唯独西方社会才会用史学的思维思考，以发展的眼光把握每个历经的瞬间，并与普遍的进程联系起来。然而，只有当西方人远离自己的自负之时，真正的历史意识才会占据主导。斯宾格勒说道：

> 最终，所有人都自我批准，突显最近乎自己利趣（interests）的那个古代片段：尼采的前苏格拉底雅典，经济学家们的希腊化时代，政治家们的罗马共和国，以及诗人们的罗马帝国。（同上，页52）

上述告诫或许暗示，斯宾格勒谨小慎微，拒绝任何结构相似而精神各异的文化－文明（culture-civilizations）之间的比较。但事实并非如此。斯宾格勒陶醉于文明比较，而且一再向自己的时代推荐古代和非西方世界的道德良方。他的灵感来源于活力论者（据他自己的说法，来源于歌德和尼采）；可是，正如凯泽林勋爵所说，他极力将普遍历史简化为某种接近于"钟表机械规律"的东西。[①]

每个文明的进程由命运注定，可以预测；不过，并非经由因果推论，而是经由浪漫派奉为神圣的直觉，才能理解每个展开中（unfolding）的生命周期。有时，斯宾格勒被描述为一个自我否定的形而上学家，以一套受历史限制的科学方法蔑视他所发觉之物。他鼓吹直觉真理，却又拒绝一切具体教义。他赞扬文化创造，却又

[①] Hermann Keyserling, *Menschen als sinnbilder*, Darmstadt: Otto Reichl, 1926, 页164。

对人类持有一种全然的自然主义观。在他的政治写作中,他有时把人比作"捕食的野兽",将人类活动解释为对人类本能和其他生理需要的程序性反应。① 他这样将人类视为动物,同时却又呼吁社会良知和公共关怀;二者自相矛盾,却并置在一起,尤其在《普鲁士主义和社会主义》(1919)一书中。

斯宾格勒的德国解释者中,成果最多的当属施罗德(Manfred Schröter)。他或许会让我们超越斯宾格勒那不甚协调的折中主义,看到他作为一名文化分析家的能力。施罗德认为,无论斯宾格勒采用的史实和方法有什么缺陷,他在各文明之间勾勒的形态学平行线(morphological parallels),他对各文明异同的敏感,以及他对西方精神衰落的醒目描绘,都足以为他正名。② 甚至他表述中的不符之处也具有教益。这些不符之处戏剧性地强调,斯宾格勒试图在自己的机械论-自然主义理论框架中同时成为一名道德家和先知。

《西方的没落》第一卷意在指示德国人,一旦打赢第一次世界大战,他们将会面临什么样的历史路径(或许也有其他目的)。第二卷紧随德国战败完成,书中令人兴奋地呼唤恺撒主义(Caesarism),这是解决城市 anomie[失范]、金钱统治以及最终的暴民政治(mobocracy)的必经之道。我们在此碰到的,难道只是以某种机械地注定的社会学 dénouement[结局]为形式的命运吗?还是说,施罗德和我们都会同意,在斯宾格勒的新一代恺撒(Caesars)肖像中,还存在一种狂欢的诗性正义观?新一代的恺撒将规训暴民,惩罚

---

① 对斯宾格勒的苛刻批评,参 *Menschen als sinnbilder*,页166-174;对这种自然观的紧张更客观的分析,参 Lorenzo Gusso, *Lo Storicismo Tedesco*, Milan: Fratelli Bocca, 1944,页338-247。

② 施罗德, *Metaphysik des Unterganges*, Munich: Leibig, 1949,页24-50,页221-224。

放贷者。在与第二卷同时期写就的《普鲁士主义和社会主义》中,斯宾格勒试图召唤他的复仇天使,他呼求道:

> 我们需要艰难困苦,我们需要勇敢的怀疑主义,我们需要一个社会主义者阶级来主宰自然。①

我们会看到,他提供了充分的指导,来训练这一他想要的阶级。

二

在预备西方的未来上,斯宾格勒给古典时代指定了什么位置?答案在罗马的例子中显而易见。在《西方的没落》导言中,斯宾格勒将现代西方视为与古罗马相对应的类型。他劝告读者好好留意这个古代文明,以便获知自身的历史观念和局限。欧洲和美国的城市可以跟古罗马对比,是因着这些城市的货币经济、日益减少的人口以及与乡村风俗的隔绝。

> 西方的模范只能是古罗马。帝国主义是纯粹的文明。西方的命运不可逆转地陷入这种现象。文化人(the cultivated man)向内引导他的能量,文明人(the civilized one)向外引导他的能量。因此,我视罗德斯(Cecil Rhodes)为新时代的第一人。他表现出一种政治风格,这种风格属于更遥远的西方的、日耳曼的未来,尤其属于德国的未来。②

---

① 斯宾格勒,*Politische Schriften*, Munich and Berlin: C. H. Beck, 1934,页104–105。

② 斯宾格勒,*Der Untergang des A bendlandes*,前揭,页51。

在一个更加坦白的段落中，斯宾格勒承认：

> 我相信我们是文明人（civilized men），不是哥特式和洛可可式的人。我们必须考虑［文化］晚期生命的种种艰难冷落，与之平行的不是伯利克勒斯的雅典，而是恺撒的罗马。西欧人再也无能于谈论伟大的绘画和音乐。（同上，页56）

对斯宾格勒来说，拿罗马与西方作比较，甚至将罗马的理想提升为自己民族和时代的模范，都成问题。如果文化–文明沿着平行而又不交叉的轴线演化，如果罗马因自身的衰败形式而受到谴责，那么罗马对西方而言又有什么模仿价值？非但如此，罗马帝国无情的扩张，连上自身内部的衰朽，尤其不值得现代效仿。斯宾格勒自己也意识到这一点，《西方的没落》中对罗马社会的诸多提及之处都带着出奇地屈尊俯就的态度。比如，他告诉我们，希腊人有"灵魂"（soul），不像罗马人只会用"心智"（intellect）（同上，页44-48）。Seele［灵魂］和Geist［精神］在希腊文化中用作描述性术语；而斯宾格勒给罗马人的心智的最高评价只是平庸的Verstand［理智］，或仅仅是切实（Tatsachensinn）。说得更确切些：

> 不谈及希腊人的经济状况，人们也能理解希腊人。然而，我们只能通过参考希腊人来理解罗马人。（同上，页25）

尽管斯宾格勒可能对罗马文明没有真正的感情，但他承认，罗马文明确实给其他同样被糟糕对待的Spätzeiten［（文化）晚期］上了几课。

> 罗马和恺撒教给我们这些较晚时期的现代人更多，甚于雅典、伯利克勒斯和亚历山大。

不再有生死攸关的文化问题,因为这些社会经过了它们的全盛时期。精神贫乏,物质膨胀,所有文明彼此相似。所有文明都包含一些人,不在乎家庭和荣誉,寻求权力和利润,直到不得不屈服于一个复兴的国家。罗马人在这种情况下已经做得尽可能好,因此斯宾格勒直接把目光转向他们的实际德性。

这种解释无疑有几分价值,但忽视了一点,斯宾格勒对西方经验的解释变化无常。在他的政治性写作中,西方的经验在结构上显得不再与古典的经验类似。《普鲁士主义和社会主义》将西方历史呈现为三大势力之间的持续对抗,三者对世界帝国有着迥异的看法。天主教的西班牙、资本家的英格兰和专制−社会主义的普鲁士,全都提出了反映统治需求的民族使命。① 据说,是本能推动这三个民族走向自己的未来;而每个民族都形成了一套与本民族特殊命运匹配的伦理。秩序和义务成为普鲁士服从天性的表达,正如个人主动性和自由贸易乃是英格兰经济发展的基本原则(同上,页79-83)。

值得注意的是,斯宾格勒在《西方的没落》中描述的斗争回到了现代之前,而且,遮蔽了他在精神文化与物质文明之间一贯的区分。他一再将英格兰刻画为一种"纯粹的文明",而将西班牙刻画为一度令人骄傲而现已衰弱的宗教精神残余;然而,这些势力之间的"殊死斗争"呼应其原始的天性,据他所说,这种情形在中世纪就已经出现。与西班牙不同,普鲁士和英格兰带着自己的前现代遗产保持武备,尽管它们每一个都已适应了文明。英格兰的海盗式掠夺塑造了自己经济统治的需求,而祖传的普鲁士情感仍然活

---

① 斯宾格勒,*Politische Schriften*,页90。

在日耳曼人对权威的尊奉中。

作为一个政治分析家和一个为普鲁士服务伦理（service ethic）申辩的辩护者，斯宾格勒将西方历史看作一场旷日持久的对抗，因而他放弃了《西方的没落》的生硬结构。进一步说，他描述的西方领导权的斗争，造就了几组历史类比。其一便是在西方命运与伯罗奔半岛战争之间的一种假想的平行（同上，页54）。斯宾格勒在这一对比上没有多费口舌，但从中可以得出一个论点：斯宾格勒在描绘他自身文明中的政治分歧时，他的版式（format）取自修昔底德而非他人。

《伯罗奔半岛战争志》的开篇讨论了所处理之冲突的史诗性。这场战争从一开始就注定成为"最值得注意的事件"，因为，

> 它展示了交战双方（雅典和斯巴达）竭尽全力参战，看到希腊世界集结于其中一方，一部分立刻加入，剩下的则在些许考虑之后。①

---

① 修昔底德，《战争志》，卷一，第1-2节，译文来自作者。尽管斯宾格勒嘲讽修昔底德《战争志》的开篇为"过度自信的断言"，但这些篇章却预见到不少斯宾格勒关于人类发展的自然主义观，因为修昔底德的政体盛衰如同自然物；不过，斯宾格勒认为，越接近的帝国，在物质和军事上比之前的帝国越强大。阿那克萨戈拉的自然哲学给斯宾格勒留下了深刻的印象，因此，他把自然界和历史都归结为一个统一的趋向"自我完善"（epidosis eis hauto）的过程。参G. B. Grundy, *Thucydides and the History of his Age*, 卷二, London, 1948, 页27-29；亦参Siegfried lauffer, "Die Lehre des Thucydides von der Zunahme geschichtlicher grössenverhältnisse", 载于*Spengler-studien*, A. M. Koktanek编, Munich: C. H. Beck, 1965, 页177-193。这一自然增长的观念，使斯宾格勒关于伯罗奔半岛战争的毁灭性和普遍性范围的"过于自信的断言"更加可信，也不言而喻地凸显出斯宾格勒宣称的西方文化的独特性。根据他的观点，唯独西方拥有形成一个普世帝国的物质手段和想象力；因此，英格兰

因此，这给斯宾格勒描绘普鲁士与英格兰之间不朽的战争提供了原初背景。他相信，这两大帝国巨头之战最终会分裂欧洲，甚至可能分裂世界。与修昔底德描绘的较量一样，斯宾格勒描述的那场较量对他来说似乎也已命中注定。这场较量源自古老的本能（为了统治和劫掠），只有"在一族之民（a people）或他们的文化死亡之时"才会终止。

斯宾格勒笔下英格兰和普鲁士的关系，与雅典和斯巴达的关系具有某些相似性。同那些登上修昔底德榜单（Thucydides charts）显赫位置的古代势力一样，这两个西方国家区别以各自的风俗和政体。雅典是一个中心城市，土地贫瘠；英格兰与雅典类似，因此发展贸易，寻求市场，成为一个海上强国。雅典"由于吸收外国叛乱者"，导致人口膨胀；英格兰与雅典一样，有时也吸收一些肆无忌惮的个人主义者成为邦民。此外，像雅典一样，英格兰贫富两极也分化严重。① 普鲁士则跟斯巴达一样，农耕与军事技巧结合，集体高于个人。斯宾格勒还暗示，与斯巴达一样，普鲁士被推入冲突之中，冲突中的对手是更富进取心的经济扩张型帝国主义。

早在一战期间，德意志的辩护者们就已更明确地作过这种类比，到斯宾格勒在1919年略略提及之时，已然是陈词滥调；人们也用不着想当然地认为自己发现了古希腊，可以用来作为德意志道德复兴的楷模。对于德意志民族主义者来说，古希腊人很早就代表着一种人文理想。他们希望看到自己的国家能重新拥有这种人文理想。为使德意志文化区别于法国大革命遗产或英国资产阶

与普鲁士之间的斗争，才是会带来真正的普遍后果的第一次文明内部之争。

① 修昔底德，《战争志》，卷二，第6–7节；卷六，第1–6节。另参斯宾格勒，*Politische Schriften*，前揭，页55。

级社会，从费希特（Johann Fichte）到斯宾格勒的同时代人布鲁克（Moeller van den Bruck）以来的民族主义作家，都将柏拉图和亚里士多德所描述的美德归于自己的民族。一如亚里士多德在《政治学》中的倡导，拿破仑战争期间的费希特以及一个世纪之后的斯宾格勒，都倡导德意志民族应该自给自足（autarchy）。据说，自足之后，德意志人就能避免在与信奉物质主义的邻居接触时走向腐败，由此而保存他们本土的质朴和冷静美德。①

斯宾格勒同样也用许多有机的形象来描述普鲁士政治的本质，这样便得以跟德意志民族主义者的修辞传统联系起来，这种修辞孕育自浪漫主义时期。他将普鲁士精神描述为一种"个人融入整体的默契"，自有其根源所在，进一步说，可以追溯到浪漫主义之前的希腊哲学。② 无论柏拉图还是亚里士多德，都赞同一个健康的社会等同于该社会所有部分的完全融合。《尼各马可伦理学》将社会体的幸福视为其构成要素（ta merē organikē）之间完美协调的功效。在《王制》中，苏格拉底认为，一个秩序良好的社会类似于一种管理精当的人类制度：

> 因为它［节制］不像勇气和智慧各自处于不同部分，一个使城邦智慧，另一个使城邦勇敢。节制不这样起作用，而是事实上贯穿整个部分，即从高到低的全部等级，使更弱者、更强者，以及那些中间阶层——无论你想要根据睿智辨识/观看它们，还是想根据力量、人数、财富或别的无论哪类东西——一

---

① 关于这个主题的研究，参Klemens Klemperer, *Germany's New Conservatism*, Princeton, 1957；亦参Arnim Mohler, *Die honsemtive Revolution in Deutschkand (1918-1932)*, Basel, 1949, 尤参页147-209。

② 斯宾格勒, *Politische Schriften*, 前揭，页4。

起唱同一歌曲。(《王制》,432a1-5,史毅仁译文,未刊稿)

这些观察意在说明,斯宾格勒并非有意地从柏拉图和亚里士多德那儿得出自己的政治观念——更不用说在历史语境中处理他们的观点。我的观点是,尽管斯宾格勒公开宣称对希腊人漠不关心,并设想希腊诸文化之间互不相通,但他作为一名政治教师,确实采用了古希腊的想法,只不过掩盖了产生这些想法的形式。最猛烈地攻击《西方的没落》的批评者,其中有一部分就是那些对希腊有好感的政论家和教授。他们中的许多人察觉到斯宾格勒对古典时代,尤其是对希腊世界的诋毁,就心生痛恨。① 斯宾格勒对罗马的实际(factualness)和帝国主义抱有更大兴趣,甚于对希腊思想的兴趣,这毫无疑问使他们的觉察得到了确证。

然而,巴特勒(H.C. Butler)充满夸张的所谓"希腊对德意志的僭政",可能已将斯宾格勒列为诸多不知情的受害者之一。斯宾格勒最长的政治小册子《德意志帝国的重建》(*The Reconstruction of the German Reich*, 1924),打着普鲁士-罗马传统的幌子,却提出古希腊哲学的学说。这部作品的第一部分严厉斥责各色各样的团体导致民族道德和政治的败坏:议会诸党掠夺政府,官僚们热衷于年金甚于公务,"非生产的"工业家靠政府支持过活却操控着资本。最重要的是,他批评国家缺乏强有力的公共人格——诸如俾斯麦在政府方面,老毛奇和小毛奇在军事方面,或者贝贝尔(August Bebel)作为德意志社会主义党(German Socialist Party)的组织者那样的公

---

① 施罗德, *Metaphysik des Unterganges*, 前揭, 页25-40; 关于斯宾格勒对古典时代的概观, 更细致的评论文章参O. TH. Schultz, *Der Sinn der Antike und Spenglers neue Lehre*, Stuttgart and Gotha: F. A. Perthes, 1926。

共人格。① 斯宾格勒相信，只有新的领导层才能恢复德意志的政治和文化福祉，于是他转向教育改革问题。

斯宾格勒强调以训练（Zucht）为目的的教育，而不仅仅是正规教育。他嘲讽德意志人文主义者们的课程过分强调语言学习，并对"渴求属于自己的真实岁月的天才青年"表示同情。至于更加传统的教师，"神佑的师傅，身着破旧的僧袍，头脑里塞满贺拉斯"，这样一个人"会激起敬畏，但只对那些还没有汽车或飞机的时代的人"（同上，页229）。他在教育规划中提议的项目有游历、外语、经济学、德语作文、史学和物理学。可想而知，哲学和艺术被排除在外，而作为人文主义课程一部分的希腊文则提都没提。他还赋予拉丁文教学一个实用的而非人文主义式的基本原则：拉丁文使年轻人分析地思考，据称甚至胜过"最严格的数学过程"（同上，页234）。

乍一看，这个教育计划中似乎没什么东西能让人回想起希腊的教育理论。事实上，在斯宾格勒的建议中，许多地方都能感觉到明确的职业教育者（vocationalist）的味道，比如给游历和专业实习设置学分，为了经济和军事用途教授语言，此外，学生有一次基于自学获得学位的机会，只需完成最低限度的课堂训练。

然而，与这一粗暴的现代化改革并置的，是希腊哲学的假设。在柏拉图的术语中，教育被设想为askēsis[练习]，其确切的德文翻译就是Zucht[训练]：一种用于公共政治服务的自我训练。比如，《王制》卷三将大量注意力放在自幼训练城邦卫士以守护理想的社会这一问题上。苏格拉底规定了适当的身心培育，从音乐和体操开始，以"认清节制、勇气、自由、伟大及诸如此类事物的样

---

① 斯宾格勒，*Politische Schriften*，页145-154、214、216。

式"(《王制》,402c1-4)结束。立法者的任务必须包括让人们抵挡"放纵"(akolasia),尤其在城邦卫士的训练中。与年轻的运动员(askētai)以及斯宾格勒的德意志领导人学徒们一样,柏拉图笔下的卫士们会想,

> 正如精细滋生放纵一样,它是不是也会产生病痛? 正如音乐中的简洁(haplotes)孕育灵魂上的节制一样,简单的体育也会培养出健康的身体? (同上,404e3-5)

在讨论教育方面的训练时,斯宾格勒也强调身体的健康,并提议企业和学习场所都要鼓励体育锻炼。像柏拉图和亚里士多德一样,斯宾格勒力图赋予教育以政治-伦理的目的,让教育服务于有天赋的新贵族阶层,尽管并非一以贯之。斯宾格勒援引传统普鲁士行政官员领导层以为榜样,将他们的严苛描述为"普鲁士主义中的罗马元素"。[①] 不过,他对领导层构成的强调以及对有纪律的政治人格无处不在的关注,或许更多应归因于古希腊哲学,而非罗马的行政管理。柏拉图同样警告人们提防道德上和心智上不宜之人"干预"政治的危险。《王制》已经提前表达了斯宾格勒对德国的控诉,他谴责让一个"天性为商人"的人担任战士、立法者或卫士的行为。[②] 这样的"变动和干预"对一个正义的政府有害。柏拉图

---

① 斯宾格勒, *Politische Schriften*, 前揭, 页219。
② 参《王制》,第四卷,尤参433和434;433c-d的社会观很大程度上在斯宾格勒的普鲁士理想中得到重现:一个共同体中,男人、女人、奴隶、工匠、自由人、统治者和臣民联结在一起,因为他们都愿意"不受干预地做每个人做得最好的事情"。斯宾格勒对德意志社团主义(corporatist)理论有明确贡献,社团主义者显然承续了《王制》卷四中颇为生动地构造的社会组织模型:"城邦通过自己的智慧、克制、勇气和每个人实现自己所有的能力来追求卓越。"(433d7-10)

认为，寡头制和民主制在道德和心智上逊于贤良政制或荣誉政制。

亚里士多德也预示了作为教育者的斯宾格勒。在《政治学》第七、第八卷，他讨论了对政治领导层的教育方法。与斯宾格勒一样，他主张区分统治者和臣民（rulers and subjects）的教育；同样，亚里士多德建议让未来的领袖服务其他人，以便为将来行使权力作准备。在亚里士多德所欲的政体（politeia kat'euxēn）中，统治阶级应该合实践理性与理论理性为一。尽管和平和安宁比纷争和动乱更可取，但亚里士多德坚持认为，立法者只有让人们做好面对困难的准备，才能确保他们无事。军事技艺便是最适合统治的genos[家族，亲族]中的年轻成员的活动，他们享受"伟大的身体优越性"，是天生的军人，就像他们的长辈是天生的立法者一样。① 考虑到好战的社群时，亚里士多德得出一个与斯宾格勒相似的判断：

> 这些城邦大多只有在战斗中才能生存；一旦成为占有者，它们的政体就会瓦解。像铁[剑]一样，在追求和平时，它们会失掉锋芒。（同上，1334a6–10）

当然，亚里士多德试图以此在根本上批评斯巴达（"[我们知道，]他们的立法者从未教会[城邦]享受闲暇"），与之相反，斯宾格勒给出了对等的评价，但一定程度上在为好战的生活方式辩护。模糊这一差异当然并非我愿。我也不愿否认，相比斯宾格勒的自然主义和现代主义视角，柏拉图和亚里士多德站在更高的道德层面考察政治问题。尽管如此，斯宾格勒的政治写作的的确确暴露出希腊哲学的印记，在某种程度上可以排除单纯的主题重叠的可能性。他转向古希腊求助，为自己的民族绘制"罗马的使命"，这种

---

① 亚里士多德，《政治学》，1332b14–41。

做法并不让史学家们感到惊讶。

德意志思想家们长期以来对古典时代的两股力量抱有一种矛盾心态:希腊的理论和罗马的统治。Goethezeit[歌德时代]的德意志诗人和哲人称颂希腊人的创造力和美学,但他们的生活于德意志第二帝国的后代,则视罗马而非希腊为政治国家的合适原型。① 德意志人对罗马的迷恋,甚至可能影响了对政治颇不关心的尼采。尼采赞美古希腊戏剧,但在《偶像的黄昏》中,他吹捧恺撒,称赞罗马通过帝国扩张表现了自己的权力意志。②

斯宾格勒表达了一种更深层次的政治化的文化意识——某种他自己绝不会否认,实际上还会热衷于证实的东西。③ 不过,使用古希腊政治、教育概念,显示出他与前辈德意志文化之间持久的联系。那是一种由希腊爱好者们,比如歌德、席勒、荷尔德林、施莱格尔兄弟、赫尔德和谢林等人创造的文化;难怪在响应第一次德意志民族主义萌芽时,德意志爱国主义者们仍自视为一个Kulturnation[文化民族],这是基于跟希腊人的类比。尼采发现,希腊人是"古代的政治白痴",这样的发现不止于尼采一人;即便如此,像策勒(Eduard Zeller)、维拉莫威兹、耶格尔和迈耶(Eduard Meye)这些德

---

① 关于这一文化态度上的缓慢转变,参Richard Benz, *Wandel des Bildes der Antike in Deutschland: ein geistesgeschichtlicher Überblick*, Munich: Piper, 1948。

② 参尼采, *Werke*, Leipzig, 1906, 卷十, 页321-324。在《偶像的黄昏》中, 尼采赞扬古希腊史诗英雄们身上带有的"竞赛天性"和"权力意志", 却谴责希腊哲人是"希腊精神的颓废派(decadents)", 同时保留了对罗马征服者最感情洋溢的赞颂。

③ 关于斯宾格勒与尼采对国家的态度上的差异,参H. S. Hughes, *Oswald, Spengler: A Critical Estimate*, New York: Charles Scribner's Sons, 1952, 页59-64。

意志的教育者们,仍然继续赞扬希腊人在智性和艺术方面的成就。尽管斯宾格勒是政治成功的赞美者,但在生命中的某个时刻,他也深受希腊的影响——当然,是不由自主地。①

---

① 尽管没有直接的证据证明,斯宾格勒自觉地将古典希腊的理想用到自己的社会,但舍普斯(Hans Joachim Schoeps)在那些可能是《西方的没落》的先驱者(supposed precursors)中发现了这一做法的先例。布克哈特和拉索克斯(Ernst Lasaulx)都是文化悲观主义者和广受尊敬的希腊文化研究者,他们做了大量关于希腊人的颓废(decadence)的研究。他们都赞扬修昔底德和珀律比俄斯自然主义式地理解古代城邦的周期运动。拉索克斯在结束其历史推论之后,特别回到柏拉图和亚里士多德:他们都设想,政治制度会不可避免地脱离常轨(katabaseis kai parekbaseis ton politeion)。如果我对拉索克斯和斯宾格勒的理解没错的话,常态的和变态的社会模型都来自其他地方:《王制》和《政治学》。参H. J. Schoeps, *Vorläufer Spenglers*,第二版, E. J. Brill, 1955,尤参页35-63。关于拉索克斯,参拙作 *Conservative Millenarians*, New York: Fordham, 1979,页110-119;亦参Stephen Tonsor, "TheHistorical Morphology of Ernst Lasaulx",载于*Journul of the History of Ideas*, 25, No. 3(1964年7-9月),页378-381。

斯宾格勒世界历史哲学的转变

法伦科夫(John Farrenkopf) 撰
纪 盛 译

　　斯宾格勒,这位20世纪最著名的历史哲人之一,在发表了最著名的作品《西方的没落》后,[①]他关于世界历史的思想发生了深刻变化,而那些以英文文献谈论其思想的学者们对此几乎一无所知。[②]然而,对于那些思辨的历史哲人而言,在他们大胆地解答历史之谜的时候,思想上经历翻天覆地的巨变并非闻所未闻之事。事实上,斯宾格勒的著名接班人汤因比,甚至在写作自己的巨著《历史研究》(*A Study of History*)的过程中,就曾改变过自己的世界历史

---

　　① 斯宾格勒, *Der Untergang des Abendlandes*: *Umrisse einer Morphologie der Weltgeschichte*, I, rev. ed. *Gestalt und Wirklichkeit*, II, *Welthistorische Perspektiven*, Munich, 1923。
　　② 然而,众所周知,几位主要的斯宾格勒专家都出版了德语和法语的著作。参 Anton M. Koktanek, *Oswald Spengler in seiner Zeit*, Munich, 1968;另参 Gilbert Merlio, *Oswald Spengler*: *Témoin de son temps*, Stuttgart, 1982。

哲学。①

1924年是斯宾格勒一生的分水岭。之前，随着魏玛民国进入一个短暂的稳定期，他突然放弃了自己的政治抱负和权力谋划，重新确立了自己作为一名自由学者（Privatgelehrterr）这一相对被动的职业。与此同时，他也正式步入所谓的"斯宾格勒理论思想的第二阶段"，②一直到他于1936年去世。《西方的没落》以思辨哲学的方式考察了文明的历史进程，或可用斯宾格勒的术语称之为考察了前3500年左右就已出现的文化（Kulturen）的发展。③ 1924年，即他完成自己的代表作第二卷后的第二年，这位雄心勃勃的思想家经历了短暂的间隔后，再次表现出与日俱增的政治热情，最终几乎完全将注意力集中在文明发展的浩瀚时期，超越了他对文化兴起问题的考察。④ 迄今为止，诸如考古学、史前史、民族学等相关领域

---

① Arnold J. Toynbee, *A Study of History*, London, 1934–1961, 页 I-XII。研究汤因比的一位权威人士最近提出一种主张，认为汤因比第二本关于世界历史的书另有其稳妥的表达，而非修改和完善他的《历史研究》。

汤因比重估了他的伟大工程的计划时间与实际完成时间，他完成这一著作的时间十分漫长，且可能已于1946年十分明智地完全放弃了原来的大纲，新写一本不同的书来解释他对历史模式和历史意义的修正。(William H. McNeill, *Arnold J. Toynbee: A Life*, New York, 1989, 页 227)

② Koktanek, *Oswald Spengler in seiner Zeit*, 页 363。
③ 斯宾格勒将埃及和巴比伦等古代文明的起源置于前三千年左右。当代的历史知识表明，文明首先出现在两河流域南部的苏美尔，其文明的出现大约在前3500年，埃及稍晚，约前3100年左右。斯宾格勒，《西方的没落》，卷二，页46；J. M. Roberts, *The Pelican History of the World*, Harmondsworth, England, 1983, 页58。
④ 斯宾格勒, *Frühzeit der Weltgeschichte: Fragmente aus dem Nachlass*, A.

内最伟大的发现，以及他与非正统的民族学家弗罗贝尼乌斯（Leo Frobenius）之间的友谊，都激发了斯宾格勒对史前史研究的热情（同上，页xiv）。

斯宾格勒致力于两个相互关联的研究课题。在《西方的没落》卷二中，他已声明要写一部有关人类历史经验的形而上学问题的巨著（《西方的没落》，卷二，页3）。第二个课题涉及史前史和早期文明史的重要研究。在孜孜不倦地研究这个庞大主题的过程中，斯宾格勒试图揭示文化的起源，而他在自己的代表作中曾对这些文化的周期特质和不同文化风格作过考察。此外，尽管斯宾格勒不断从文明的兴衰和复兴现象中意识到了世界历史的不连续性，但他力求与自己在《西方的没落》中倡导的相对论视角形成鲜明对比，以确定整个人类历史的方向和意义。斯宾格勒曾在自己的代表作中断然否认人类有一个共同的历史命运：

> 但是"人类"本来就没有一个目标、一个观念、一个计划，与微小的蝴蝶或兰花之类没有什么不同，"人类"是一个动物学概念，一个空洞的字眼。（《西方的没落》，卷一，页27）

而在1931年他却公开表示，自己对揭开"人类命运的伟大秘密"满怀渴望。① 他希望自己的作品与他已经发表的代表作一起，能够构成一种名副其实的普遍历史（universal history）。

不幸的是，斯宾格勒没能完成这两个并行的研究课题，不单单是因为他不断恶化的健康状况，更可能是因为这些目标太过宏

M. Koktanek 和 Manfred Schröter 编，Munich，1966，页vii，Koktanek的编者导言。

① 斯宾格勒，*Der Mensch und die Technik: Beitrag zu einer Philosophie des Lebens*，Munich，1931，页v。

伟庞大。因此,他在晚年构想的世界历史的新视域,未能达到他过去杰作所具有的高度,缺乏细致分析和系统阐述,这一点着实令人扼腕叹息。不过,研究斯宾格勒的专家考克塔内克(Anton M. Koktanek)费心整理和编辑了斯宾格勒关于史前史和早期文明史的大量笔记,其中还包括斯宾格勒对世界历史形而上学的思考,并于20世纪60年代中期分两卷出版了这些材料:《主要问题》(*Urfragen*)和《早期世界史》(*Frühzeit der Weltgeschichte*)。这两卷材料的结构都与斯宾格勒在《遗稿》(*Nachlass*)中拟定的提纲相符。1978年去世之前,考克塔内克还出版了一部权威的斯宾格勒传记,并编校了一部书信集。这四份材料是他在斯宾格勒档案馆(Spengler Archive)[①]潜心研究多年的成果,对研究斯宾格勒历史思想的学者来说是不可或缺的资料。[②]

[①] 斯宾格勒的专用出版社贝克出版社(Beck Verlag)于1990年2月12日将所有档案资料转移到巴伐利亚州立图书馆(Bavarian State Library)。斯宾格勒档案馆收集了关于他生平和思想的大量材料。丰富的文献,照片和手稿,各种杂文、访谈和报刊文章,第三方的记述,斯宾格勒往来书信的原件,用于从未动笔的自传的笔记,还有他的妹妹科恩哈特(Hilde Kornhardt)的论文和日记,这些对考克塔内克研究和撰写斯宾格勒的权威传记来说都是宝贵的财富。大量的传记材料得到丰富的学术论文的补充。历史哲学研究者特别感兴趣的是他关于形而上学和世界历史的无数言论,以及他未出版的谈论政治的松散篇章,包括一部分为德国皇帝和似乎形成于第一次世界大战的贵族阶层起草的部分便笺;还有接续《决定时刻》(*Years of Decision*)的写作计划、未出版的诗歌、未完成的戏剧和叙事诗作品,以及对诗歌和视觉艺术等问题的闲思遐想。

[②] 以下所列书籍只将收集的书信以节略形式译成英文。Oswald Spengler, *Briefe 1913-1936*, Anton M. Koktanek 和 Manfred Schröter 编, Munich, 1963; Koktanek, *Oswald Spengler in seiner Zeit*;斯宾格勒, *Urfragen: Fragmente aus dem Nachlass*, Anton M. Koktanek 和 Manfred Schröter 编, Munich, 1965;斯宾格勒, *Frühzeit der Weltgeschichte: Fragmente aus dem Nachlass*。

那些用英语写作斯宾格勒相关论著的学者,包括一些专门就他的思想写过批评作品的人,并不知道斯宾格勒在《西方的没落》中展现的历史哲学经历了一次蜕变,在听取批判之声①的同时,他自己的研究范围也在逐渐扩大,这两件事都促成了他思想的转变。这些学者,其中有就斯宾格勒写过一篇论文、一个章节、一段评论或一整本书的历史哲学专家,包括休斯(H. Stuart Hughes)在他那本备受推崇的关于斯宾格勒的批评著作中,②都对斯宾格勒曾深刻地改变自己的世界历史哲学这一重要论点持否定观点。③

读者可能会思忖,随着对普遍知识的渴望,为什么斯宾格勒没有承认自己需要大幅修改和重塑最初的世界历史哲学。我们不应忘记,《西方的没落》是那个曾经不起眼的大学预科教师(Gymnasiallehrer)得以声名鹊起并引以为傲的源泉。此外,他的代表作也给他带来了雪崩般的批评之声;承认自己有必要作重大修改可能会自取其辱,引来大批批评者无情的冷嘲热讽。再者,作为

---

① "尽管他出于自己一贯的自豪感,没有明确回应对他的哲学和历史观念提出的重大异议,但这些言论仍然影响到他,并引导他从自己的第一哲学转向一种新的、更普遍的观念。"(斯宾格勒, *Urfragen*: *Fragmente aus dem Nachlass*, 页 xiv, Koktanek 的编者导言)

② H. Stuart Hughes, *Oswald Spengler*: *A Critical Estimate*, New York, 1952。

③ 关于这方面,见 R. G. Collingwood, *The Idea of History*, Oxford, 1961; Bruce Mazlish, "Spengler", 载于 *The Riddle of History*, *the Great Speculators from Vico to Freud*, New York, 1966; William Dray, "A Vision of World History: Oswald Spengler and the Life-Cycle of Cultures", 载于 *Perspectives on History*, London, 1980; Hughes, *Oswald Spengler*: *A Critical Estimate*; John F. Fennelly, *Twilight of the Evening Lands*: *Oswald Spengler-A Half Century Later*, New York, 1972; 以及 Klaus P. Fischer, *History and Prophecy*: *Oswald Spengler and the Decline of the West*, Durham, N. C., 1977。

两次大战间德意志政治争论中的著名参与者，他真诚地希望维护他是万无一失的预言家和世界历史与政治的分析师这一神话。

为什么斯宾格勒从未承认有必要对自己的世界历史哲学进行重大修改，回答这一问题必然等同于回答为何如此之多的学者竟然没有察觉到他思想的蜕变。首先，他没有以大规模成体系的作品提出他关于世界历史的全新视野。此外，斯宾格勒不愿意向公众或他的朋友暗示，他原来的世界历史哲学需要进行实质性的重大修改；因此，这也使学者不容易发现他思想中的显著转变。

自从他那有争议的代表作引起了文本研究者们的极大关注，对他思想感兴趣的多数读者，他们的研究要早于考克塔内克于20世纪60年代中期考订出版的《遗稿》文献，而且，他们始终错误地认为，在这部沉甸甸的两卷本《西方的没落》中，几乎涵盖了斯宾格勒有关世界历史思想的所有重要内容。因此，他们也没有意识到斯宾格勒的历史哲学所发生的显著变化，我们现在正是在谈论这种变化。然而，应该强调，人们理应察觉到他的历史哲学发生了诸多变化，而且无须参考他身后出版的材料，只须仔细阅读他生前出版的作品即可，尤其是那本小专著《人类与技术》。① 自20世纪60年代中期以来，多数以英语谈论斯宾格勒的学者都忽视了考克

---

① 斯宾格勒，*Der Mensch und die Technik: Beitrag zu einer Philosophie des Lebens*。在这一点上，阅读本书的理想方式应该是与以下几部斯宾格勒的相关文选关联起来：*Reden und Aufsätze*, Hildegard Kornhardt 编（Munich, 1937），其中包括"Plan eines neuen Atlas Antiquus"、"Altasien"、"Das Alter der amerikanischen Kulturen"、"Der Streitwagen und seine Bedeutung für den Gang der Weltgeschichte"和"Zur Weltgeschichte des zweiten vorchristlichen Jahrtausends"；以及 Oswald Spengler, "Achäerfragen", 即前一篇文章的第二部分），载于 Hildegard Kornhardt 编, *Die Welt als Geschichte*, 1940, 页6。

塔内克编辑整理的材料,无论出于何种原因,他们甚至在用到这些材料的情况下,都没有意识到其中蕴含的重要意义。①

考克塔内克在斯宾格勒传记中,用部分篇幅探讨了针对同一主题的多种不同研究方式,正如笔者在本文中所为。然而,考克塔内克绝不是想在《斯宾格勒与他的时代》中对这位非凡思想家的思想给出盖棺定论式的评价。事实上,他认为,他的传记更多是对斯宾格勒一生翔实的叙述,而不是要解读并彻底解释他那富有争议的繁杂的工作。因此,考克塔内克在《斯宾格勒与他的时代》的编者导言中宣布,他将会做一番综合研究,对斯宾格勒的思想在哲学、政治和历史维度上进行"有条理的系统解释",题目拟定为《斯宾格勒的三元体系:哲学-政治-历史》(*Das triadische System Oswald Spengler: Philosophie-Politik-Geschichte*),以此作为传记的补充。② 然而,十分可惜,他于1978年不幸去世,再也无法完成这项艰巨的任务。因此,考克塔内克显然还没有完全彻底地探讨斯宾格勒的世界历史哲学转型问题,尽管他已经令人十分钦佩地增进了

---

① 芬内利(Fennelly)在其论斯宾格勒的书中,这两部作品所占的比重十分有限,明显忽视了这些文献的重要性。至于《主要问题》,他如此断言:"人们愿意相信,如果斯宾格勒还活着,他不会允许这本书的出现。"而《早期世界史》则被他斥为"毫无意义"(Fennelly, *Twilight of the Evening Lands*, 页23-24)。费希尔(Klaus P. Fischer)也有幸能够读到斯宾格勒的《遗稿》,但也没能察觉斯宾格勒晚年发展出了一个灾难性的世界历史愿景。费希尔在他所写的书的末章如此宣称:"斯宾格勒谈的只是一种浮士德式(Faustian)文化,在其创造性的能量持续了千年之后,必然要让位给更年轻、更具创新性的文化。"他的总结坚持一种错误的观点,"总之,这是一个巨大的错误,假设斯宾格勒的理论意味着ipso facto[有事实依据],那么,他要么是一位悲观主义者,要么是一位宿命论者"(Fischer, *History and Prophecy*, 页228-229)。

② Koktanek, *Oswald Spengler in seiner Zeit*, 页xv。

我们对这一问题的理解。

现在，让我们把注意力转向斯宾格勒的第二历史哲学，分析其中的主要元素是什么，我们要从他生前和身后出版的作品以及未发表的《遗稿》材料中进行发掘。在他的代表作中，斯宾格勒大胆地将他的比较史学形态称为他那个时代最先进的历史分析方法，认为它无异于"哥白尼的发现"（《西方的没落》，卷一，页23）。然而，在他最后一部出版物的引言中，斯宾格勒暗示，他自己已意识到有必要超越《西方的没落》中提出的历史哲学。如他所言，他察觉到，

> 世界历史的愿景，只在我们过去的100年里才刚刚出现，尚未达到可能的高度。①

斯宾格勒没有保持他在代表作中提出的有条不紊的哲学相对主义立场，即他的世界历史哲学只适用于西方文明的居民（《西方的没落》，卷一，页61-62）。现在，他大胆地声称，黑格尔所说的世界历史的进程终于发展到了必经的成熟阶段，历史的本质将由此得到理解。

> 20世纪终于变得成熟，足以深入观察到事实的终极意义，整个世界历史实际上都源于此。（《人类与技术》，页4）

斯宾格勒正在探索史前史和早期文明的历史，并思考它们在人类整体存在中的地位，他对确定世界历史的总体格局、产生历史的主要动力，以及隐藏在历史事件现象背后的世界历史潜在的根

---

① 斯宾格勒，"Zur Weltgeschichte des zweiten vorchristlichen Jahrtausends"，页159。

本意义,产生了浓厚的兴趣。在他的代表作中,斯宾格勒始终坚决拒绝使用因果分析。事实上,这与西方实证主义形成了鲜明的对比,这也是德国历史主义传统所接受的方法论立场,认为历史研究需要直观的理解方法,而不是因果解释。斯宾格勒在这方面远远超过了德国主流历史主义,他认为如埃斯库罗斯和莎士比亚这类不朽的诗人,他们的创造性行为,以及他们运用诗学的见解力对人类境况展开的戏剧性探索,可以在历史哲学中再现。这位思想家的巨大野心是谱写基督、提比略(Tiberius)和拿破仑未尽的历史戏剧,成为世界历史自身的剧作家,对整个人类历史经验的恐惧和惊奇实现充满诗意的认识。普遍历史哲人的任务是捕捉位于人类历史命运中心的伟大与悲剧(《早期世界史》,页4 [#8])。

在《西方的没落》中,斯宾格勒区分了世界历史上的两个主要时期,公元前三千年左右出现的高等文化时期,① 以及原始文化或史前史时期,据他分析指出,后者应该始于最后一个冰河期(《西方的没落》,卷二,页38)。他认为,高等文化产生于早期未分化的人类所形成的基础之上。"原始人只存在生物学意义上的历史"(同上,页57),他十分武断地坚持这一主张。起初,斯宾格勒相对漠视史前文化和早期文明的历史文化意义,他认为,人类在每一个连续的高等文化出现之前,只表现出一种"人类精神永恒天真的原始状态"(《西方的没落》,卷一,页142)。这至少可以说明,他并没有很

---

① 在《西方的没落》中,斯宾格勒通常使用"文化"(Kultur)一词来指盎格鲁-撒克逊史学中所说的文明。当他比较史前的原始文化与"文化"时,他转用另一个词,"高级文化"(hohe Kultur)。在他的后期作品中,他引入了一个术语,"高等文化"(Hochkultur),等同于他代表作中的文化概念(《西方的没落》,卷一,页23;《西方的没落》,卷二,页38;斯宾格勒,"Plan eines neuen Atlas Antiquus",页103)。

好地对待文明发展的这一重要阶段。尽管如此,还是应该记住人们为斯宾格勒所作的辩护,他后来被誉为不仅审视了信史的领域,还考察了史前史的广泛时空的第一批历史哲人之一。

斯宾格勒显然不是一位受过专业训练的史前史学家,不过他能流利地阅读该领域内德语、英语和法语的学术文献,并根据考古发掘中收集到的材料和物品,采取常规方法处理对史前史的分类问题(《早期世界史》,页29[#67])。他认为,史前史的研究对象应该是一系列的人类心理或精神生活(同上,页1[#1])。斯宾格勒现在将世界历史分为四个时期,而不仅仅是文化发展的两个不同阶段,这些不同时期沿着人类精神从动物王国中解放出来的那个遥远的分界线依次展开。他在《西方的没落》中将前三个时期笼统地归在一起,称之为漫长的原始文化时代,用了简洁有序的(Spartan economy)标注方式,a、b、c分别对应于旧石器时代、旧石器时代晚期和新石器时代、新石器时代晚期和早期文明。斯宾格勒将他的大部分研究精力集中在史前史的c阶段,这一时期奠定了早期文明的基础。世界历史的最后阶段即第四阶段是高度文化或文明的阶段,《西方的没落》掀开了这一类型学的面纱。

斯宾格勒在他的代表作中关于文明自发特性的大胆论证,以及关于文明与外部文明之间相互影响的隔绝的观念,是德国历史主义中个体主义学说(Individualitätslehre)的激进扩张。他关于这一问题的立场依然饱受批评。[①] 然而,早在1924年他完成《西方的

---

① 如见Joseph Vogt, *Wege zum historischen Universum: Von Ranke bis Toynbee*, Stuttgart, 1961,页70;Dray, "A Vision of World History: Oswald Spengler and the Life-Cycle of Cultures",页121及以下;以及Detlef Felken, *Oswald Spengler: Konservativer Denker zwischen Kaiserreich und Diktatur*, Munich, 1988,页64。

没落》两年后，斯宾格勒在论述他的《新古代地图计划》时就表现出一种极大的兴趣，超越了他关于文化个体性的关键论点，试图探索文化互动在普遍历史中的复杂作用。他设想各原始文化构成一个动态相互作用的世界：

> 各原始文化涵盖整个地球，沿着所有的海岸线和岛屿链，作为一种媒介和形式，其活动范围和流动趋势是一个整体，没有它们，人们就无法调查和了解伟大文化的起源和史前的历史。(《新古代地图计划》，前揭，页100)

现在，文明自身被认为确实参与了重要的文化交流。因此，他称萨珊帝国(Sassanid Empire)的特征是"四大文化的十字路口上的一个极其重要的产物"(同上，页103)。

斯宾格勒以自己偏爱的引人深思的命名方式，设想了熔岩、水晶和变形虫(amoeba)的象征，以此说明连续递进的史前文化各阶段的特征。根据他的年代学划分，熔岩时代的时间跨越前十万到前二万年，水晶时代从前二万年到前八千年，而变形虫时代从大约前八千年延伸到前三千年。[①] 前两个时期的原始文化不存在有机发展，因此，其名称取自昔日的矿物学而没有使用生物学的命名。最初的一个时代称为文化a或熔岩时代，当时，人类种族的第一批代表在大地上被戏剧般地到处驱逐，犹如火山喷发后四处蔓延的熔岩。文化b或水晶时代见证了人类心灵的觉醒，当一束光穿过灵魂的刹那间，本能的理解力便随之诞生，这是从无形到有形的过渡。在文化c的时代，意识的觉醒进一步深化，人类开始意识到

---

① 见Koktanek, "Comparative Table of the Four Cultural Stages"，载于斯宾格勒, *Frühzeit der Weltgeschichte: Fragmente aus dem Nachlass*，页492。

自己是个体的人，语言逐渐产生，几千人的部落逐渐形成，人类的集体活动开始出现。① 自然界中的有机文化c作为一种游走的文化（Wanderkulturen）(《早期世界史》，页217［#35］)，参与了某种跨文化的交往。就像变形虫一样，具有近乎极端的易变性、广泛性和流动性。斯宾格勒在此又区分了三种不同的"变形虫式"(amoebic)文化，与那些消逝在时间长河中的史前文化相比，它们的发展留下了引人瞩目的记录。由于其流动和变化不断的边界（同上，219［#41］)，斯宾格勒拒绝使用地名来为之命名，而是借用了古代传说中具有神话色彩的名称，亚特兰蒂斯(Atlantis)、凯仕(Kasch)和图兰(Turan)(［译按］三处皆为传说中的古国。凯仕位于非洲，图兰即中亚)。三者的寿限都相对较短，约3500年（同上，76［#72］)。正如斯宾格勒强调文化多元主义在文明史中居突出地位，他以史学家的方式强调史前文化的变迁。

> 但实际上，从来没有一个普遍的人类文化，只存在个别形式的独立文化，因此，随之而来的是独立发展。(同上，30［#69］)

亚特兰蒂斯属于原始的西方文化，一个在海上建造巨石的文明（同上，204［#1］)，环绕西班牙、摩洛哥和北撒哈拉（同上，219［#41］)，向北延伸至奥克尼(Orkney)和丹麦一带，向东一直到埃及、苏丹和阿卡德地区。② 早期的南方庙宇-建筑文化凯仕，其核心

---

① 斯宾格勒，*Frühzeit der Weltgeschichte: Fragmente aus dem Nachlass*，页xvi-xvii, Koktanek的编者导言。

② 斯宾格勒，*Frühzeit der Weltgeschichte: Fragmente aus dem Nachlass*，223 (#52)。［译注］奥克尼，位于苏格兰北方岛屿。

区域则位于波斯湾、阿曼、俾路支和海德拉巴（Hyderabad）一带。①图兰代表原始的北方文化，从斯堪的纳维亚一直延绵至韩国，是三者中尚武的英雄文化，亦是战车的发源地。

高等文化犹如原始的变形虫细胞的有机体，其风格迥异且瑰丽多彩的城市文化，都如植物般根植于特定的地理区域。亚特兰蒂斯和凯仕融合了巴比伦与埃及的高等文化起源（同上，219［#40］）。前1500年，图兰的游牧战士从北方南下，入侵那些文明的种族，席卷埃及、米诺斯文明的克里特岛、巴比伦、印度河谷，以及早期的中国，为"半北欧的"（half-Nordic）希腊–罗马、雅利安–印度和中国的高等文化奠定了基础。②

斯宾格勒对史前史的这一打破传统的解读方式，存在三个明显缺陷。首先，作为德·维斯（de Vries）突变理论的拥护者，斯宾格勒就像他之前的尼采一样，反对达尔文的思想，否认人类经历了一个渐进的生物进化过程（《人类与技术》，页18及以下）。第二，他声称人类的第一批代表大约出现在前10万年左右，也就是他说的"熔岩时代"，这一曙光出现得太晚。斯宾格勒去世后，由于新的古生物学和考古学证据的不断发现，结合科学技术的突破，科学家们将进化过程中早期人类出现的时间向前大幅推进。最新研究表明，最古老的史前文物大约出现在前260万年。③第三，斯宾格勒反

---

① 斯宾格勒, *Frühzeit der Weltgeschichte: Fragmente aus dem Nachlass*, 219 (#41)。[译注]海德拉巴有两处，一处位于今巴基斯坦印度河下游地区，另一处位于今印度中部地区。

② 斯宾格勒, "Der Streitwagen und seine Bedeutung für den Gang der Weltgeschichte", 页150–152。

③ John A. J. Gowlett, *Ascent to Civilization: The Archaeology of Early Man*, New York, 1984, 页39。

对旧石器时代和中石器时代的人类存在重大的社会交往行为，这一点也有违当代人类学研究的理论观点(《人类与技术》，页23及以下)。

尽管如此，斯宾格勒还是成功地勾勒出一种具有争议的哲学人类学，值得引起我们注意的是，他在其中融入了自己经过大幅修改的历史哲学。人因其构造的原始矛盾而反抗自然世界。人的精神被刻画成一头骄傲的食肉兽(Herrentier)，如"鹰、狮［或］虎"一般，但他在体质上又存在一定程度的差距，比食肉动物虚弱，只与食肉动物的猎物(Beutetier)相当。这种本质上的不协调正是人类悲剧的根源(《主要问题》，页343、344［#21、22］)。卢梭设想的人类，作为一个最高级的实体类型存在于一个假设的自然环境中，并且在文明发展的过程中，人与自然环境之间不存在与生俱来且不可调和的矛盾，① 斯宾格勒则认为，原始人类发现自己处在一种相对条件中，身体上的"无能为力"与他高等的智力形成鲜明对比。人在文明发展的过程中力求解决这个存在困境，通过培养和利用他强大的智力来弥补身体上的劣势和脆弱。"整个人类的存在就是［被引向］克服自身的无能为力"(《主要问题》，页344［#22］)。因此，文化并不是康德推测的和谐的历史目的论，② 而是"弱者反对自然的武器"(《主要问题》，页344［#21］)。

"后期"斯宾格勒对人类在自然环境中交流的本质和含义的根本问题深感兴趣。事实上，经过他大幅修改的世界历史哲学，为

---

① Rousseau, *A Discourse on the Origin of Inequality in The Social Contract and Discourses*, London, 1973, 页48及以下。

② Kant, "Idee zu einer allgemeinen Geschichte in weltbürgerlicher Absicht", 载于 *Kleinere Schriften zur Geschichtsphilosophie, Ethik, und Politik*, K. Vorlander 编，1784年版，Hamburg, 1973年再版。

思考日益加剧的全球生态危机提供了一个极好的视角,这位极具远见的思想家理应被视作一位先知。斯宾格勒认为,现代西方或浮士德式文明具有鲜明的动力、扩张性和改变环境的能力,他并没有完全忽视自己在《西方的没落》中关于现代西方文明对生态系统影响的问题。在最后几页中,他认为,现代文明耗尽了地球的能源,而当文明没落之后,留下的将是永久改变了的地球表面(《西方的没落》,卷二,页623以下)。

然而,身处德国工业爆炸式增长中的斯宾格勒,设想了一种人类与自然环境在历史进程中互换其本性的惊人景象。普罗米修斯赋予人创造自身技艺的独特能力。① 他是一个极富创造力和足智多谋的自命不凡之人,从最遥远的古代起,一直在与自然进行革命性的斗争(同上,页22-23,以及页39):

> 人造之物(Artificial),与自然相对,是人类从钻木取火到丰功伟业的每一项事业,我们身处的高等文化实际上是一种人造文化。创造,是通过撕裂大自然而获取的特权。(同上,页24)

人类的智力水平使他们能够发展和完善各种技艺,但这不应理解为理性的持久胜利,而是一种普罗米修斯式的反自然手段,必将无法避免地导致人类自然的覆灭(《主要问题》,页343 [#21])。黑格尔在《历史哲学讲演录》(*Lectures on the Philosophy of History*)

---

① 斯宾格勒并不限制术语"技艺"(technics)的使用。对他而言,"技艺"一词不是自18世纪中叶工业革命以来出现的现代科技(technology),而是人类在这个设想为自作主张和斗争的世界,为了实现各种各样的目标而实践的技术(techniques)、工序和方法(*Der Mensch und die Technik*: *Beitrag zu einer Philosophie des Lebens*,页5及以下,页17、22)。

中,歌颂了人类重塑自然环境的能力,称这一行为突显了人类的理性,①斯宾格勒则充分意识到其中深刻的非理性和负面品质。世界历史是讲述人类,这一骄傲的捕食者(Raubtier),与自然之间悲惨而无望斗争的传奇故事,这场斗争并将一直进行到底(《人类与技术》,页24-25)。

人与自然之间的冲突在工业革命时期升级为一场真正的战争(同上,页6)。这场人类与自然之间爆发的战争在西方文明中达到了悲剧的顶峰:

> 这一浮士德式的西欧文化也许不是最后一个,但肯定是最强大、最富有激情的一个,而贯穿始终的广泛的智能化与最深层的精神焦虑之间的内在差异,则表明其亦是最悲惨的一个。在下一个千禧年,在维斯瓦河(Vistula)与黑龙江之间的平原上的某个地方,可能出现一位虚弱的流浪者。但是,这是自然与人之间的斗争,人类通过自己的历史存在来反抗她,并战斗到底。②

尽管对全球生态灾难的危险意识直到20世纪60年代才出现,但斯宾格勒在1931年就已洞悉并预见到全球性的生态危机,这一明确的表达在斯宾格勒全新的世界历史概念中占据十分显著的位置:

> 一切有机的(organic)东西都将屈从于扩散的组织

---

① Hegel, *Vorlesungen über die Philosophie der Geschichte*, Frankfurt am Main,1970年再版,页237、295。

② *Vorlesungen über die Philosophie der Geschichte*, Frankfurt am Main,1970年再版,页44。[译注]维斯瓦河(Wisła)位于波兰中部。

(spreading organization)。一个人造的世界将渗透和荼毒自然世界。(同上,页55)

对于那个极其复杂、但最终被人类战胜并残酷统治的自然,他领悟到一个异常危险的特质。

> 世界的机械化进程步入最危险、极其紧张的阶段。地球上的植物、动物和人类的面貌已被改变。几十年来,茂密的森林大面积消失,变成人们手中的报纸,从而引发气候的变化,这威胁到整个人类的农业;无数物种像野牛一样已经完全或几乎完全灭绝,整个北美印第安人和澳大利亚原住民这样的人种,实际上已濒临灭绝。(同上,页54–55)

在德国工业革命的影响下,对工业和技术的反对之声也日益高涨。然而,那些质疑或直接反对工业化进程的知名德国知识人,通常并不像斯宾格勒晚年那样,持有如此极端的立场。里尔(Wilhelm Heinrich Riehl)对现代化的批判态度在1850至1890年间也许是同时代人中最为激进的,但他认为可以通过国家干预的方式部分缓解工业化进程的危害,以保护草木丛生的旷野。[1] 鲁道夫(Ernst Rudorff)是"反对工业化影响,保护乡村运动"(Heimatschutzbewegung)的先驱,他以审美的标准批判人类对生态的破坏,坚信可以通过限制堕落的城市居民对乡村的造访和短途旅游,来保护那些未受污染的浪漫的德国乡村美景(同上,页161及以下)。杰出的政治经济学家松巴特(Werner Sombart)尽管提出

---

[1] Rolf Peter Sieferle, *Fortschrittsfeinde?: Opposition gegen Technik und Industrie von der Romantik bis zur Gegenwart*, Munich, 1984, 页149及以下。

"技术的守护精灵"（Dämonie der Technik）这一见解，但他相信这个社会能智慧地管理工业化进程，并将其负面影响降至最低（同上，页281）。

指出文明发展过程中人类与自然冲突的核心问题，只不过是斯宾格勒在《西方的没落》中详细阐述的历史哲学与他后期作品中发生重大转变的哲学之间的许多重大差异之一。[①] 他反思了自己关于历史意义的概念，这是历史思辨主义哲学的一个根本问题。在攻击进步思想的时候，像他的指导者尼采一样，斯宾格勒试图反驳人类正在走向最高目标这一后启蒙时代的观点，无论这个最好目标是和平、民主、社会主义、更加繁荣还是其他诸如此类的东西（《西方的没落》，卷一，页26及以下）。

在《西方的没落》中，斯宾格勒明确反对世界历史具有任何宏大或压倒一切的意义的主张。因为，历史的重要意义都是分散的片断，每一个本质上独立的文化（Kultur）和文明（Zivilisation）的周期，都有自己的发展轨迹。与尼采的"视角主义"和真理的相对性观点一致，斯宾格勒认为历史的意义在本质上具有相对性，会根据每个文明独特而短暂的视角而发生变化。虽然"后期"斯宾格勒仍然认为世界历史由独特的文明传统构成，但他现在确信，所有这些文明最终将被纳入世界历史全面而有意义的进程之中。

斯宾格勒对作为整体的世界历史的意义的关注，是他早期有关跨文化影响的观点所带来的重要结果。"后期"斯宾格勒保留了世界历史中尤为突出的周期性特质，因为在最后阶段，他在代表作中考察的这几种文化，仍表现为周期性发展的各个文化和文明阶

---

① "后期作品"这个词指斯宾格勒于1923年完成《西方的没落》的写作和修订之后，那些发表和未发表的历史哲学文献的统称。

段。但是,他表示愿意放弃跨文化影响在世界历史上并不重要的论断,这理所当然地成为《西方的没落》被批评的对象。事实上,在一篇未发表的文章中,他认为西欧文化是对自己前人贡献的一种综合。

> 在古典文学的黄金时期,条顿人还只是狩猎并以兽皮为衣。一个文化实际上是几种文化的综合体。①

《西方的没落》发动了一场针对进步思想的开创性批判,其中占主导地位的是孔多塞、黑格尔、兰克、麦考利(Macaulay)、孔德、班克罗夫特(Bancroft)以及马克思等人诸多著作中的启蒙和后启蒙的历史思想。尽管这本书毫无疑问地表现出一种根本的悲观主义倾向,但有趣的是,斯宾格勒以一个正当的理由拒绝人们给他贴上悲观主义的标签,因为这个词具有贬义色彩,贬低了他坚定的现代主义,即他崇尚的帝国主义、全球贸易,以及对科学和技术的运用。在1921年完成的《悲观主义?》(*Pessimismus?*)一文中,斯宾格勒回应了众多的评论者,强调他关于没落的明确观点在本质上绝不是"灾难性的"。从文化到文明的过渡,西方正进入自己有机发展的最终阶段,并可能在世界历史的新兴时代极大地穷尽自身的可能性。事实上,人们可以说这是"完美"(Vollendung)而不是"没落"(Untergang)。②

在其才智和思想的漫长历程(odyssey)中,斯宾格勒关于历史的特征及趋向的悲观主义情绪越来越浓重。1921年,他曾坚决地表示,"不,我不是一个悲观主义者"(同上,页75)。而12年后,他

---

① *Politica*, #84 L1d,斯宾格勒档案馆。
② 斯宾格勒,"Pessimismus?",收于 *Reden und Aufsatze*,页63—64。

却自豪地称自己的哲学是"强烈的悲观主义"和"勇敢的悲观主义"。① 而且,这位沉思的思想家强调世界历史就等同于悲剧,这比起他在《西方的没落》中的强调有过之而无不及。虽然斯宾格勒在他的代表作中描述了每一种文化的历史循环,它们都为悲剧性的逻辑所支配,但这为他以审美的眼光在无休止的崛起与没落中发现崇高与和谐提供了基础。此刻,他却认为整个人类历史就是深沉的悲剧。

> 每一种高等文化都是一出悲剧,作为整体的人类历史就是悲剧。(《人类与技术》,页52)

每一种历史哲学的基础,其显著的特征就是变化,是关于历史时间的概念。斯宾格勒在他的后期作品中革新了自己的历史时间的概念。在《西方的没落》中,他认为,每种文化循环都有自己独特的历史节奏。古典世界在自己的历史发展中从容地和着行板(andante)往前推进,动感的西方则在快板(allegro)中生气勃勃地向前挺进(《西方的没落》,卷一,页146)。他试图展现一个统一的世界历史视野,在其内部整合各种独立的文明传统,这已超越他以前的观点,即每个高等文化都有自己独特的节奏。他提出新的论点,认为前五千年左右的世界历史进程的发展速度与日俱增,随着第一批高等文化的出现,这一点更为明显。世界历史进程加速走向气候异常的尽头,并呈现出悲剧色彩:

> 迟至前两千年后,埃及和两河流域的高等文化已经出现。

---

① 斯宾格勒,*Jahre der Entscheidung*,卷一, *Deutschland und die weltgeschichtliche Entwicklung*, Munich, 1933,页9、13。

人们看到，历史的节奏具有悲剧色彩。此前，一个千年几乎没有任何作用，现在每个世纪都变得如此重要。历史的巨石正痛苦地滚向日益逼近的深渊。(《人类与技术》，页27)

历史哲人们经常利用富于想象的类比，生动地表达他们对历史本质的理解。类比对斯宾格勒而言是他身为历史哲人的必备工具(《西方的没落》，卷一，页4)，因此，为了简明扼要地阐述斯宾格勒主要的历史哲学思想，有必要简短考察他提出的类比，这有助于迅速把握他思想转变的本质。《西方的没落》主要将文化与植物作类比，彼此都经历一个有机过程，出生、成长和衰落。此外，文化的传承，犹如一系列在自然界的永恒循环中此衰彼荣的不同植物种类的代表，并不形成一种包罗万象的意义——世界历史并不拥有一种超越有限生命周期的文化意义。此外，尽管抱有希望和乐观主义的思想家们顽强地抵制这种令人难以置信的观念，即西方文明如此辉煌的产物可能会在自己的没落过程中衰亡，但这种类比确有其积极的音色——自然永远富饶丰腴、生机勃勃、生生停息。

在后期作品中，斯宾格勒对西方文明无与伦比的活力、扩张和变革能力中潜在的、根本的自我毁灭性有了更深入的理解，这些在他的代表作中已有所预示。此外，如我们所见，他得出的结论是，世界历史经历了加速的节奏，其中发生了重要的历史发展。在其才智发展的后期阶段，斯宾格勒精心编制了一个关于特征的鲜明类比，以尼采的格言形式来描绘世界历史进程的本质，于其中提炼了两个重要的思想。如今，文明的历史被比作一个具有彻底的毁灭性、完全不可逆转的加速进程，以其表现出的日益增加的能量和质量为典型特征，驶向一个明确的终点——雪崩式的自然灾害。

区别每一个晚期和早期［高等文化］的是不同程度的知

识张力,正是这一点导致灾难。生命中的元素与精神之间的分化逐渐增大。文化的诞生已在可怕的内部抽搐中完成,并且,以政治、宗教、经济的形式出现的所有事物,满载不断增强的宿命。它驱使某些始于前五千年左右的东西,像雪崩一样朝终点而去。①

黑格尔将世界历史视作逐步表达的理性,斯宾格勒则认为世界历史只在表面上表现出人类的理性,而在更深更重要的层面上则证明了人类的非理性和意志的首要地位。在黑格尔的体系中,提高意识自由的进程由各个民族(nations)来实现。根据斯宾格勒的概念,"冲天的"(heaven-storming)的各种文化将人类抬升至巅峰,在那里体验一种极端的悲剧意识(《主要问题》,页360)。对黑格尔而言,世界历史是世界精神(Weltgeist)凯旋的高歌猛进,而对斯宾格勒,这位黑格尔的主要对手叔本华的学生而言,则是世界意志(Weltwille)的进行曲,人类悲剧那非理性的漫长历程终将走向悲惨的结局。世界意志是无法抗拒的精灵式气质(daemonic ethos),这种气质违背理性的标准而塑造了人类的历史,与人类的愿望相反,它可能以另一种方式成为人类受挫的理想。黑格尔的世界精神自东向西前进,斯宾格勒的世界意志,如我们将要看到的,则由南向北推移。

人类的意志[属于高等文化的人],以他的思想为导向,想象能够按照自己的理想来形成世界——这是乐观主义。但

---

① 斯宾格勒, *Frühzeit der Weltgeschichte: Fragmente aus dem Nachlass*, 页485(#147)。文明的发展与雪崩的类比也出现在了《人类与技术》中:"历史的巨石正痛苦地滚入日益逼近的深渊"(《人类与技术》,页27)。

历史本身完全独立于我们的愿望和欲望。我们以某种方式思考,世界意志(Weltwille)却与我们相反,它以别的方式运转。(同上,页349［#39］)

斯宾格勒十分推崇叔本华,他曾称叔本华是"最后的哲学家",斯宾格勒的良师尼采也曾深受叔本华的影响。① 正如斯宾格勒在《西方的没落》中所言,叔本华的划时代意义在于他对"世界这一整体作为一种意志……动机、魄力、方向"的精辟描述(《西方的没落》,卷一,页433)。对于叔本华、尼采和斯宾格勒而言,意志是世界历史的主角,智力则被降格到配角位置。叔本华面对生命的悲观主义导向了撤退策略,斯宾格勒则以拿破仑式的锐气准备发起一轮攻势,他的"勇敢的悲观主义"再现了尼采的肯定(yea-saying)精神。历史对叔本华而言是一个有着无限时间的过程,在尼采的永恒回归学说中也无法达到终点,但作为叔本华和尼采的德国悲观主义文化继承者的斯宾格勒则认为,人的意志,本能的活力,驱动世界历史走向其无法回避的结局:

人类意志的悲剧［构成了］人类整体存在的规则,直到终结。(《早期世界史》,页480［#132］)

斯宾格勒放弃了一个他在自己的代表作中没有严肃对待的概念,即,一种彻底变革的新的文化类型可能会在遥远的千禧年出现,并取代高等文化作为人类集体生存的最高形式。② 他后来把各高等文化定为文明发展的最终阶段。而现在,各高等文化被不祥

---

① 斯宾格勒, *Eis heauton*, #109,斯宾格勒档案馆。
② "地球生物的突发事件是否会肇始一种完全不同的形式,这一点尚不确定"(《西方的没落》,卷二,页42)。

地称作最后的文化(Endkulturen)。① 与此同时,斯宾格勒悄悄撤回了《西方的没落》中具有开创性的反欧洲中心主义的论点,即,八个文化各自具有同等的文化意义(《西方的没落》,卷一,页23)。

> ……公元前第二个千年是决定世界历史人(world-historical man)之命运的时刻。古老而炎热的南方文化,埃及和巴比伦,走到了尽头。重大历史事件的重心转向更寒冷、更激烈、精神上更细致、更善于艰苦奋斗的北方,这个过程一直持续。这儿,横扫从西欧到东亚的广大地区,出现了一种与人类精神内在有关的崭新形式,倦怠的南方世界对此定会感到陌生。在此,人们开始将生命视为难解之谜,因为它不再缓慢从容,也不再是完全不证自明的东西。
>
> 思想,首先在此获得一种伟大的形式,抛弃临近感与瞬时性,不再是直接与即时的活动。对生命的关切,这一行为变得比单纯的物理存在更加重要。现在,个人的感受和反思都针对这一行为。在此基础上,在与旧世界的斗争中,出现了彼此相邻的希腊-罗马、印度和中国的高等文化,这三个半北欧文化(half-Nordic),更具个人主义、更加盛气凌人,对克服困境拥有更深刻的体验,对能够经历这些而感到自豪,不是去回避,而是在南方的气候中燃烧自己。(同上,页158-159)

在这段文字中,斯宾格勒重估了希腊—罗马历史周期的文化气质,为了使思想的重大转变符合自己的世界历史哲学,他从未承认这一重估的必要性。斯宾格勒认为,温克尔曼、赫尔德、歌德、黑

---

① 斯宾格勒,"Zur Weltgeschichte des zweiten vorchristlichen Jahrtausends",页158。

格尔和尼采等人,都以不同的方式沉醉于古典世界的荣耀中,抑制了对现代性好奇心理的洞察。在《西方的没落》中,斯宾格勒试图描绘一幅辉煌但夸张的古代画像,来贬低古代的个性化和创造性品质,以克服这种对古典世界的颂扬。他在介绍他的主要著作时强调,印度、巴比伦、中国、埃及、阿拉伯和墨西哥文化的"精神意境之壮丽"和"崛起之力量",曾"多次超越"古典世界的文化(《西方的没落》,卷一,页23)。

因此,当人们热衷于记录并赞叹灿烂的尼罗河古老文明辉煌的过去和不朽的建筑时,古典时期则被贬低为一种"小、易、简"的文化(同上,页262)。我们能从上述引文中清楚看到,斯宾格勒现在则恰当地将个人主义和创造力更多地归于古典世界。阿波罗式文化(Apollonian culture)被提升为"半北欧"①等级,埃及和巴比伦则被降格为"倦怠的南方世界"。对这些高等文化精神的重估,为斯宾格勒形成有关文明螺旋式攀升的发展模式铺平了道路,我们即将讨论这一概念。

斯宾格勒在自己的第二世界历史哲学中,丰富了他对人的条件的评估。他认为人类悲惨的血泪史只不过是构成整个世界命运的一个小插曲而已:

> 世界历史似乎有着很大的区别,甚至超过我们自己的时代所纵容我们的恣意想象。用植物和动物世界在这个星球上

---

① 法国人类学家德尼克(Joseph Deniker)于1900年将"北欧"这一术语引入科学和大众的讨论之中,主要用于讨论有关种族在文化和历史上的作用,并于20世纪20年代开始在德语学界流行。在这方面,应该强调,斯宾格勒从来没有将文化的发展归因于种族的作用(参Geoffrey G. Field, "Nordic Racism",载 *JHI*, 38 [1977],页523)。

的历史来衡量,更不用说整个宇宙的寿命了,人类的历史极其短暂,一次几千年的蹿升和骤降,就地球的命运而言无关紧要,但对我们,这些生在其中的人而言,则具有悲剧性的伟大和力量。(《人类与技术》,页8)

高等文化的简史不再是一系列不连贯的情景,而是史诗般的人类悲剧的最后一幕:

> [人]是全–活的(all-living)自然的一个元素,并奋起反抗自然。他必须为自己对生命的蔑视付出代价。通过这种蔑视行为,人使自己脱离其他所有活物(living things),这些纯粹自然之物与自然宇宙的绣帷交织在一起。
>
> [人类]是这场悲剧的英雄,[世界历史]本身则是这场悲剧的最后一幕。(《主要问题》,页377[#1])

康德乐观地将人视为不朽的物种,① 斯宾格勒则认为人的本质一如朝露。人类历史正在快速接近其无法回避的结局:

> 人是一个插曲,是世界命运的一个瞬间。文化悲剧的最伟大部分已成过往。结局已经明朗。(《主要问题》,页350[#43])

事实上,在《人类与技术》一文中,当今时代被归入第五幕,从而为世界历史的四个阶段带来了戏剧的结局:

> 我们今天所站的顶点,是第五幕开始的地方。将走向最

---

① Kant, "Idee zu einer allgemeinen Geschichte in weltbürgerlicher Absicht", 页8。

后的审判。悲剧即将落幕。(《人类与技术》,页52)

在人类最后的时代,随着世界历史的乌云不祥地翻滚在沉思的地平线上,人类获得了炽热的清醒时刻,从而能够领会自身命运的可怕:

> 与文化和高等文化完全不同的是人类之伟大,是灵魂之崇高和深邃,肇始于英雄主义,在欲望和痛苦中成长,直到世界历史的正午。各伟大文化就是人类之伟大的战斗:胜利,直到血色的日落,那一刻,望着徒劳的战场,陷入可怕的绝望。(《早期世界史》,页30 [#70])

在人类与自然之间这场悲惨和无解的斗争中,文明人造成生态的灾难,破坏了孕育他的地球:

> 更高的人是一出悲剧。他在身后留下了自己的坟墓和一个成为战场和荒漠的世界。他导致植物和动物的衰亡,海洋和山脉的枯烂。他用献血涂抹世界的脸庞,使之畸变和残缺。但有伟大在焉。当他什么也不是,他将拥有伟大的命运。(同上,页9 [#20])

对于现代文明的终结是否等同于人类的灭亡,斯宾格勒显得模棱两可。有时,他用语言来表达世界历史正接近尾声的意象,将其作为一种明显的可能,但更多时候则是作为无法改变的结果。在对文明人的终结的思考中,(我们不应忘记,)斯宾格勒在核武器时代到来之前就推测我们将目睹世界回到史前时代,退回一个人口数量极低的水平。

> 原始时期的人类数量微小,完全改变了这一图景。塔西

佗时代的日耳曼部落有230万人，与原始时期相比，这是一个不可估量的数字。原始时期也许有1万人。那么，将来又会怎样？当最后的文化逐渐消逝时，是否又将再次减少到那个微小的数量？（*Frühzeit der Weltgeschichte: Fragmente aus dem Nachlass*，页34［#80］）。

但是，我们这位卡珊德拉（Cassandra）先知毫不含糊地表示，他认为，高速发展的文明，从埃及和巴比伦的南方文明，再到北方"艰苦奋斗"的希腊-罗马世界以及西方世界，将在西方世界的没落和混乱中遽然终结（《人类与技术》，页44）。

"后期"斯宾格勒将世界历史发展的跨越式联系表现为如同马轭上的缰绳一样连接着各个独特的文化。《西方的没落》中考察的多元的高等文化，被置于一个更大的框架内，世界历史很大程度上形成了一个统一的过程。在他的代表作中，作为一个文明阶段的高等文化的出现这一事实，被认定为一个偶然事件（《西方的没落》，卷一，页188）；而现在，这一事实被看作人类反抗自然世界的壮观景象中的必然一幕。整合《西方的没落》和他后期作品中的两个历史哲学范式，便会浮现出世界历史进程螺旋式上升的模式，其顶点即末世（apocalypse）。世界历史的特点是蹿升的发展速度、扩大的灾难规模，以及逐步加剧的人类悲剧意识。因此，西方的没落不再单纯地被理解为一个孤立的事件、一个宏观的历史现象、在世界历史过程中没有产生过翻天覆地的影响，而是被理解为历史的最终阶段。

斯宾格勒的世界历史哲学在他人生的暮年呈现出显著的悲剧景象。世界历史螺旋式地飞升，竭尽全力想达到更高阶段的精神和心理完善（Durchgeistigung），直到这个渐强音在末世的终曲里分崩离析。人类的伟大并不在于能够使用其所谓的知识去形成一个持久"理性的"文明形态，而在于它的转瞬即逝的、尼采式的关于极端生命力和创造力的英雄经历。

斯宾格勒的 amor fati[命运之爱]，他对世界历史悲剧的心甘情愿的接受，不仅反映了尼采的哲学立场，在某种程度上也反映了德国历史主义对历史现实的观点。德国历史主义传统认为，历史是一个有意义的过程，所有这一切都是自然而然的历史发展。斯宾格勒与德国历史主义传统及黑格尔一样，对历史采取肯定的态度。然而，历史悲观主义者反转了乐观的德国历史主义对历史本质的判断。历史主义的主要代表，包括洪堡、兰克和德罗伊森（Droysen），都将历史看作仁慈之神超越伦理秩序的显现；斯宾格勒则视历史为冷漠之神的不公平秩序，这个神对人类的痛苦无动于衷，放任居住在地球上的人类随意使用恶魔般的力量。

斯宾格勒的立场近似尼采，他将此世（Diesseits），即我们的感官经验和我们历史的舞台，视作现实的世界；而摈弃了彼岸（Jensseits），即理想或天佑的境界，视其为不切实际的空想（chimera）。此外，斯宾格勒与德国历史主义传统就摈弃人类快乐和功利价值所产生的共鸣，坚定了他自己关于历史的苦难和不幸的立场。世界历史的极端生机论，体现在人与自然世界以及与同胞之间的可怕冲突中，在他眼中必无可疑。

前文对斯宾格勒的世界历史哲学转变的分析，使我们能够更立体地从整体上把握这一变化，即从乐观主义与悲观主义相结合转变为深层而纯粹的悲观主义。他最初的立场，如《西方的没落》所阐述的那样，既有乐观主义的特征，也显示出悲观主义的特点。他关于西方没落的观点肯定包含一种悲观主义特质，因为他预言现代世界将不可避免地走向灭亡；但另一方面，他在对西方没落的看法中体现出的非末世性和周而复始性，则表达了一种具有弥补性质的乐观主义精神。随着世界历史以周期性的方式威严地重现，一种足以取代西方文明的崭新的俄罗斯文化将会出现。①

再者，尽管在西方世界作为一股文明的力量消逝之后，现代技术也已永久地改变了地球的面貌，但斯宾格勒最初并不认为这会危及地球的生态系统。他最初十分悲观地看待国际政治的变革，因为他预见到为争夺全球霸权而引发的可怕竞赛，预见到西方世界由于内部颓废和外部压力而导致的最终崩溃；然而，从德国中心主义的角度看，这却是一种乐观的见解，因为他将德国展望成现代罗马——不朽的imperium Germanicum[日耳曼帝国]的缔造者。世界历史哲学在斯宾格勒的后期作品中表现得缺乏系统性，这是一种毫不妥协的悲观，设想了不可抗拒的历史强力将使现代文明走向终末的结局。

在总结这篇讨论之前，笔者准备先思考一个问题：斯宾格勒后期作品中的历史哲学是否表达了他的政治看法，是否充分支持了他有争议的政治目标。虽然斯宾格勒深受文化绝望的折磨，但毫无疑问，他最初也受到权力政治的乐观主义影响，且因此意图通过《西方的没落》，在威廉的德国（Wilhelmine Germany）的世界政治（Weltpolitik）时代，为他的德国获得全球领先地位这一宏伟设想激起热情。

在其晚期作品中，斯宾格勒继续歌颂尚武的价值观，更加强调历史上的冲突和斗争，这方面甚至超过《西方的没落》第二卷，具有十分显著的准社会达尔文主义特质。但是，一个不容忽视的事

---

① "下一个千年将属于陀思妥耶夫斯基的基督教"（《西方的没落》，卷二，页237）。

实是,他对人类历史的看法变得如此悲观,最终助长并煽动了人们对帝国主义国家的支持。经历了德意志帝国令人震惊的军事崩溃和1918年秋季社会主义革命的爆发,20年代的恶性通货膨胀以及整个魏玛时期的社会和政治动荡,斯宾格勒对德国和整个西方世界的未来陷入一种极度悲观的状态。事实上,他担心德国可能会在即将到来的第二次世界大战中成为永久被占领的土地。

> 但是,我在这里谈论的恰恰是德国,这场暴风雨般的现实对德国的威胁比任何其他的国家都要强烈,用最耸人听闻的话讲就是,德国的存亡已危如累卵(《决定时刻》,页2)。

因此,1931年,他在《人类和技术》的结尾描写的,不是一个征服了庞大帝国的罗马军团的凯旋式,而是一幕恐怖的死亡景象,一名警惕地守卫着庞贝城的尽职的罗马士兵,与他身边的城市一齐走向毁灭。斯宾格勒只能要求他的同胞在现代世界中效仿这种伦理道德,徒劳但光荣地自我牺牲,因为他看到了无法逃避的毁灭(《人类与技术》,页62)。他在后期作品中表现出的极端历史悲观主义,与政治激进主义显得尤为格格不入。

斯宾格勒对世界历史的反思,构成了针对进步论的深思熟虑的两阶段批判。那些具有极高才智的杰出人物,以各种不同的形式针对这一问题展开讨论,他们的意见实际上已主宰了现代西方的历史哲学,成功地淹没了偶尔出现的反对之声,比如沃尔格拉夫(Vollgraff)、拉骚尔克斯(Lasaulx)、戈宾诺(Gobineau)、布克哈特、布鲁克斯(Brooks)和亚当斯(Henry Adams)等人的声音。在《西方的没落》中,斯宾格勒提出了一种本质上独立发展的文明兴衰周期,并借助这一独创性的发展模型批判进步论。

然而,斯宾格勒的雄心却导致自己的失败,因为他大胆且彻底地抛弃了被人广泛接受的历史进步论，否认文明的连续性和思想意识的因素，而这恰恰是启蒙运动后西方历史观有关世界历史向前推进的最根本、最深刻的组成部分。在他的后期作品中，斯宾格勒接受了原本被自己否定的观念，尽管世界历史存在多样性和复杂性，但却可以更有意义地设想为一系列相互关联的事件。同时，他十分显著地改良了自己对进步论的批判思想，不是完全依赖于文明衰落的论据，而是巧妙地塑造了一个在很大程度上一体化的世界历史视野，在螺旋式上升的发展过程中达到自己悲剧性结局的顶端。

通过转变自己的世界历史哲学，斯宾格勒可谓成功地阐明了现代文明如何最终被证明将走向可怕的黑暗和灭亡。在这一个世纪的时间里，被迫经历的种种打击，两次世界大战、种族灭绝的恶行、全球经济萧条以及葬身核武器的恐惧，使他更加意识到历史力量中常态的非理性，尽管他对世界历史的看法较之其他人更为晦涩难懂，但却具有很大的影响力，并有其显著的时效性。

沃尔格拉夫、拉骚尔克斯、戈宾诺、布克哈特、布鲁克斯和亚当斯等人，都以衰退、颓废、贫瘠和枯竭等这些不太极端的类别探讨过西方文明危机的问题，但斯宾格勒的功绩在于，他是现代西方世界第一位以精确的末世术语构想世界历史的历史悲观主义者。公元前九千年最后一个冰河时代结束，文明的发展呈现出显著的加速进程，直到20世纪，现代西方文明开始在全球传播，这一切最终可能揭示出，人类的进步并非一段美妙的故事，事与愿违，它更像一场滚向灾难性终点的雪崩。全球生态危机的加剧、全球核武器的出现、国际经济秩序的崩溃、人口数量的激增以及南北危机的加剧，这些问题的叠加或相互作用，可能已经预示着斯宾格勒领会到的处于极度非理性中的历史的终结。

毫无疑问，斯宾格勒的大多数批评者们还将继续用他们时髦的分析与批判的历史哲学方式，或视斯宾格勒为一位纯粹的先知和诗人，或视他为一名早已过时的思辨历史哲学的支持者。然而，只有未来，只有历史时间之父，才能最终决定，现代文明这一西方世界的天才之作，究竟会像历史乐观主义者主张的那样胜出，还是会直面斯宾格勒这位历史悲观主义的精神大师。也只有未来才能决定，我们是否会经历这一没落的最后阶段，目睹灾难性的结局。

古典作品研究

黑格尔《法哲学原理》的结构

伊尔廷(Karl-Heinz Ilting) 撰

姚 远 译

令人奇怪,对黑格尔政治哲学的讨论素来集中于追问:我们是推荐黑格尔的观点呢,还是应当提醒当代人对其观点保持警觉?[①]显然,作为政治思想家的黑格尔,主要致力于发展和表述一套现代国家理论。因而,确定自由主义在其理论中的地位,要比决定他在多大程度上是自由主义者更加重要。只要我们弄清这个问题,我们尽可以忽略黑格尔对当时政治的看法,因为那些看法只具有史料价值,而且他生逢的那个多事之秋与我们的时代全然不同。当

---

① 参 Rudolf Haym, *Hegel und seine Zeit*, Berlin, 1857; Franz Rosenzweig, *Hegel und der Staat*, Munich-Berlin, 1920; Hermann Heller, *Hegel und der nationale Machtstaatsgedanke in Deutschland*, Leipzig-Berlin, 1921; Herbert Marcuse, *Reason and Revolution*, London, 1941; Karl R. Popper, *The Open Society and Its Enemies*, London, 1945; Georg Lukács, *Der junge Hegel und die Probleme der kapitalistischen Gesellschaft*, Vienna, 1947; Eric Weil, *Hegel et l'état*, Paris, 1950; Joachim Ritter, *Hegel und die französische Revolution*, Cologne, 1957。

我们从眼下出发冷静地考察黑格尔的看法，便会知道，假如我们竟能全盘照搬那些看法，将是极其不同寻常的事情。

黑格尔的现代国家理论确实错综复杂，它很可能是政治哲学史上最深邃最周全的理论。[①] 黑格尔想将这套理论纳入其包罗万象的哲学体系，而该体系本身就晦涩难解。黑格尔的国家理论或多或少地明确致力于彻底批判古今政治哲学。最后，黑格尔在建构其现代国家理论时，不断提及欧陆复辟时期的政治状况，并针对当时的政治热点摆明了自己的立场。

因此，我们所面临的艰巨任务，不仅在于解释《法哲学原理》（Philosophy of Right）的文本，向当代读者传达其意蕴；我们还得分析黑格尔政治哲学的理论基础，并判定黑格尔在多大程度上成功解决了现代国家理论的那些基础问题。本文将通过他的某些在我看来特别重要的论证要点，来分析《法哲学原理》的运思和结构。本文将表明，这部作品的结构不仅有违黑格尔为自己定下的宏大任务，而且显示了他无法逾越的限度。令人惊奇的是，我们会发现波普尔（Karl Popper）对黑格尔的批评非常正确，尽管其后果出乎波普尔意料：黑格尔对自由主义的批判将被证明言之有理，并对波普尔本人的预设形成致命冲击。

一

《法哲学原理》上编所探讨的主题，与康德《道德形而上学》（Metaphysics of Morals）在"私法"的标题下讨论的主题大同小异。这

[①] 对黑格尔《法哲学原理》的整体解释，参 Hugh A. Reyburn, *The Ethical Theory of Hegel*, Oxford, 1921; Eugène Fleischmann, *La philosophie politique de Hegel*, Paris, 1964；《法哲学原理》英译本的译者注，T. M. Knox 译。

部分内容作为政治哲学的一个主题，可以追溯到霍布斯(Thomas Hobbes)的自然法理论。同康德和霍布斯一样，黑格尔假设人类最初有若干权利，且只有一项义务，即承认其他人以及自己都拥有权利。为了发展这一基本论点并尽可能澄清其各种后果，黑格尔秉承了霍布斯以来诸位先贤的方法。他从人类活动本身所创造的一切社会生活条件中抽象出来。因而其论证以自然状态虚构为背景，在自然状态里没有建立任何形式的社会，最重要的是，没有国家强制力。黑格尔运用这一虚构只为更好地澄清其进路的各种后果，因此，在其国家理论的上编，他不需要回避讨论某些可能只有参照现代条件才能理解的与法有关的问题。不过，为了让读者弄清整个这部分背后的那套方法论虚构，黑格尔将《法哲学原理》的上编冠以"抽象法"之名。

既然我们讨论的是自然法理论，强调一下这种法理论不意指什么，倒也不算跑题。"自然法"这个术语，最初无非是指以自然为根据，而不以人的专断行动为根据的法。现代自然法的鼻祖霍布斯早就不理会这种法理论了，但不幸的是，他没有放弃"自然法"这个术语而代之以"理性法"之类的其他术语。现代的法理论力求从一项基本规范(即必须承认人本来拥有权利)推出所有的法规范；它不在假定的自然秩序，或创世秩序，或公共权威决断中寻求法规范的效力根据。

拥有这类初始权利的人，有为所欲为的自由(而这正是"权利"一词的意思)，只要他打算承认，所有受其行为影响的人都有和他为自己主张的权利一样的权利。[①] 他的自由绝不及于其他人的自由，

---

① 霍布斯确立了这种权利观："自然权利(the right of nature)，亦即著作家们一般称为jus naturale[自然法]的东西，就是每一个人按照自己所愿意的方式，运用自己的力量去保全自己的自然(也就是保全自己的生命)的自由；因

而仅仅及于他自己的行为能力和本身没有权利的对象亦即"物"。当然,一个人的自由可能间接地及于其他人的自由,条件是双方平等自由地商定履行某事。因此,黑格尔抽象法学说的两大论题,就是财产与契约。

麦克弗森(Macpherson)教授把这种法理论所预设的人的观念,称为"占有性个人主义"(possessive individualism)。① 他一针见血地指出,该观念是自由主义市民社会理论的核心观念,而霍布斯和洛克,或者康德和黑格尔,都以大体一致的方式阐述过这种理论,尽管在精确性和概念章法上程度有别。但我们不能从麦克弗森教授的这番论断得出结论说,现代理性法理论不过是有产阶级的意识形态。这种解释歪曲了该理论的主张,也没有令人信服地证明,所有人都应被承认拥有平等的权利和自由这一学说,为什么不过是出现于一定历史条件的某个社会阶级的意识形态。另有一些强势论据可以支持相反的论点,即现代理性法能够成为一切法理论的坚实基础。只要这种法理论可被称为自由主义的法理论,人们就不会再怀疑自由主义本身仅是某个社会阶级的意识形态。这样一来我们就会感到奇怪,竟然有人强调,这种法理论最杰出的倡导者之一黑格尔不是自由主义者。

二

黑格尔之所以对现代理性法作了苦心孤诣的探讨,不是因为

此,它就是用他依自己的判断力和理性认为最适宜的手段去做任何事情的自由。" Hobbes, *Leviathan*, 第15章, M. Oakeshott编, Oxford, 1946, 页84。

① C. B. Macpherson, *The Political Theory of Possessive Individualism*, Oxford, 1962。

他为该主题添加了一些前人未曾考虑的重要命题,也不是因为他的论证比康德更加鞭辟入里。黑格尔的目标,与其说是把理性法演绎为一个规范性命题的体系并予以推行,不如说是表明这些权利的行使如何实现人的自由。一旦表明这一点,黑格尔就声称"证明"了理性法。

当然,对原则(尤其是基本规范)的证明,不同于对从中演绎出来的那些命题的证明。黑格尔对此心知肚明。因此我们不应假定,黑格尔试图提供一种他明知无法提供的证明。他所考虑的东西,大致相当于确认一项假说。如果可以表明,理性法的各种后果隐含着实现人类自由的各种预设,黑格尔就会认为,这是对其基本规范的一种确认。鉴于人的自由值得我们为之奋力拼搏,我们倒乐于追随黑格尔。

黑格尔的论点"人对一切物据为己有的绝对权利",[1] 就属于这个论证语境。黑格尔不认为这项权利可从如下事实推导出来,即一切物都可用来满足人的需要。他坚信,唯有表明人通过将某物宣布为自己的财产,从而创造了他在外部世界自由活动的条件,才可以推导出这项权利。将外层空间据为己有,肯定会得到黑格尔的赞赏,因为在他看来这扩大了人类自由的可能性。同样,他肯定会谴责废除共同体中一切私有财产的行径,因为这把对人格的侵犯提升为普遍原则(《法哲学原理》,节46)。就这两方面而言,黑格尔都是财产自由的拥护者。这并不妨碍他强调指出,根据理性法的基本规范,所有人只被赋予了私有财产的可能性。一个人究

---

[1] *Grundlinien der Philosophie des Rechts*, J. Hoffmeister编,第四版,Hamburg, 1955,节44。试比较康德,*Metaphysics of Morals*,第一部分 *Metaphysical Foundations of Jurisprudence*,节2,A57。

竟占有什么私有财产、占有多少私有财产,完全是个未知数。按照黑格尔的分析,在市民社会的竞争条件下,所有人对自由以及对私有财产的平等权利,导致了他们能力的不平等和占有的不平等。①

在此黑格尔已经亮明了现代理性法理论的基本局限。他的理论由于保留了霍布斯那种以个人主义为前提的、一切人对一切人战争的自然状态的残余,所以没能将抽象人格的领域设定为与自由同一。黑格尔在原则上承认:

> 属于私有财产的各种规定有时不得不从属于法的高级领域,即共同体、国家。②

黑格尔没有在《法哲学原理》的上编进一步探究理性法理论的这些后果,这是由于其哲学体系所特有的论证结构。在开始讨论国家中的社会生活问题之前,黑格尔给自己设定的任务是界定如下基本规范的范围,即每个人都首先是权利主体。就此而论,他的理解比前人更加通透,因为前人想当然地以为这条原则具有普适性。

黑格尔的分析借助于重构个人——这个个人自认为享有一些排他的权利并愿意承认其他人也享有这种权利——的自由活动范围这一方法。这种理论方法的结果与康德判然有别。康德力图从现代理性法的基本规范,推导出一套完整的规范性命题体系。其

---

① *Grundlinien der Philosophie des Rechts*,节49。要了解类似的观点,参 Macpherson, *The Political Theory of Possessive Individualism*,页55、251。

② 参 *Grundlinien der Philosophie des Rechts*,节46、49、200、289。我们可从这些评论出发,构思一种强调财产的社会义务(social obligation of property)的法理论。黑格尔本人尝试以同业公会组织,来克服自由主义市民社会的"矛盾"(节201、249、255、303)。

手法原原本本地秉承了霍布斯的思想,他像霍布斯一样,预设现代理性法的个人主义进路有无限的效力。相反,黑格尔则坚信,只有当个人作为自律的人而彼此面对时,才能适用这种进路。在黑格尔的理论中,只有在人们相互赋予彼此以任意行为的基本自由时,或在他们通过本质上任意的协议来规定各自对外部事物的权利时,才满足上述条件。

康德尝试把家庭成员间法的关系(尤其是婚姻本身)解释为自律的人所缔结的契约,这自然被黑格尔视为"竭尽情理歪曲之能事"。如果我们看到康德按个人主义理性法把婚姻界定为性伴侣的做法有什么后果,[①]我们很可能就会赞同黑格尔的论点,即,假如把婚姻解释为自律的人订下的契约,就歪曲了作为社会制度的婚姻概念。黑格尔没在《法哲学原理》的上编讨论家庭,这暗示了现代理性法之可适用性的重要局限:在从理论上解释家庭时,必须使用理性法的基础原则之外的一些原则。

同样道理,按照黑格尔的看法,不可能理性地将国家解释为自律的个人之间的契约。社会契约学说力图将国家视为一种联合,这种联合虽然出于人性状况之必然,但最终依赖于个人的任意决断。这种错误,与根据个人主义理性法对家庭作出的法学解释如出一辙。理性法的这些解释,全都使得国家成为某种"外在的、形式的普遍物"。国家被视为一种对公民共同利益作决定的领域,但

---

① *Grundlinien der Philosophie des Rechts*, 节75。参康德, *Metaphysical Foundations of Jurisprudence*, 节24:婚姻是"两个不同性别的人格的结合,以便终生彼此占有性属性"。洛克(Locke)大体上也是按照这个思路,只是通常比康德温和一些,他把结为连理定义为"男女之间的自愿合约",其内涵"主要在于生殖这个主要目的所必需的那种对彼此身体的共有和权利",参洛克,《政府论下篇》,节78。

唯有无偏私的旁观者才能辨认出共同利益。

按照这种理论，国家在面对公民时，就成为没有公民实际参与其中的异化物。①黑格尔之所以拒绝社会契约学说，不是因为他想回归早先的政治组织形式。他批判这种学说，其实是因为该学说在某种程度上保留了中世纪的古老法学的理论基础。因此，黑格尔的国家理论以及家庭理论，都与他对理性法的讨论分离开来。《法哲学原理》在靠后的部分才论及国家理论，黑格尔在那里发展了一些建构其现代国家理论所必需的原则。于是，《法哲学原理》的结构让我们对黑格尔理论有了提纲挈领的把握。尽管黑格尔从个人自律这一自由主义原则出发，但与康德不同，他不是以保障和尊重个人权利和自由为旨趣的自由主义国家的理论家。像当今大多数自由民主国家的理论家一样，黑格尔不认为单凭自由主义原则，就足以支撑一套完整的现代国家理论。至少到目前为止，我们更应该为黑格尔的犀利睿智击节称赏，而不是揪住他的疏漏咄咄相逼。

三

黑格尔像霍布斯以降的所有理论家那样讨论了无政府状态，我们从中可看清他对国家理论中的自由主义原则所加的限制。该讨论延续了他在《法哲学原理》上编第三章对理性法的探讨。他比前人更加忠实于霍布斯的一项假说，即"假如没有建立起权力，或者该权力不足以保障我们的安全"（霍布斯，《利维坦》，第十七

---

① 黑格尔对社会契约论的批判，参 *Grundlinien der Philosophie des Rechts*，节29、75、100、258。

章),就会爆发一切人对一切人的战争。然而,黑格尔不认为这个假说是建构国家理论的充足根据。

自然状态里"世代相传以至无穷"的复仇,在黑格尔的理论中并没有像在自由主义理论中那样导致政治权力的确立,以便推行个人主义理性法。复仇的结果首先是设置"惩罚性的正义",也就是希望存在某个人,他尽管还是个体,却不再想着复仇,而是通过惩罚来力行正义。这么一个人将不再是追求自己专断利益的自律个体,他将以实行普遍规范为其唯一行动目标,故而,不可能从个人主义理性法的基本规范推导出他的行动(《法哲学原理》,节102-104)。这一希望落实在这么一个人身上:他愿意实现正义,而不追求自己的专断目标和谋求复仇。这便超越了个人主义理性法的界限。黑格尔在其现代国家理论的中编(名为"道德")探讨了此时获得合法性的规范体系。

黑格尔的立场有别于之前所有的现代国家理论家:他明确承认,现代国家存在的必要条件之一,就是公民信从道德规范。霍布斯将国家视为一套规则体系,按照他对外在义务和内在义务的基本区分,这套规则体系仅涉及外在行为。康德有些极端地主张:

> 建立国家这个问题不管听起来是多么艰难,即使是一个魔鬼的民族也能解决的(只要他们有此理智)。

他甚至主张,这么建立起来的国家,正是保障和尊重个人权利和自由的自由主义国家。① 康德的实践哲学严格区分了法理论与道德理论、合法性体系与合道德性体系。

黑格尔的《纽伦堡高级中学讲义》在探讨法的学说和义务学

---

① 康德, *Perpetual Peace*, 附录, 第一节。

说时,①形式上与康德的探讨如出一辙,但在主要观点上与康德直接对立。早在《纽伦堡高级中学哲学全书》里(同上,页215-223),他已将道德学说置于他对个人主义理性法的探讨与他的国家理论之间。在这部作品里他明确承认,道德是社会生活和政治生活的必要条件之一。《法哲学原理》与康德的《道德形而上学》外观上类似,两位哲人都先探讨法理论再探讨道德理论,可仔细分析起来就可发现,这种类似恰恰体现出二者的根本差别。

黑格尔的道德观当然不同于"道德"这个词的日常用法或一般的哲学用法。该观念源自他对康德道德理论的批判。黑格尔早在法兰克福时期就完成了他对康德道德学说基本信条的批判,他后来只是不断重申这一批判。该批判带来的大致结果是,黑格尔区分了(广义)道德观之中的两个根本有别的概念:一是道德性(Moralität),即脱离了社会关系并主要对自己负责的个人德性,二是伦理(Sittlichkeit),即人唯有作为所属共同体的成员并在他所参与的公共事务中才能获得的正义。②黑格尔哲学区分这二者是为了说明,康德道德学说所讨论的道德问题预设了道德主体之间的一定关系,恰如《法哲学原理》上编探讨理性法问题时,涉及作为自由任意地组织自身法关系的自律人格者的人。显然,这两套规范体系彼此呼应。它们都预设了里斯曼(David Riesman)总结的"内在导向型"性格,并相互补充;个人主义理性法包含着掌控外在行动

---

① *Hegels Werke*, Berlin, 1832–1845, Vol. XVIII, 页3-96(以下简称*WW* XVIII, 页3-96)。

② *Hegels Theologische Jugendschriften*, H. Nohl编, Tübingen, 1907, 页264-267、388。([译注]页264-267的英译文,参*Hegel's Early Theological Writings*, 1948, T. M. Knox译, 页208-212。*WW* I, 页396; *The Phenomenology of Mind*, 第二版, London, 1931, J. B. Baillie译, 第五章, Cc节, 第六章, Cb节。

的规范,而道德理论则提供了道德主体据以决定自身行动的原则。

黑格尔在《法哲学原理》的结构中为道德安排的位置,意在表明,现时代的个人主义理性法须以意识到要对自己负责的道德主体的道德为其补充,并且这两套规范体系都构成了现代国家的必要条件。由此可以推知,前述自由主义论题(即把国家的任务限定在保障个人的生命财产安全)过分限制和缩小了政治理论的抱负,就此而言应予放弃。这意思当然不是说国家不该提供保障。但我们应该清楚,这项自由主义论题并没有穷尽国家的职能。黑格尔坚持认为,国家应当保障道德主体"求获自我满足"的权利。我们很容易承认,该论题是黑格尔人权理论的出发点,它本身是源于自由主义传统的重要遗产。①

黑格尔将作为理性法和道德之核心信条的主观自由视为"划分古代和近代的转折点和中心点",由此明确承认了自己是自由主义传统的接班人;他说主观自由原则体现于基督教,并逐渐成为"新世界形式的普遍而现实的原则"(《法哲学原理》,节124、162、185、206、299、358–360)。

虽然黑格尔认可个人主义法和道德的原则,并在其历史哲学中凸显这些原则,但这不意味着他毫无保留地接受这些原则的效力。事实正相反。他将理性法与道德局限于人的个体存在的考虑。最终还是有必要克服现代法哲学和道德哲学的个人主义基础,以便形成现代国家的理论基石;也就是说,这里形成的理论将国家视为一种政治共同体,个人在其中不再各行其是,而是联手实现他们的公共利益。黑格尔发现,整个现代政治哲学话语都没有

---

① 参 *Grundlinien der Philosophie des Rechts*,节124、132。137节做出了重要限制。

洞察到这项任务。故而，他认为有必要超越现代政治哲学的界限，回归柏拉图和亚里士多德开辟的传统。

四

《法哲学原理》错综复杂的论证结构，有别于此前一切政治哲学阐述，它反映了黑格尔对古今政治哲学的含蓄批判。一旦我们表明，《法哲学原理》下编(名为"伦理")的构思在一切要点上都符合柏拉图和亚里士多德政治理论的结构，就会确证上面的论断。

霍布斯及其所有的追随者都以如下原则为其政治理论的基础：人类个体须被视为本来拥有各种权利，并且为了保障他们各自的权利领域而必须以政治体的形式统一起来。与此相对，柏拉图与亚里士多德则认为，人本来就必然与他人结成共同体。按照这种观点，就不能认为共同体的命令在本质上有悖于个人主张。柏拉图和亚里士多德秉持他们的原则，到最简单的人类共同体形式里寻觅国家的起源，继而将政治共同体从这些基本形式里逐步发展起来的过程，向读者娓娓道来。黑格尔在《法哲学原理》下编重现了这种政治理论结构，他阐述了市民社会如何从家庭辩证地发展出来，并从市民社会推进到国家。另外，在建构他的这部分政治理论时，他运用了与柏拉图和亚里士多德大同小异的原则。鉴于这种呼应甚为显著，总有人指出并强调《法哲学原理》下编充斥着"古代"习气。[①] 因此，黑格尔明显力求弱化其政治理论的历史牵

---

① Eduard Gans, *Philosophy of Right*, WW, VIII, 译者前言, 页viii; Karl Rosenkranz, *Hegels Leben, Supplement zu Hegels Werken*, Berlin, 1844, 页124、129; Haym, *Hegel und seine Zeit*, 页377; Rosenzweig, *Hegel und der Staat*, Vol. II, 页85; Ritter, *Hegel und die französische Revolution*, 页25; M. Riedel, *Studien zu Hegels Rechtsphilosophie*,

连,尽管他往往倾向于明确参照其他理论来界定自己的立场。

我们对《法哲学原理》的结构分析得出了如下结果。黑格尔在上编和中编扼要阐述了一种实践哲学,这种实践哲学立足于现代对合法性与合道德性的区分。黑格尔在上编和中编未予考察的国家理论出现在下编,是有关古代模式的政治共同体的学说。也就是说,《法哲学原理》由两套不同的实践哲学体系组成。这意味着,对黑格尔现代国家理论框架的任何解释,都得回答一个问题,即,上编和中编的法理论和道德理论,如何与下编的共同体和社会制度理论衔接起来。答案是:黑格尔希望读者将法和道德的理论视为一种方法论虚构。被抽象地理解成自律人格者和道德主体的人,实际上生活在多重社会交互关系的情境里。只要个人主义理性法和个人道德的实现,预设了这些非赖个人自由决断所创造的交互关系,黑格尔便坚持认为,法和道德的理论唯有在制度和共同体的理论语境里,才取得其真实的意义和效力。由此看来,黑格尔的"伦理体系"(System der Sittlichkeit)扬弃了法和道德的理论的特质(《法哲学原理,节208–210、256)。这就意味着在黑格尔实践哲学体系的框架内,古代政治理论凌驾于现代国家理论之上。

五

黑格尔赞同柏拉图和亚里士多德,不仅是因为如下基本观念:成为制度和共同体的成员,要比行使权利和履行义务更加根本。他的国家理论的其他基本概念和思想模式也得益于柏拉图和亚里

Frankfurt am Main,1969,页19–22、118; K.-H. Ilting, 载于 *Philosophie Jahrbücher*, LXXI,1963/1964,页38–58,以及 *Hegel-Studien*, III,1965,页389。

士多德的哲学。

我们可以在《法哲学原理》结构中承上启下的决定性连接处看清楚这一点。该书中编第三章的开头即是例证。黑格尔在那里写道：

> 善就是作为意志概念和特殊意志的统一的理念；在这个统一中，抽象法、福利、认识的主观性和外部定在的偶然性，都作为独立自主的东西而被扬弃，但它们本质上仍然同时在其中被含蓄着和保持着。所以善就是被实现了的自由，世界的绝对最终目的。①

在黑格尔理论的语境里，善的理念（这是柏拉图哲学的关键概念）被赋予了克服合法性与合道德性二元对立的任务，这种对立表现在道德主张与合法主张可能发生冲突。按黑格尔的看法，个人唯有顾及共同善，才可以谋求兑现他们对幸福和福利的正当憧憬。一旦发生冲突，源自个人主义理性法的个体合法主张，就得让位于所有人或其他人的福利。于是我们不妨把黑格尔这里所讨论的善的理念定义为一条基础规范，即个人对其权利和福利的一切主张都应当彼此制衡。一旦这条基础规范被承认为我们的行为准则并得到采纳，个人主义进路便遭淘汰，行为的终极目标便由共同体来宣布。

---

① *Grundlinien der Philosophie des Rechts*，节129。黑格尔提到的"意志概念"，指与他探讨抽象法亦即人格者相关的意志表现（节34、35）。"特殊意志"是指作为其道德探讨之核心的道德"主体"（节106）。按照黑格尔对政治哲学的辩证表述，抽象法是"正题"，道德是"反题"（节5、6）；Hegel, *Wissenschaft der Logik*, WW, V, 页35; Hegel, *Encyklopädie der philosophischen Wissenschaften im Grundrisse*, paras. 112, 163。因而"善的理念"相当于法与道德的"合题"。

我们至少可在如下意义上将一群服从这条基础规范的人称为自由人：他们的行为可能性不再取决于外来意志。通过这么来实现他们对自由的主张，他们所达成的行为目标便不再被视为实现其他目标的手段，而被视为"绝对"目的。所有人共享一种终极行为目标，这一观念再现了柏拉图和亚里士多德有关善的理念的学说要义。①

黑格尔在《法哲学原理》下编的开头又回到这一观念：

> 伦理是自由的理念。它是**活的善**，这活的善在自我意识中具有它的知识和意志，通过自我意识的行动而达到它的现实性；另一方面自我意识在**伦理性的存在**中具有它的绝对基础和起推动作用的目的。因此，伦理就是成为现存世界和自我意识本性的那种自由的概念。②

伦理的理念作为黑格尔现代国家理论下编的主题，无非是善的理念，而善的理念则是柏拉图政治共同体理论的基础。善在中编被视为一条基础规范或"仍然抽象的理念"，此时则被作为"活的善"亦即作为原则引入论述，人们的真实共同体正是按照该原则

---

① 参柏拉图，《吕西斯》，219c5–220b3；《高尔吉亚》，468b1–8，499c6–9；《王制》，505d5–506a2；亚里士多德，《尼各马可伦理学》，1094a18–b11。

② *Grundlinien der Philosophie des Rechts*，节142。黑格尔在这一段里区分了善的理念的两个方面（或"环节"）：自我意识的方面以及伦理性存在的方面。善的理念（亦即政治共同体的理念）现实地存在于公民的政治自我意识中；另一方面，公民将其政治共同体的理念视为其政治活动的基础。只要该理念对他们来说表现为某种给定的、不以他们自身专断决定为转移的东西，黑格尔便将政治共同体理念的这个方面称为它的"伦理性的存在"。

组织起来的。①

可以说,黑格尔的伦理理念是从古代政治哲学传承下来的思想路数。它在内容上也源自古代城邦模式。黑格尔的早期作品很容易证明这一点。他在1796年4月这样描写古代城邦的城邦民:

> 他的祖国、他的国家的理念,是他为之奋斗的不可见的原则、更高的目标,这理念驱使着他的行为。这是他在世界上的终极目标,或曰他的世界的终极目标。他发现这理念表现在现实中,或者这个理念借助于他的行动表现出来并保持其生命力。(《黑格尔青年时期神学文稿》,前揭,页222)

因此,黑格尔的古代国家观是彻底共和主义的国家观。它基于"观察所能遍及"的政治共同体模式(亚里士多德,《政治学》,1326b24),其中一切自由公民都直接参与政治事务,并共同谋求其政治共同体之永续。这个共同目标对他们而言不是尚需实现的抽象谋划,而是已经落实于他们的政治共同体之中,并成为他们的"现存世界"。于是,终极目的对每个人来说就表现为一种"存在",表现为"客观的东西"或"具体的实体"。② 作为每个公民的政治行

---

① 参《法哲学原理》,节131,比较节144。

② 参 *Grundlinien der Philosophie des Rechts*,节130、142、144。黑格尔在把政治共同体描绘成"实体"时招致一种风险,即把公民仅仅视为偶性或实体的属性(参节146、156 Addition)。在这一点上他不如亚里士多德慎重,后者避免将政治共同体称为"实体"(参亚里士多德,《政治学》,1253a19–23)。在探讨"伦理体系"的耶拿讲义中,黑格尔本人坚信伦理必须完全破除任何特殊性,参黑格尔,*Schriften zur Politik und Rechtsphilosophie*,G. P. Lasson 编,Hamburg,1952,页464,而在《法哲学原理》中,他却放弃了这个观点。

为动机的这个终极目的,被黑格尔描述成起推动作用的目的,甚或(套用亚里士多德神学的表达)起推动作用但本身绝对不受推动的目的(《法哲学原理》,节142、152、258)。①

对古代城邦的这种解释,构成了黑格尔一句著名表述的核心观念。要想理解这种解释,首先就应该把它视为对古代政治生活理想化的结果。尽管柏拉图和亚里士多德不会完全赞同这种解释,但按照古希腊形而上学,它并不是无稽之谈。我这里所指的是,黑格尔将国家解释为"自在自为的神圣之物"。②

---

① 在亚里士多德的神学里,神是令物体运动而自己不动的终极因,参亚里士多德,《形而上学》,1072a21-b14。黑格尔本人在《精神现象学》的序言里提到了这个概念,参黑格尔, *Phänomenologie des Geistes*, J. Hoffmeister编, Hamburg, 1952,页22。鉴于亚里士多德的概念源于柏拉图的善的理念,黑格尔很容易对它给出一种政治解释。

② *Grundlinien der Philosophie des Rechts*,节258。当黑格尔暗指作为雅典城邦女神的雅典娜时,将民族精神称为"知道自身和意求自身的神"(节257),其措辞的古老源头就显而易见了。在他早期的《伦理体系》里,这种对民族的神化比比皆是。参《政治学与法哲学论集》,前揭,页465、467、469、475、487、488、503。亦参*WW*, I,页400。黑格尔将神视为某种"自在自为的"东西,该观念照应了古希腊形而上学里的绝对存在者的观念。参"Parmenides",载于H. Diels and W. Kranz, *Die Fragmente der Vorsokratiker*, Berlin, 1934–1938, 以及后续版本(引证时缩写为*DK*), B 8,页29;"Xenophanes",载于*DK* B 29,页1。柏拉图将物种的不朽视为某种神圣的东西,参柏拉图,《会饮》,207d1-208b6)。黑格尔在《伦理体系》中阐发其民族神圣性的观念时,影射了这一观点(*Schriften zur Politik und Rechtsphilosophie*,页449,试比较页464)。只要自足性被当成某种神圣的东西,即便在亚里士多德的自足性政治共同体的观念里,黑格尔也有可能找到有关其神圣性的某种线索,参亚里士多德,《政治学》,1252b31-1253a1,以及《形而上学》,1091b15-20,试比较*Grundlinien der Philosophie des Rechts*,节270。

六

说黑格尔将国家奉为神明的做法臭名昭著,这不无道理。这种做法注定招致那些反对亵渎上帝名讳之人的厌恶,也注定引来一切好斗的无神论者的敌视。他们之所以反对这种国家观,不单是因为黑格尔以古代形而上学和神学的基本概念来解释政治共同体,真正成问题的地方在于,他试图明确将这种解释延伸到现代国家。① 他这么做很容易落下把柄:众所周知,后人也确实没有放过这个口诛笔伐的机会。② 再者,他这么做也要冒一种风险,即看不到那些他力求以青年时的人道主义理想来解说的现实情况。最重要的是,黑格尔在对现代国家作出古代解释时容易假定,民族可以说是历史上存在着的个人所无条件归属的历史人格。罗列黑格尔共和主义国家理想来支持某种愚蠢的民族国家意识形态,这样的例子可以有很多。

如果我们弄不清黑格尔理论中的国家观旨在修复自由主义国

---

① 黑格尔对"人民"的态度非常暧昧,而且他也没有交代清楚古代城邦的"人民"与现代君主制国家里的"人民"是什么关系。总的来看,他似乎认为,人民这个概念仅仅适合于不存在高度组织化的公共权威的情况。在讨论现代民主观念时,他对人民蔑视到无以复加的程度(参 *Grundlinien der Philosophie des Rechts*,节279、301、317、318)。另一方面,《法哲学原理》中的某些话,似乎将现代国家等同于民族(节331、347)或"民族精神"(节156、274、352)。[译注]"民族"和"人民"在原文中是同一个词即Volk(英文people)。

② 黑格尔在其历史哲学里神化"伦理世界",里特(J. Ritter)令人赞叹地讨论了这种构思的意义,但他还是没有解除人们对黑格尔神化权威主义君主制国家的忧虑。

家观的显著缺陷，那么，我们就会曲解黑格尔国家观的重要意义。只要国家的目的仅仅在于保障个人的自由和财产，那么，国家权力运作纵然不可避免，也依然是一种恶。于是，从个人利益的观点来看，"成为国家成员是任意的事"，或者套用霍布斯的说法，人们联合起来"不是因为事情自然而然只能这么发生"，而是"出于偶然"，当黑格尔讨论自由主义的缺陷时，他很可能心里想着霍布斯的这段阐述。①

与这个观点相反，黑格尔确信，个人只有学习参与所属共同体的政治决定，才能克服其私人特殊利益的局限："人是被规定着过普遍生活的。"因而，黑格尔的古代国家理想旨在克服自由主义国家观。与此相似，自黑格尔的时代以来，在差不多所有的现代国家里，民主的理念都使得参与政治权力运作成为所有公民的权利和使命(在此我理所当然地认为，自由主义国家未必是民主国家，而民主制也未必是自由主义的)。

那么，为什么黑格尔在《法哲学原理》中，始终拒绝像卢梭那样克服自由主义国家观并投身民主理想？鉴于黑格尔从年少时就认同卢梭的观念，特别是像卢梭那样厌恶"特殊事物"(即私性存在)、向往"普遍生活"(即公共事务)，这个问题就更显得引人注目。这有可能是因为政治机会主义，黑格尔在撰写他这本大部头政治著作时绝没有忽略这方面的考虑。

黑格尔明确反对卢梭的激进主义国家观，因为卢梭把其民主

---

① *Grundlinien der Philosophie des Rechts*，节258；霍布斯，*De Cive*，I.2，载于 *Opera Latina*, vol. II，页159。休谟(Hume)也有类似的说法："社会必须被看作在某种程度上是偶然的，是许多世代的产物。"休谟，*Treatise of Human Nature*，L. A. Selby-Bigge编，Oxford，1888，页493。

国家里的一切社会政治关系全部交给了政治决断。确实,通过卢梭的社会契约"所创建的这个道德的共同体,获得了它的统一性、它的公共的大我、它的生命和它的意志"。在黑格尔看来,"人们根据抽象思想,从头开始建立国家制度",不仅意味着要改革作为社会制度和政治共同体发展源泉的历史条件(这是黑格尔所赞同的),而且意味着要在原则上废除这些历史条件。与其说这能够实现自由,不如说这是向"自由的主观性"低头,并以片面的方式来把握理性国家的理念。①到目前为止,黑格尔对激进民主制的批判,与百年之后在全世界引发立宪民主制观念——它拥护历史连续性——的那些考虑区别不大。

黑格尔在批判激进民主制时没有明说但有所预设的一件事,即他忠于自由主义原则,对公正评价其现代国家理论而言可能更加重要。他的确认为自由主义原则不足以成为现代国家理论的基础,但他尽了最大努力在其政治理论中保存自由主义原则。卢梭的民主国家在原则上清除了自由主义:

> 在一个完美的立法之下,个别的或个人的意志应该是毫无地位的。

这么一来,激进民主制就取消了个人。相反,黑格尔则以个人自由与共同体力量的统一为先决条件:

> 现代国家的原则具有这样一种惊人的力量和深度,即它使主观性的原则完美起来,成为独立的个人特殊性的极端,而

---

① 卢梭,《社会契约论》,卷一,第六章;*Grundlinien der Philosophie des Rechts*,节258。

同时又使它回复到实体性的统一，于是在主观性的原则本身中保存着这个统一。①

固然，国家会限制私人权利和福利的领域，限制家庭领域，限制市民社会领域，但在原则上它不应干涉这些领域，而应将这些领域的组织工作交给自律的个人本身的自由决定。因而，黑格尔笔下的国家并不想成为极权主义国家，但卢梭笔下的激进民主制则时常饱受这种责难。②

一个国家如果毫无节制地使所有社会政治关系从属于政治决断，就会遭到黑格尔的拒绝，同样道理，他也拒绝这种国家的古代对应物，即柏拉图笔下的国家，后者也有类似的极权主义特征，它完全摧毁了个人自由。与卢梭那种仅承认"主观"自由原则的民主制相比，柏拉图的"理想国"则是现代历史所克服的片面国家理念的另一极端。在柏拉图的国家观里，"主观性"原则受到压制，让位于"实体性"（即共同体的理念）。③

因而我们得出结论：黑格尔国家观的核心在于黑格尔特有的那种对一般与特殊、实体性与主观性的统合。④ 黑格尔达成这种统

---

① 卢梭，《社会契约论》，前揭，卷三，第二章；Grundlinien der Philosophie des Rechts, 节260。

② 从卢梭和黑格尔对宗教在国家中的角色的不同见解，我们亦可看出这种差别。卢梭试图建立一种公民宗教，借助于死刑的压力，使宣誓效忠该宗教成为一种义务（卢梭，《社会契约论》，前揭，卷四，第八章），而黑格尔主要想确保国家免受宗教的影响，参《法哲学原理》前揭，节270。

③ 参 Grundlinien der Philosophie des Rechts, "序言"及节46、185、206、299。

④ 黑格尔的实体性与主观性相统合的理念，体现于《精神现象学》（页80）的一段著名的话里。有人对此作过透辟的分析，参 Andrew J. Reck, Studies in Hegel, Tulane Studies in Philosophy, IX, New Orleans-The Hague, 1960,

合的方式，使得两条原则都充分发展而又相辅相成。因而在黑格尔笔下的国家里，个人对自由发展和自主决定的要求得到了充分满足；另一方面，政治共同体也被认为不能单纯归结于个人私利。按照这种理解，国家是"实体性的统一，自由在其中达到它的最高权利"（《法哲学原理》，节258）。

七

黑格尔不满足于将现代国家视为公共精神与公民自由的统一，并据此达到古今政治哲学基本理念的合题。他还得通过主权这个现代国家理论的关键概念，清晰地界定自己的立场。于是，他对主权问题的探讨必须向读者表明，他是否成功实现了他孜孜以求的政治观念合题。

在所有现代国家理论中，社会契约学说旨在解决的论证结构要点是：谁有最终决定权，以及由谁衍生出一切政治的和法的权威。黑格尔明确拒绝这种学说，而代之以具有历史连续性的政治共同体的理念，该政治共同体对个人而言已经确确实实地存在。就论证结构而言，一切旧有的理论都从自然状态推出"市民社会"（即国家），而黑格尔正是在这里嵌入他的道德学说作为国家的必要条件。在《法哲学原理》的下编，当黑格尔引入市民社会与国家最重要的根本分野时，读者可能料想他会提出主权问题，继而在市民社会向国家的过渡环节阐发自己的主权理论。但他推迟了对这个问题的讨论，直到探讨国家权力划分时才着手处理这个问题。

页109–133。参 *Grundlinien der Philosophie des Rechts*，节257、258、278。

黑格尔所提出的国家三权划分,遵循其《逻辑学》中的"辩证"次序(《法哲学原理》通常如此,但也不是没有例外)。① 立法权的职责是"规定和确立普遍物";行政权的任务是"使各个特殊领域和个别事件从属于普遍物";"王权"则承担"意志最后决断的主观性"。根据黑格尔的辩证图式,"主观性"或"个别性"是指普遍性与特殊性的合题。② 由此可知,黑格尔想让王权囊括立法权与行政权。于是,王权便承担起代表国家整体和体现国家主权的职能。至于国家主权的这位代表究竟是获得公民信服的君主,还是经选举产生的国家首脑,在黑格尔政治哲学的框架内无足轻重。

黑格尔在柏林大学授课时,确实就是这么来解释自己的主权学说的。当时他说,君主作为国家权威,其任务仅在于"御笔一批"(《法哲学原理》,节280附录)。不幸的是,这种解释并不符合他在《法哲学原理》中的学说阐述。在该书里,黑格尔某种程度上违背了其理论叙述的"辩证"次序。他按照颠倒的次序来实施第273节所预告的阐述计划:他先讨论辩证的合题,进而论及辩证的反题,

---

① 有人可能反对黑格尔,说辩证程序在政治哲学里谈不上什么真正的优势。有学者指出,黑格尔那套辩证的政治哲学探讨中有几个地方前后不一,参见J. Plamenatz, *Man and Society*, London, 1963, 第二卷, 页227、232、235。还可以加上其他前后不一的地方,比如论述犯罪和惩罚的上编第三章就不符合辩证图式,中编也不符合辩证图式。《法哲学原理》的辩证法意味着一种观念,即人的意志在追求其终极目的时,将会经历不同阶段的虚构旅程。辩证法是按照"直接"(即正题)、"差别"(即反题)与"统一"(即合题)的序列来安排各阶段的,它所具有的必然性促使意志从一个阶段过渡到下一个阶段,直到达成最终目的(参见《法哲学原理》,节31)。尽管这项辩证计划本身恢宏无比,但很难说适于政治哲学,下文谈到黑格尔的国家权力理论时会向读者表明这一点。

② *Grundlinien der Philosophie des Rechts*, 节273。对这段话的辩证划分,参节5—7。

最后叙述正题。对辩证法规则的这种违背,在黑格尔的体系里凤毛麟角,与黑格尔论述中赋予王权的显赫地位相照应。君主被描绘成一位不需要民主合法性的统治者;辩证逻辑"演绎"出世袭君主制;依赖于君主的国家行政权和立法权承担着沟通王威与人民的重任。①

面对着维也纳会议后普鲁士的世袭君主制,以及镇压"煽动"活动的卡尔斯巴德法令,黑格尔牺牲了自己的现代国家观,任由自己的理论陷入不可调和的二元对立。大概是由于其晦涩的论证,其理论中的这一关键性断裂(我甚至想称之为对自己原则的背叛),尚未得到应有的关注。②

---

① *Grundlinien der Philosophie des Rechts*,节275(及其附录)、279-281、287、302。套用罗森茨威格(Rosenzweig)的公允评判,黑格尔对世袭君主制的"演绎",在政治哲学史上无出其右者。Rosenzweig, *Hegel und der Staat*,卷二,页139。

② 海姆(Haym)仅仅指出,黑格尔(显然他确实如此主张)为君主的主观性赋予了不寻常的重要性,参Haym, *Hegel und seine Zeit*,页382。罗森茨威格也没有注意到,黑格尔让君主成为国家立法权与行政权的合ημα,究竟意味着什么,参Rosenzweig, *Hegel und der Staat*,卷二,页139-142。只有雷伯恩(Reyburn)发现了问题的要害,并试着解决这个问题,他认为黑格尔在《法哲学原理》第275节以下将君主视为辩证法三元结构的"抽象"正题。但他没有通过分析黑格尔的文本,来详细阐述自己的解释。参Reyburn, *The Ethical Theory of Hegel*,页240以下。

黑格尔在《法哲学原理》中(参见第279节的长篇大论)明确拒绝人民主权的概念。但这种拒绝所依据的理由,却很大程度上具有他每每嗤之以鼻、认为不值得哲学关注的"经验性"特征,即国家将受到个人的随意摆布,不可能会有稳定而理性的法秩序。假如人民被视为一种宪政机构,政治共同体通过它来决定自身的某些最重要的事务,则人民似乎比单个人更适于作为国家主权的担纲者。

八

黑格尔的君主制国家观，不可避免地破坏了"伦理体系"的内在融贯性。因为一旦将君主描述为"整体的顶峰和起点"，① 黑格尔便不能再将国家描述为这样一种政治共同体组织：在其中公民考察并决定家庭以及（尤其是）市民社会的各种一般问题。市民社会与国家之间的联系，中断了大约四十节文字。探讨完王权和行政权之后，黑格尔才试着在讨论立法权的语境里重建这种联系，但没有奏效。他最有价值的努力成果由此丧失。其市民社会理论的意义几乎归于沉寂。

在政治哲学史上，黑格尔第一个将市民社会与国家作为两种不同的公共生活领域区分开来，并力求为该区分奠定理论基础。按照黑格尔的理论，市民社会被理解为个人活动的语境。它由一群各行其是的人创造出来。由于彼此建立起多重关系，这些人最终完全依赖于他们自己一手打造的这种行动网络条件。市民社会首先是"需要的体系"（System der Bedürfnisse），其中人们相互依赖：它正是现代工业社会的生产条件。不以规矩，不能成方圆，故而黑格尔学说里的市民社会还包含了司法领域、社会福利领域以及社会制度领域（即"同业公会"）。

只有当黑格尔发现劳动生产力是市民社会的基础时，他才能把这整个领域纳入其政治哲学。作为黑格尔《精神现象学》里著名的主奴辩证法的基础，这一洞见或许是黑格尔最富原创性的哲

---

① *Grundlinien der Philosophie des Rechts*，节273。在柏林大学的讲授中，黑格尔试图说明（但不太令人信服），他为何从王权入手来探讨国家权力，参 *Grundlinien der Philosophie des Rechts*，节275附录。

学贡献。在《法哲学原理》中,他的市民社会理论使其能够分析现代国家的某些问题,这些问题对19世纪和20世纪的历史来说举足轻重。

黑格尔之前的自由主义政治哲学,仅提供了劳动理论和市民社会理论的雏形。① 它一心一意地关注个人权利和自由的理论,以至于在讨论私有财产时,从不过问财产的劳动起源以及分工的社会后果。这样一来,国家理论就降格为有关国家中权利范围的理论。

人的劳动与社会分工在古代政治理论中扮演着重要角色。按照柏拉图的看法,在政治共同体中,每个人各自为维护共同生活付出努力,以此实现他们的共同善。但无论柏拉图还是亚里士多德,都没有从自己政治哲学的原则推演出结论说,人的劳动本身应当对国家组织发挥决定性的影响。相比于自由主义理论,在柏拉图和亚里士多德那里,人的劳动不大会直接引发政治主张和权利。

黑格尔着手修正上述两种理论的缺陷,这表现在他将市民社会理论嵌于家庭(作为初级的人类共同体)理论和国家(作为自足的完善共同体)理论之间,并使之与自由主义理性法以及国家理论衔接起来。因此,他才非常关注从基于分工的社会构成向国家结构的过渡。他反对普遍且平等的选举制,赞成等级代议制,这看起来虽然奇怪,其实也缘于这种努力。② 市民社会与国家的关系注定

---

① 洛克论述财产和劳动的著名篇章(洛克,《政府论下篇》,前揭,第5章)虽然十分投合黑格尔的心意,但在洛克的政治哲学里没有结出什么果实。要了解黑格尔对英国国民经济学的接受情况,参Paul Chamley, *Economie politique et philosophie chez Steuart et Hegel*, Paris, 1963。

② *Grundlinien der Philosophie des Rechts*, 节300-308。黑格尔认为,普遍且平等的选举,使得立法议会无法体现市民社会的结构,从而"把市民生活和

成为黑格尔政治哲学的关键问题。

再者,黑格尔只有凭借一种方式,即令人类劳动的社会性质成为其政治哲学的基础,才确有可能克服自由主义国家观的个人主义进路,并将其旧有的共和主义理想稳当地运用到现代国家上。黑格尔可能从柏拉图和亚里士多德那里学到,正因为人依赖于社会分工来生产其生活资料,所以人是一种社会动物。《法哲学原理》明确强调了国家的社会职能或福利职能,① 并以一句先知般的话预示了将由工业无产阶级的增长引发的政治问题:"市民社会的辩证法,使市民社会越出自己的界限。"(《法哲学原理》,节246)

因此,黑格尔的政治哲学几乎注定发展成一种自由社会主义。马克思很早就看到了这一点,当他为自己的社会主义理论奠定基础时,他曾这样来描述黑格尔:

> 《精神现象学》……的伟大之处首先在于,黑格尔把人的自我产生看作一个过程……可见,他抓住了劳动的本质。②

黑格尔没有得出其政治哲学进路中所隐含的那些结果。相反,由于他不是把主权当成社会民主制国家的问题,而是当成君主制统治者的问题,从而难以挽回地扰乱了自己的现代国家理论的结构。假如黑格尔没有背弃自己的原则,那么,他这部政治哲学力作本可以成为一种真正有前瞻性的政策的基础,但事实却是,这本

政治生活彼此分割开来"。(节303)

① 黑格尔是在一个过时的标题下(即"警察")强调这一点的(见 *Grundlinien der Philosophie des Rechts*,节231–248)。

② 参 *Paris Manuscripts*, fol. xxiii。[译注]中译本载于《马克思恩格斯全集》第3卷,北京:人民出版社,2002,页319–320。

书很快被视为"阿谀逢迎之作,任何热爱自由的人士都应当对其原则和教义避而远之"。①

黑格尔似乎意识到了,在欧陆复辟的条件下,他无力拿出一套满足自己标准的现代国家理论。《法哲学原理》的序言有段无奈的结尾:

> 当哲学把它的灰色绘成灰色的时候,这一生活形态就变老了。把灰色绘成灰色,不能使生活形态变得年青,而只能作为认识的对象。密涅瓦的猫头鹰要等黄昏到来,才会起飞。

九

波普尔不是第一个声讨黑格尔、说他笔下的国家根本不是自由主义国家的人。可以料想,黑格尔会迅速回应道:他要追问的正是,现代国家可否超越单纯的自由主义国家。生逢自由主义国家饱受极权法西斯主义和苏联制度摧残的时代,波普尔自然有理由抨击黑格尔。但第三世界的问题不能再通过自由主义政治来解决,这在一代人之后已经变得显而易见。于是这便确证了黑格尔对自由主义原则局限性的洞察。

不过,在《法哲学原理》初版问世一百五十年之后,我们不得不说,黑格尔的现代国家理论已经失败。从某种意义上讲,这显然是所有现代政治思想伟人的际遇。他们之中谁也没有发展出一套今天看来(即便在纲领上)令人满意的理论。

但与先贤们不同,黑格尔的失败不是因为他没有充分认识到任务的艰巨。他对这个问题的认识前无古人后无来者。他之所以

---

① Gans, *WW* VIII,前揭,前言,页ix。

失败,是因为他拒不承认已成现实的理性事物与仍旧存续的非理性事物之间存在矛盾。

所以,在某种意义上讲,黑格尔的政治哲学成了他那个时代的图景,而与此相似,按黑格尔本人的解释,柏拉图的政治哲学描绘了当时的古希腊。因此,从更深层次上看,黑格尔最终是正确的,他对柏拉图的评论也可以用在他自己身上:

> 柏拉图理念中特殊的东西所绕着转的原则,正是当时迫在眉睫的世界变革所绕着转的枢轴,这就显出他的伟大天才。(《法哲学原理》,前揭,"序言")

(译者单位:南京师范大学法学院)

思想史发微

孟德斯鸠的历史哲学

卡里瑟斯(David Carrithers) 撰

何俊毅 译 杨志城 校

一

"我相信这是一个历史的时代,一个历史的国度",[1]才识鸿瞻的休谟曾如是断言,而据卡西尔(Cassirer)、贝克尔(Becker)、贝克(Beck)、盖伊(Gay)诸位和其他人的研究,18世纪的智识人对历史的兴趣比19世纪的人们所认可的更加浓厚。[2]孟德斯鸠、伏尔泰、

---

[1] J. Y. T. Greig编,*Letters of David Hume*,两卷本,Oxford,1932,卷二,页230。这句话转引自Ernest Campbell Mossner,"An Apology for David Hume, Historian",见*PMLA*,56(1941),页660。

[2] Ernst Cassirer,*The Philosophy of the Enlightenment*,Fritz Koelln 和 James Pettegrove英 译,Princeton,1951,页197;Carl Becker,*The Heavenly City of the Eighteenth Century Philosophers*,New Haven,1932,页92-93;Lewis White Beck编,*Immanuel Kant on History*,Indianapolis,1963,页xii;Peter Gay,*The Enlightenment: An Interpretation*,第二卷,*The Science of Freedom*,London,1973,页369。

吉本、休谟、罗伯逊(Robertson)、赫尔德(Herder)、孔多塞(Condorcet)以及其他作家都在这一时期写过重要的历史著作，①所以，苛责这个时期缺乏对历史的兴趣，更具体地说，是缺乏对"历史哲学"的兴趣，当然不公，"历史哲学"一词正是作为伏尔泰一篇短论的标题进入西方词典的。②

18世纪的一些史学家认为，应当哲学式地(en philosophe)写作历史，也就是说，历史写作应当超越那种对杂乱无章的事实进行无意义编年的写作类型，它应当既服务于说教性的目的，以证明现时代的优越之处，又服务于解释性的目的，以找出潜藏在重大历史事件背后的各种原因。人们认为，解释而非仅仅描述历史事件非常重要，因此，有人认为，历史写作需要一个具有哲学兴趣的心灵。吉本评论道："如果哲人不总是史学家，至少可以希求所有的史学家都是哲人。"③ 伏尔泰论道："无论我们时代的学究们说什么，历史都必须由哲人来写。"④ 对休谟而言，历史和哲学不可分离，因为发现进而检验那些关于人性的始终如一的原则(uniform principles)需要历史和哲学，这些原则曾大大困扰18世纪的心灵。⑤

---

① ［校按］这里的罗伯逊应该指 William Robertson，生于1721年，于1793年去世，苏格兰史学家，曾在1762年担任爱丁堡大学校长，著有 *The History of Scotland 1542-1603*、*History of the Reign of the Emperor Charles V* 和 *The History of America*。孔多塞，1743–1794，法国哲人、数学家，法国大革命时期立法会议中的吉伦特派，主要著作为 *Esquisse d'un tableau historique des progrès de l'esprit humain*。

② Frank E. Manuel, *Shapes of Philosophical History*, Stanford, 1965, 页92。

③ Edward Gibbon, *An Essay on the Study of Literature*, 吉本起初以法语写就此文，London, 1764, 页107。

④ *Correspondance Littéraire*, III, 20, 贝克转引，见贝克前揭书，页91。

⑤ 参见"History and Philosophy in Hume's Thought"一文，收在 Norton 和

伏尔泰的作品《历史哲学》(*Philosophy of History*)有一节题为"关于罗马人的征服及其衰落的若干问题"("Questions upon the Conquest of the Romans, and Their Decline"),其中概述了那种对超越单纯历史编年的原因的追寻。伏尔泰并没有擅自提出明确的回答,他只是追问了这样一些问题:为什么罗马人征服二十五个联盟耗费了四个半世纪的时间?为什么罗马人耗尽了七个世纪的岁月才赢得亚历山大大帝仅用七八年时间就征服了的帝国?①

只有这种分析性的方法才能够令关于一个时代的研究对另一个时代富有教益。[这种方法的]诀窍是,忽视那些几乎不展现更大的趋势或范式(larger trends or patterns)的无意义的事实。费奈隆(Fénelon)只会同情那些事实贩子,②他们除了年代顺序的原则之外,就没有任何其他的处理原则,他们深受事实的蒙蔽,所以,无法看清"作为一个整体的民族的种种变化"。③孔狄亚克(Condillac)评论说,④将历史仅仅看成若干事实的堆砌,是"一种徒劳而幼稚

Popkin编 *David Hume: Philosophical Historian* 一书中,Indianapolis,1965,页 xxxii-1。

① *Essai sur les moeurs et l'esprit des nations*, René Pomeau编,两卷本,Paris, 1963,卷一,页183-184。本文最初单独出版,伏尔泰的《历史哲学》一文后来成为其《论各民族的风俗和精神》一书的序言。

② [校按]费奈隆,1651-1715,法国天主教大主教、作家、教育家,支持寂静主义,主张限制王权、教会脱离政府控制,遭到国王和教皇的贬斥,著有《亡灵对话录》、《特勒马库斯的历险》(*Les aventures de Télémaque*)等。

③ *Oeuvres*(1848-1851),卷六,页639和640,贝克转引,见贝克前揭书,页91。

④ [校按]孔狄亚克,1715-1780,法国哲人,继承并修改了洛克的感觉论,认为感觉是人类知识的基础,著有《论人类知识的起源》(*Essai sur l'origine des connaissances humaines*)和《感觉论》(*Traité des sensations*)等。

的好奇心"。①

这并不是说我们可以无视事实,毋宁说,这是一个精准地寻找事实的问题,寻找那些有助于阐明种种事件的整体范式的事实。颇为称赞孟德斯鸠的罗马史著作的吉本注意到,要像孟德斯鸠那样的"天才",才能"在那些事实掺杂其中的杂乱无章的大量事件当中",找出实际上确实能够起到解释作用的关键点。② 无论这项任务如何艰巨,它都被认为十分重要,而且在使得历史更易于为人类理性理解上,已经取得了巨大的进步。

18世纪的哲学式史家开始关注根本性的历史之谜,换言之,关于过去的记载在何种程度上仅仅是一件由各种偶然事件构成的百衲衣(crazy-quilt),而不是一种匀称的编排——由可以追溯到能够识别的原因的有序线索编织而成。比如说,休谟在其《论文艺和科学的兴起和进步》一文中就处理了这个问题。他在文中写道:

> 在我们关于人类事务的探究中,要准确区分那种归因于偶然的事件与那种起因于种种原因的事件,这比其他任何事情都更加需要谨小慎微(nicety)。

休谟继续写道:

> 那些依赖于一些个人的事件,在很大程度上,被归因于机运(chance)或那些神秘而不为人知的原因。而由数量众多的

---

① *Oeuvres complètes*, Paris, 1803, 卷二十九, 页8, R. N. Stromberg转引,见其文 "History in the Eighteenth Century", 载于 *Journal of the History of Ideas*, 12 (1951), 页298-299。

② Gibbon, 前揭, 页100。

人所促成之事，则可能常常用确定且已知的原因来解释。①

因此，休谟声称，革命性的变化和外交政策都可能包含着重大的机运因素，因为关键性的决定可能都由一个人或者至多由少数人做出。然而，当人们被民众共有的"普遍激情和利益"所激发而一致行动时，比如在国内政策的渐进形成过程中，机运就不大可能成为变化的唯一决定者，所采取的行动更有可能追溯到可辨别的原因那里。②

在这里的讨论中，休谟并没有触及这样一个问题——一旦我们能够发现的原因初现端倪，是否就会产生一个先定的因果链条呢？然而，当时的其他哲学式史家确实提出过这个根本问题。譬如，伏尔泰有时写到，历史似乎由源于普遍原因（general causes）的必然之流所推动。他在《论各民族的风俗和精神》中写到，那种通常被视作"命运之手笔"的事情，"说到底不是其他，而是宇宙中所有事件的必然联系"。③

在同一部作品的另一处，他断言：

> 在我们从宇宙的这一端到另一端所看到的多数巨变（revolutions）中，出现了种种原因的宿命论的联系，这领着人们

---

① T. H. Green 和 T. H. Grose 编，*Essays Moral, Political and Literary*，两卷本，London，1912，页1、174–175。

② 同上，页175–176。休谟在其《英格兰史》的开篇就回到因果关系与偶然事件（causation versus accident）这一主题，他在其中比较了他认为"有教益"的"文明国家的动乱"以及他描述为"受任性摆布的"野蛮人所特有的"突发、暴力和无准备的革命"。见 *The History of England*，1778，六卷本，Indianapolis，1983，卷一，页3。

③ *Essai sur les moeurs et l'esprit des nations*，卷一，页187。

前行，就如同风吹拂起波浪和沙子一般。①

然而，作为关于历史的解释，这些隐匿的决定论（determinism）暗示，仅仅是安躺在伏尔泰叙事之上的哲学碎片而已。他绝没有将这些陈述与他笔下事件的秩序联系起来。

实际上，伏尔泰强调了不可预知的人类行动在决定历史发展方面的作用。事实上，他常常认为偶然事件导致了最重大的结果，甚至认为乌得勒支条约（*Treaty of Utrecht*，1713）是由于马尔伯勒公爵夫人（Duchess of Marlborough）把一杯水洒在了马尚夫人（Mrs. Masham）身上而酿成的结果，当时马尚夫人和［安妮］女王在一起，这不仅使公爵夫人蒙羞，还导致辉格党丧失权力，托利党向法国求和。②

还有什么比柯林伍德的抱怨更好的例子呢？在论及启蒙运动的历史编纂时，他抱怨"那种史学方法的破产，它不顾真正的解释而勉强同意（acquiesce in）导致最重要结果的最琐碎原因"。③ 伏尔泰太过迷恋切入历史的"伟人"路径，而未能在实践中充分强调深层原因的影响，这些深层原因在几十年前甚至几百年前就已经预先决定了［后来的］结果。比如我们来看看伏尔泰关于光荣革命的分析：

> 显然，在这场革命从头至尾的任何部分中，机运（fortune）几乎都没有起到多大作用。一切都取决于威廉（William）和詹

---

① *Essai sur les moeurs et l' esprit des nations*，卷一，页794。J. B. Black在其"The Art of History"中关于伏尔泰的讨论，把我的注意力引向这两个段落。见 *A Study of Four Great Historians of the Eighteenth Century*, London, 1926, 页40。

② Black，前揭，页40-41。

③ R. G. Collingwood, *The Idea of History*, Oxford, 1967, 页80-81。

姆斯(James)的性情。①

根据布卢姆菲特(J. H. Brumfitt)的睿见,"一旦他找到一个值得钦佩的英雄,他就倾向于将一切都归于这个英雄的种种行为"。②当然,我们可以详细说明这一点,只要我们分析一下伏尔泰对待瑞典的查理十二、俄国的彼得大帝和法国的路易十四的态度。

吉本并没有忽视,在历史的形成过程中,偶然事件与先定的必然性(predetermined necessity)的相对分量这个问题。他在《论文艺研究》(*Essai sur l' étude de la literature*, 1761)中作出如下结论:人们错误地过于看重"机运肆无忌惮的反复无常",或者过于看重"体系、规则性和联系",就好像"人类大体上在实践中和在思索中都一样系统条理",就好像我们能够合理地"在我们的种种激情中发现艺术,在我们的种种癖好中发现政策(policy),在我们的种种反复无常中发现掩饰"(Gibbon,前揭,页111)。由于吸取了孟德斯鸠的罗马史著作和《论法的精神》(*Esprit des lois*)的方法论,吉本认为,如果要避免过于看重"反复无常"或过于看重"联系",所需要的就是孟德斯鸠的方法所代表的"关于一般的和确定的原因(general and determinate causes)的研究"(同上,页112-13)。而且那些一般的原因能够"不和特殊的原因一同起作用,有时还直接逆特殊原因而起作用",吉本如此强调这些一般原因,这为吉本的历史哲学引入了决定论的因素(同上,页113)。比如说,在"西罗马帝国衰亡的一般考察"这一章节中,吉本对罗马的衰落提出了一种决定论解释,这

---

① Voltaire, *Siècle de Louis XIV*,见《伏尔泰全集》,Paris,1878,卷四,页303。

② J. H. Brumfitt编, *Voltaire, The Age of Louis XIV and Other Selected Writings*, New York,1963,页xxv。

显然受到了孟德斯鸠关于同一事件的解释的影响。吉本写道：

>罗马的衰落是一种无节制的伟大所酿成的自然而然又不可避免的结果。

罗马一旦臻至伟大，"这种巨大的结构就屈服于其自身重量的压力"，这是不可避免的。在吉本看来，值得注意的并不是罗马衰落了，而是"罗马竟然存续了如此长的时间"。①

休谟、伏尔泰和吉本这些哲学式史家对区分"反复无常"和"联系"的关注——当然也还有其他的关注——无论多么重要，就深入探究决定论趋势在决定历史发展方面发挥的作用而言，他们三人都无法与孟德斯鸠比肩。事实上，俄国马克思主义之"父"普列汉诺夫（Georgy Valentinovich Plekhanov, 1857–1918）在其长文《个人在历史中的作用》（1898）中指出，孟德斯鸠认为，历史的流动绝不会屈从于个人不可预期的意志和突发奇想，而是有它自身的逻辑。用普列汉诺夫的话说，孟德斯鸠意识到，尽管"领袖的个人品质决定着历史事件的个别特征"，尽管"偶然性的因素……总是在这些事件的原因中扮演着某种角色"，但这些事件的"趋势说到底是由所谓的普遍原因（general causes）所决定的"。②

普列汉诺夫宣称，就像维科和赫尔德那样，孟德斯鸠远远超出自己时代的史学家，因为他不用那种肤浅方法——"将一切

---

① Edward Gibbon, *The Decline and Fall of the Roman Empire*, D. M. Low 编的节选本, New York, 1960, 页524-525。

② Georgy V. Plekhanov, "The Role of the Individual in History, 1898", 载于 *Fundamental Problems of Marxism*, James S. Allen 编, New York, 1969, 页172。正如 Allen 所指出的, 普列汉诺夫的文章首次以笔名 A. Kirsanov 发表于 *Nauchnoye Obozrenie*（*Scientific Review*）, 页184。

都简化为个人有意识的活动"(同上,页154)。相反,孟德斯鸠认为,历史服从于潜在的普遍原因,这些原因引导了社会发展的方向。在达致这一判断的过程中,普列汉诺夫无疑部分考虑到,孟德斯鸠在《论法的精神》中强调过气候、宗教、法律、政府的准则、惯例、道德和习俗在人类社会发展过程中的塑造作用。然而,普列汉诺夫也意识到,孟德斯鸠在《论罗马人之伟大及其衰亡的原因》(*Considérations sur les causes de la grandeur des Romains et de leur décadence*,1734,[校按]旧译为《罗马盛衰原因论》)中对决定论的强调。比如说,孟德斯鸠在书中写道:

> 支配世界的不是机运(chance),罗马人可以为此提供证明。当他们采取某一种办法治国时,罗马持续不断地繁荣富强,当他们采用另一种办法治国时,挫折接连不断。有一些普遍原因,道德上的和自然上的(moral and physical),对每一个君主国都起作用,它们使罗马兴起、维持或坠入深渊,所有偶发事件都受制于这些一般原因。倘若一场偶然的战争即一个特殊原因把一个国家毁掉了,那么肯定有某个一般原因促使这个国家因一次战败而消亡。总而言之,所有个别偶发事件都是总趋势带动的结果。①

在这部罗马史著作的另外一处,孟德斯鸠将个体作为个体而言(individuals qua individuals)对罗马历史的影响降至最低。例如,

---

① *Considerations on the Causes of the Greatness of the Romans and Their Decline*, David Lowenthal 译注, Ithaca, 1968, 页169。关于此书的所有引用都出自Lowenthal的译本。[校按]本段译文参考了许明龙中译:孟德斯鸠,《罗马盛衰原因论》,北京:商务印书馆,2016,页135。其中有些地方的中译文与本文作者所引用的英译文有出入,我们依据英译文译出。下同,不赘述。

就在这本书的第一章,孟德斯鸠引入了一种制度决定论。他写道:

> 在社会诞生之时,是共和国的首领们缔造了共和国的制度,而后来则是共和国的制度塑造了共和国的首领。①

这一论断大大降低了任何碰巧掌握权力者的人格和品质的重要性。孟德斯鸠明确指出,与其说政治人物塑造了他们所处的环境,不如说是他们所处的环境塑造了他们。

孟德斯鸠还认为,罗马的土地分配对其历史发展具有一种决定论的支配作用。对早期罗马的成功而言,大致平等的土地分配必不可少。孟德斯鸠注意到,这样一种土地分配制度不仅塑造了一个秩序良好的社会,还培养了一支强大的军队,因为每个人在保卫国家时都有着平等而实在的利益。因此,非常多的男性可编入军队。后来,当土地分配不再大体平等时,便出现了一个追求奢侈的富人阶层。腐化堕落和胆小怯懦随之而来,爱国精神和英勇的战斗气概也迅速衰落(同上,页39-41)。

对于理解孟德斯鸠关于决定论趋势——这些趋势使罗马先臻于伟大而后开始衰落——的观念同样重要的,是他就罗马的领土大小对其历史兴衰的影响所作出的结论。在这些结论当中,孟德斯鸠表现出对某种政治社会学的兴趣,这种政治社会学强调领土的大小,而这一问题至今仍然是学术探讨的严肃主题。② 孟德斯

---

① 同上,页25。有人可能会认为,制度最初由某些个人创制,这最大程度地彰显了个人在其中的作用,从而几乎不是决定论的。然而,那些曾经成形的制度对数目众多的个人造成的影响,将是一种长期的影响,比那些当初缔造制度的人产生的短暂影响要远为巨大。

② 比如, Robert A. Dahl、Edward R. Tuftr, *Size and Democracy*, Stanford, 1973。

鸠认为,领土的大小不可避免地影响着居住在这个国家的人的心态,① 而人们的心态反过来影响着适合于特定领土范围的政制形态,使之适应既定的领土范围。

孟德斯鸠从罗马历史中得出某种领土决定论,进而认为,那最初使得罗马变得伟大的政府原则即共和国的德性,只有在共和国地域狭小之时,才能得到恰当维系。一旦罗马的扩张越出了意大利半岛的界限,其公民和士兵的心态就会完全改变,他们对这个或那个统帅的忠诚就取代了他们对共和国的忠诚。这必然为共和国晚期蹂躏罗马的内战埋下伏笔。罗马共和国之所以衰落,是因为领土扩张带来了一种政治心态(political mentality),这种心态不可避免地导致庞培和恺撒这类人的出现。② 事实上,孟德斯鸠确信,即使没有恺撒和庞培,其他的罗马统帅也会沿着大体相同的路线扮演同样的角色。构成历史偶然要素的细节可能有所不同,但形成罗马历史"总趋势"的"普遍原因"却不会改变,罗马历史事件走向的最终结局也不会改变:

> 倘若恺撒和庞培如同加图那样想,其他人就会像恺撒和庞培那样野心勃勃;如此,注定要把共和国推向悬崖的就会是另一只手。③

鉴于那些在罗马历史中产生影响的普遍原因,在孟德斯鸠看来,共和制(republicanism)的消亡是一种先定的必然性。

---

① 《论法的精神》第八卷第16—20章全面阐发了这一观点。
② *Considerations on the Causes of the Greatness of the Romans and Their Decline*,页40—41、92—93、101—102。
③ *Considerations on the Causes of the Greatness of the Romans and Their Decline*,页108。[校按]中译本页81。

共和国注定要垮台,问题只是什么时候和谁把它搞垮而已。①

对共和国保持忠诚的爱国精神一旦消失,就无法再现。政治分裂已然不可避免:"被撕裂的罗马城不再是一个整体。"②

孟德斯鸠强调普遍原因作为解释历史的主导模式,并不意味着他完全忽视机运在罗马历史中的作用。他完全意识到那些影响马略(Marius)、苏拉(Sulla)、庞培和恺撒这些人的生平的不可预见的偶然因素,他们这些人的命运就是去实现罗马历史发展的规划。有一处文本使我们想起帕斯卡的断言——克勒奥帕特拉(Cleopatra)鼻子的形状改变了历史的进程,孟德斯鸠在这处文本中断言,恺撒对克勒奥帕特拉的爱情使他至少进行了四场战争。然而,孟德斯鸠视这些偶然事件为罗马历史的总体线团(general skein)上那些被搅乱的丝线。罗马历史发展的总体路线不受那些由偶然事件引起的变化所影响。人类的不可预测性的要素影响着罗马历史发展的节奏,还影响着它那些次要特征(secondary features)的形成,但并没有改变罗马历史的必然方向。

二

孟德斯鸠在哲学式史学领域的深刻性显而易见,然而,学者对其次要的历史著作的关注却少得令人吃惊。如果我们要充实

---

① *Considerations on the Causes of the Greatness of the Romans and Their Decline*,页102。[校按]中译本页75。

② *Considerations on the Causes of the Greatness of the Romans and Their Decline*,页93。[校按]中译本页66。

对孟德斯鸠历史思想的理解,那么,有两篇独特的论文会脱颖而出,作为可加以分析的文章。这两篇论文分别是《论政治》(*De la politique*,1725)和《关于某些君主的秉性及其生平事件的思考》(*Réflexions sur le caractère de quelques princes et sur quelques événements de leur vie*,1731–1733)。两篇文章都没有明确地意在探讨历史因果(historical causation)本身,但都包含着一些关于历史变化之本质的重要哲学陈述。如果我们想发现,孟德斯鸠在其罗马史著作中的决定论的根基是否在更早的时候就可辨识出来,以及他是否将这一决定论理论用在除罗马之外的其他历史背景中,那么,两篇论文就值得加以分析。

《论政治》实际上应该得到比现在更多的关注。现在还没有见到对其内容的详尽分析,甚至没有英译本。这篇论文最初是《论义务》(*Traité des devoirs*,1725)一书的结论章节,书中显示出,孟德斯鸠在18世纪20年代中期深切关注强调诸绝对正义(absolutes of justice)的自然法理论,其中实定法应当服从自然法。不幸的是,这本《论义务》全文已不复存在。1818年,Joseph-Cyrille de Montesquieu寄了一组手稿给他远在英格兰的堂兄弟Charles-Louis de Montesquieu,其中就有这篇《论政治》,而且Prosper de Montesquieu的一份保存在波尔多的真迹笔记表明,1828年,Charles-Louis死后,这篇文章和其他一些作品被寄回法国。[①] 但或许在那时或许在后来的某个时候,它佚失了。因此,我们对《论义务》内容的了解,仅仅源自公开发表在《法兰西丛书》(*Bibliothèque française*)的一份《摘要记录》("compte rendu analytique"),以及

---

① *Oeuvres complètes de Montesquieu*, M. André Masson主编,3卷本,Paris,1950–1955,卷三,页1575–1576。

保存在《随思录》(Pensées)中的残篇。孟德斯鸠在《论义务》中讨论了三种类型的义务：对上帝的义务、对自己的义务和对同胞的义务。他得出结论说，与我们的本体论境况(ontological condition)相关联的那些义务，远远优先于那些与成为这国或那国公民相关联的义务。因此，我们应当把对人类的义务放在更加地方性的依恋感之前(同上，卷三，页159-160)。

毫不奇怪，今天我们所知的《论政治》一文与《论义务》前面部分在主题上密切相连，毕竟它曾是《论义务》的结论部分。在那本著作的前十二章中，孟德斯鸠抽象地从哲学上讨论正义，而在两个结论章节中，他转向了由历史经验构成的具体世界。其明确的目的并不是呈现任何特定的历史哲学。与他后期论述罗马的作品不同，《论政治》并没有提出那种认为历史的偶然事件是受一般原因控制的一贯立场。相反，在分析17世纪英格兰和18世纪早期法国的历史事件时，他只是简单地调侃决定论倾向，同时强调不可预期的人类行为在其他历史背景中的影响。

《论政治》原本想写成一本反马基雅维利主义的小册子。孟德斯鸠的写作目的，是为一种不违反正义根本原则的简单、直接而正直的治国技艺提出辩护。对于那种被视作政治奸诈和欺骗的政治学，他当时失望到极点。[1]《论政治》抨击了他认为当时在治国技艺和国际外交领域广为流传的不道德的马基雅维利主义。然而，他并没有从抽象的道德理由来抨击普遍流行的"国家理由"(raison d'état)学说，因为他断定这样做能"说服所有人，但无法影响任何

---

[1] Robert Shackleton, "Montesquieu and Machiavelli: A Reappraisal", 载于 *Comparative Literature Studies*, 1(1964), 页5。

一个人",① 相反,他选择关注由记载下来的人类历史构成的真实的经验世界,以图证明自私自利的不道德的治国技艺是徒劳无益的。

孟德斯鸠给出两个不同的原因来说明这种治国技艺徒劳无益,这些解释有形成对比的倾向,表明在他这个阶段的历史思考中,在这两种形成对比的历史解释间,有一种明确无误的张力:

> 大多数的结果都源自这些不同寻常的状况(unusual circumstances),或取决于那些如此无法察觉而遥远的(remote)原因,因此,这些原因蔑视预言行为。(页112)

他所提及的"不同寻常的状况",无疑是指充满偶然和反复无常的不可预见的世界。这些不可预见的事件使历史成为由偶然事件层层堆积的一团混乱。而强调那些"无法察觉而遥远的"原因,又表明了一种强调必然性而非机运的历史观。

毫不奇怪,《论政治》中最具决定论意味因而最引起轰动的段落,也是最为人所知的段落。事实上,二手评论者几乎只引用过这些段落。最常被引用的这一段落带有明显的决定论倾向(determinist twist),表现出孟德斯鸠早期关于"普遍精神"(esprit général)的某种说法:

> 所有社会实际上都是各种心灵的种种群集,这些社会会形成一种共同的特性。这一集体灵魂会接纳一种思维方式,这种思维方式是一个接一个世纪不断扩大和结合的一系列无限原因的结果。一旦[社会的]基调(tone)固定下来并渗透到

---

① *De la politique*,载于 *Oeuvres completes de Montesquieu*,Roger Caillois注本,两卷本,Paris,1949-1951,卷一,页112。本文接下来关于《论政治》一文的页码引用都在正文中以圆括号标示。

社会的方方面面,它便独自进行统治,统治者、官员和人民能够做和规划的所有事情,无论这些事情看起来是反对还是遵从这种基调,总会与这种基调相关;直到整个社会完全崩溃之前,它一直都处于支配地位。(页114)。

孟德斯鸠在此表明,主要的政治事件或许看起来只是偶然过客,其实是受一串复杂原因影响的必然结果,这些原因又导致了他后来所说的社会的普遍精神。为了不让自己的论证流于抽象空泛,他在《论政治》中引入了两个历史实例,来证明自己的论点。这两个例子分别是17世纪内战时期的英格兰和18世纪早期路易十五摄政时期的法国。

从前,亨利八世让英格兰摆脱了罗马教皇的束缚,因此,17世纪中期英格兰针对查理一世的反君主制行为可谓不可避免,绝非不受英格兰当时主导性的[社会]基调或"普遍精神"影响的一次偶然事件。孟德斯鸠写道:

> 实际上,每个人都认为,他[亨利八世]成为自己教会的头领,成为过去战利品的分配者,从而增加了自己的权利。但事实并非如此。

英格兰脱离了罗马的神学统治,这催生出一种不受控制的自由精神,这种自由精神很快就堕落为狂热和疯狂。大约百年之后,查理一世面临的局面是,他的权力注定要极受削弱,无论他可能做过什么:

> 如果这个国王[查理一世]没有以这种方式触怒他的臣民,他也会以另一种方式触怒他们。在事物的秩序中,他注定犯错。(页112–113)

> 在查理一世治下,当时的社会基调就是如此,所以,无论他怎么做,他的权力都必然遭到削弱。在这般狂热和普遍的疯狂之中,审慎一文不值。(页115)

既然使得查理一世的权位难以稳固的并不是他的行为,而是普遍原因的潜在倾向,那么,英格兰的任何一位绝对君主都不可能过得(fare)更好。孟德斯鸠认为,在爱德华国王、玛丽女王以及伊丽莎白女王治下,还存有一丝丝敬重皇家的古老态度,但到17世纪,这份敬重已完全消失。因此,查理一世(他在1649年遭到处决)在英国内战期间遇到的困难,乃预料之中的结局。

孟德斯鸠还谈到路易十五摄政期间的法国,试图以此表明一种主导性的[社会]基调能够起到决定论所具有的支配力。孟德斯鸠声称,尽管那一时期发生的事件的性质不同寻常,但当时的一般"基调"就是那样,所以,即便是完全不同的掌权者,即便掌权者采取完全不同的政策,事件的总体进程也不会受到影响:

> 人民的倾向、政府所处的状况、国家的一般情况以及不同团体的利益就是如此,所以,无论起作用的原因或掌权的统治者如何改变,最终的结局都是一样。(页114)

这是一个令人惊奇的论点。孟德斯鸠认为,既然主导性的社会基调对历史事件的展开方式有着这样一种决定论式的支配力,那么,即便是一系列不同的因果力量,也不会改变事件的现存形态。与当时不断挑战权威的英国人不同,法国人当时在政治上仍然服从统治。孟德斯鸠认为,这种主导性的服从精神削弱了某种个别原因的作用以及某人执掌权力的重要性。实际上,在讨论路易十五的摄政期时,孟德斯鸠有所改变,他宣称,

> 实际上，人的审慎在实践中毫无用处。大多数情况下，深思熟虑并无助益，因为一个人可能采取的所有行动进程都一样好，除非在某种情况下有非常明显的严重的不利因素。（页114）

某个特定领袖的这个或那个行动可能会为历史发展添加这样或那样次要的意外转折，但是，任何领袖的特定行动都不可能从根本上影响历史发展的结果，因为法国在历史上形成的主导性社会基调已经预先决定了这一结果。

为了恰当地理解孟德斯鸠在《论政治》中展现出来的整个历史哲学，除了思考我们已经提及的那些涉及决定论的段落，我们还要思考那些与之形成对比的段落，这些段落认为，影响历史发展的首要作用因素是个人的偶然行动。在《论政治》中，有大量几乎未受人关注的段落认为，历史记载是一张复杂而不可预知的偶然事件之网，这些偶然事件不受最主要的普遍原因影响。事实上，孟德斯鸠在一个段落里声称，历史绝非受到某些先于所考察事件的原因的决定论式的控制，反而如个人生活一样，充满了偶然性影响和事件。他写道：当我们转向历史时，"往每个地方看，我们都会发现重大而不可预见的历史事件"，这些重大的事件真正改变了历史的轮廓，而且无疑是不可预见的偶然事件的产物，而不是历史的某些无情狡计的产物（页112）。

单就文本的量而言，孟德斯鸠在《论政治》中实际上花了更多篇幅来证明历史的偶然这一论题，而不是为历史决定论作辩护。从时间顺序上说，他举的第一个说明机运在历史上的作用的例子，是拜占庭皇帝赫拉克利乌斯（Heraclius）从公元610年至641年的统治。赫拉克利乌斯的确精明能干，可是，他的精明还不足以让他预见到，他的命运由于一件伟大而无法预见的历史偶然事件，会变成什么样子。他认为阿瓦尔人（Avars）和波斯的萨桑王朝（Persian Sassanid dynasty）对其统治构成了最重大的威胁，于是，他尽全力和阿瓦尔人缔结和约，同时征服波斯人。然而，他并不知道，麦加正酝酿着一起伟大而不可预见的人类意志闯入历史（intrusion of human will into history）的大事，公元613年，先知穆罕默德开始在那里布道。孟德斯鸠评论道，赫拉克利乌斯很可能连麦加城都没听说过，也还不知道穆罕默德出生这一重大的历史偶然事件——从孟德斯鸠而不是从信奉伊斯兰教的虔诚者的观点看来，这就是一场偶然事件——很快就会摧毁他的帝国（页113）。谁也没想到伊斯兰教会快速扩张，尤其是赫拉克利乌斯。这属于那些政治家无法预见因而无法阻止，或者克服的"不同寻常的状况"，无论他们如何狡猾。

孟德斯鸠用来表明偶然事件决定历史发展的第二个例子，是法王路易十一（1461–1483）的生平。路易十一统治期间的重大偶然事件是，在其不妥协的封臣（intransigent vassal）大胆查理（Charles the Bold）1476年遇害后，他没能获得勃艮第的继承权。孟德斯鸠把这件事称为"无可挽回的失策"（页114）。孟德斯鸠无疑指的是，路易十一原本可以与大胆查理达成协议，让自己的儿子也就是后来的查理八世与大胆查理的唯一继承人即勃艮第的玛丽（Mary of Burgundy）联姻。这一联姻本来会把勃艮第的属地尼德兰划入法国版图。然而，路易十一却选择用武力攻击勃艮第，以图占有阿图瓦（Artois）、弗朗什孔泰（Franche-Comté）、皮尔蒂（Picardy）和布伦（Boulogne）地区。这一举动把勃艮第的玛丽送入了未来的哈布斯堡皇帝马克西米利安一世（Maximilian I）的怀中，也就是查理五世的祖父，由此引出了哈布斯堡王朝与波旁王朝之间史诗般的对峙。

因而，近代政治的一场重要对峙，被描述为一位不甚完美的统治者的行为导致的不可预测的结果，而非根植于与一般原因相连的必然范式之中。

孟德斯鸠在《论政治》中还简单提到西班牙的菲利普二世（Philip II, 1556–1598），他继承查理五世担任神圣罗马帝国皇帝。孟德斯鸠认为，菲利普二世之所以失去荷兰，并非因为某些使荷兰人必须获得独立的原因，而是"由于那些更节制之人不可能犯下的错误"（页114）。孟德斯鸠关于古斯塔夫（Gustavus Adolfus）的论述同样是唯意志论的（voluntarist），此人自1611年成为瑞典国王，直到1632年在德意志逝世。孟德斯鸠认为，无论是古斯塔夫决定插手三十年战争，还是他所取得的惊人成就，其中都没有任何先定的东西。孟德斯鸠声称，实际上，古斯塔夫"除了勇气之外，没有任何有利于他的东西"，当时也没有一个人认为他会有很大的影响力。然而，由于他对新教运动的积极支持，"整个欧洲的面貌都为之一变"（页113）。

很清楚，只要仔细阅读《论政治》的所有内容，就会发现这样一个孟德斯鸠：他不但对历史的变化无常的性质极其着迷，也对与之形成对比的观念极其着迷——有一种推动事件朝着先定结果前进的原因之流（causal currents）。倘若他是非常坚定的决定论者，那么，他必会一以贯之地认为，马基雅维利主义式的欺骗和狡诈总是无用的，因为社会的基调和一般原因把关键历史人物偶然行为的影响降至最低。然而，他并不准备将这一观点作为普遍的、包含一切的、对所有历史语境都有效的论点。

三

与《论政治》一样，我们也应该更全面地审视孟德斯鸠的《对某些君主的秉性及其某些生平事件的思考》(以下简称《思考》)。目前,这篇文章还没有英译本,绝大部分研究孟德斯鸠的学者都很少关注这篇文章。就像写作《论政治》一样,孟德斯鸠也没有明确打算将《思考》写成一篇关于历史的哲学论述。然而,这篇文章中概述了好几个有影响力的君主的生平,因此,关于这些君主与围绕着他们的历史进程的关系,孟德斯鸠禁不住要做一些重要的判断。一种关于历史的哲学观点也随之形成。孟德斯鸠原本是把《思考》看作一部篇幅更长的未竟之作的一部分,这部著作题为《君主》(*Le Prince*)或《众君主》(*Les Princes*)。这部长篇著作有一则残篇收录在《随思录》里,这则残篇表明,同《论政治》一样,这整部著作的关键论点在于,政治需要道德,尤其是君主需要道德。孟德斯鸠在这则残篇中如是写道:

> 一个对法律心怀畏惧的个体,即便缺乏道德,也会不由自主地成为一个好公民;但是,一个没有道德的君主却始终是洪水猛兽。①

孟德斯鸠效仿普鲁塔克(Plutarch),运用比较的方法同时讨论两位统治者,他讨论了如下这些统治者的生平:瑞典国王查理十二(1682-1718)、勃艮第公爵查理(1433-1477)、提贝里乌斯(Tiberius,公元前42-前37年,旧译"提比略")、法国国王路易十一(1423-1483)、西班牙国王菲利普二世(1527-1598)、教皇保罗三世(1468-1549)、教皇西克斯图斯五世(Sixtus V,1521-1590)、马耶纳公爵(the Duke of Mayenne,1554-1611)、克伦威尔(1599-1658)、法国国王亨利三世(1511-1589)和英国国王查理一世(1600-1649)。

---

① *Pensées*, 634(524),见 *Oeuvres complètes*(七星版), I,页1154。

与他同时期创作的罗马史著作相比，孟德斯鸠在这部作品中绝对没有采取决定论的立场。事实上，与先前的《论政治》(1725)中关于查理一世的分析相比，从这里关于查理一世的分析，我们可以看到一种偏离决定论的重要转变。孟德斯鸠先前强调那些反对查理一世的历史力量，然而，现在他却强调查理一世自己的所作所为才是其面临的问题的主要来源。不过，无可否认，孟德斯鸠以一段听起来明显是决定论倾向的话语开启了他关于查理一世的重新分析：

> 在某些状况下，能力最为平庸的人也能够统治好一个国家；而在另外一些状况下，最伟大的天才也会深受困扰；统治技艺有时是世界上最简单的技艺，有时却是最棘手的技艺。①

这一论断清楚强调了潜在的神秘性(allure)或者事物的常轨(disposition)多么重要。如果回想《论政治》，我们可能以为孟德斯鸠会再次把查理一世视作不可逆转的历史潮流的牺牲品。然而，孟德斯鸠却采取了一种全然不同的路数，他坚定地将查理一世悲惨的失败归于其自身。他完全没有提及源于亨利八世与罗马决裂的这一反君主制的主要社会基调，这次决裂明显支持了人们对自由的普遍渴望，因而，任何绝对君主制都注定要走向覆灭。相反，他现在关注的是查理一世的种种缺点。

孟德斯鸠承认查理一世的个人生活无可挑剔，但他断言，查理一世在统治上的无能绝对无人可比（页526）。孟德斯鸠拿查理一

---

① *Réflexions sur caractère de quelques princes et sur quelques événements de leur vie*，1731–1733，见 *Oeuvres complètes*，I，页526。本文接下来该文的页码引用都在正文中以圆括号标示。

世与法国的亨利三世进行对比——后者曾面临一场超出自己控制范围的不可避免的内战,孟德斯鸠评价说:

> 查理一世引发了英国内战,可以说是他迫使英国人质疑他拥有的一切特权。

事实上,事情到了这样一种地步,即便没有爆发内战,议会同样会用1688年英国经历的那种"不流血的"革命来推翻查理一世(页527)。我们不应低估孟德斯鸠从《论政治》中强调决定论到《思考》中强调唯意志论的这一转变的重要性。

很明显,在《论政治》中显而易见的决定论倾向并没有发展为一种教条主义立场。在《思考》中,孟德斯鸠放弃了他先前坚定的决定论,甚至在提及同一位君主时也是如此,他先前用同一位君主作为例子,来论证决定论在历史中的作用。孟德斯鸠现在声称,查理一世自身要为他遭遇的敌对负责。查理一世羸弱、迷信、满脑子偏见,要么过分大胆,要么过分怯懦,他更关心讨好自己的情妇而不是自己的臣民。其结果就是,其臣民最初的憎恨情绪很快就变为蔑视之情(页526)。因此,查理一世在清教徒手上遭遇这样的命运,是因为其个人的缺点,而不是《论政治》中讨论的反君主的社会总基调。

在论述克伦威尔的生平时,孟德斯鸠同样避开决定论,还阐述了一种关于伟人的历史理论。克伦威尔值得那种以自己的意图打造历史的有天赋的个人效仿,值得那种通过非凡的天才克服一切阻碍的伟大人物效仿。孟德斯鸠在比较克伦威尔和法国的马耶纳公爵时更赞赏克伦威尔,因此,他强调了克伦威尔的个人能力,而那位马耶纳爵士虽面临相似的处境,却沦落到不幸的境地。暗杀亨利三世之后,那位法国公爵为了使天主教重获王权,将年老的红衣主教波旁（Bourbon）推上国王宝座，这一鼠目寸光的行动恶化而不是缓解了法国的分裂情绪（页525）。相反，克伦威尔明智地攻击君主制本身，以此抚平了国内的分裂情绪，同时为自己的党派提供了充分的最终目标以团结他们，为他们提供了行动的理由（页525）。

孟德斯鸠如此钦佩并欣赏克伦威尔，所以，他认为拿克伦威尔和恺撒并提才算合理：

> 尽管很难找到哪两个人之间的差异比克伦威尔与恺撒之间的还要大，但谁都不能认为这个英国人的才干比不上那位罗马人。（同上）

孟德斯鸠评论道，绝大部分伟人都是通过单一的行动步骤来追求自己的目标，克伦威尔却同时多线前进。此外，他的意图极其复杂，所以其他人难以预测（同上）。

> 他从这个矛盾走向另一个矛盾，但他总能向前走，就像那些舵手那样，几乎每一阵风都会把他吹到港口。（同上）

此外，一切尽在克伦威尔的掌控之中：

> 他统治英国人民，就好像他独自在控制一个灵魂一样。他没有自己的心腹（confidant），所有人都为他所摆弄，他的计划如此成功，甚至令他的同伴对他心生敬畏。（同上）

考虑到孟德斯鸠在《论法的精神》第三卷第三章明确谴责了英国在17世纪中期短暂的共和主义实验，[①] 因而，他在《思考》中

---

① 孟德斯鸠谴责了克伦威尔和其他人过度的野心和不够好的德性，这使得派系冲突不可避免。

对克伦威尔才能的赞赏实际上非常令人惊讶。无论英国内战如何令他瞠目结舌，他仍然情不自禁地认可克伦威尔的卓绝功绩，尤其是在对比克伦威尔与远为失败的马耶纳公爵时。这就转变为一种关于"伟人"的历史理论，而不是巨大而与人无关的种种力量的决定论理论。

从他关于路易十一和菲利普二世的进一步论述中，我们可以找到更多的证据，以证明这部较晚的作品《思考》绝不是要扩展《论政治》某些选段中显而易见的历史决定论。孟德斯鸠向我们确保，路易十一的失败是个人咎由自取，而非预先注定。我们现在知道，路易十一的失败部分是由于他的背叛。他只想欺骗人民，而不是试着去统治人民。另外，路易十一不像罗马皇帝提贝里乌斯那样——孟德斯鸠比较了他们两人——他不知道在欺瞒将导致毁灭时如何严加控制自己的种种恶行，也不知道在美德的声誉有利于自己时如何看起来有德行。最后一点是，路易十一尽管为人精明，却缺乏城府（页520）。

孟德斯鸠在《思考》中关于菲利普二世的叙述，与《论政治》中的相关论述完全一致。他强调了菲利普二世的个人缺陷，而没有强调预示着成功的历史的决定性趋势。孟德斯鸠在此指出，菲利普二世主要的缺陷在于他不知变通。那些本可能和本应该影响其想法的特定环境从没有发挥影响。其结果是，他从来都无法走一条中庸节制的道路。他错误地以相同的思维方式（mind-set）处理完全不同的事情。他从来不知道如何根据特定情况的需要来恰当行事。他只是看起来在政治上精明，实际上却"无法正确判断事物"。此外，他在实现自己的目标时也缺乏条理。孟德斯鸠写道：

> 他投身于许多伟大的事业，却从来不知道如何安排，以便

让自己能够成功。(页521)

他决定同时进攻法国、英格兰和低地国家,这完全是高估了自己的实力。他计划将宗教法庭引入荷兰并在那里建立西班牙式的政府,这说明"他既不了解弗兰德人民的品性,也不了解自由民族的品性,甚至也不懂得普遍意义上的人的品性"(页522)。他未经深思熟虑就插手法国内战,这只会徒然消耗自己这一方。

在孟德斯鸠的《思考》一文里,只有关于瑞典国王查理十二的讨论中有一段简短的话暗示了决定论的历史哲学。对于18世纪的作家来说,查理十二丰富多彩而勇敢大胆的一生是一个颇为流行的话题。伏尔泰的《查理十二史》(*Historie du Charles XII*, 1731)就是一个显著的例证,而且《论法的精神》的读者也会回想起,孟德斯鸠随后在那本书第十卷的一章中谈论过查理十二。在《思考》中,我们可以清晰看到后来他关于查理十二的论述的萌芽。孟德斯鸠在这两个例子中作出的那些判断,初看起来都会让人想起先前《论政治》部分文段的决定论,但是相反,它们深嵌在一种整体论证之中,这种论证朝向一种明确的唯意志论方向前进——它认为,正是查理十二本人造成了他所遭遇的种种不幸。在《思考》中,孟德斯鸠比较了查理十二与勃艮第公爵查理,并同时如此评价他们两人:

> 两位君主也很相似,因为他们都在不断地反抗自己的命运。(页519)

当然,反抗自己命运的这种观念似乎暗示出历史有其不可逆转的趋势,人们只能无效地反抗这种趋势。如果一个人命定会得到一种既定的历史下场,那么,他们对历史意旨的抵抗看起来就是徒劳无益的。然而,只需仔细分析孟德斯鸠的文本,我们会发现这并不是他实际表达的意思。他实际上并没有描叙一种历史决定论式的命运,这种命运使得查理沦为那些超出其控制的力量的阶下囚。正如伏尔泰所恰切表明的那样,孟德斯鸠也着重强调,是查理的性格缺陷使他错误地决定发动灾难性的普尔塔瓦战役(battle of Pultova)。查理一世有一些糟糕的习惯,甚至在刚遭受损失后还要重新树敌,在失败后仍像获胜一样发起攻击(页519)。因此,在漫长艰难的波兰战役后,他决定挥师东进,攻打莫斯科。由于他遭遇了一个造成严重损失的飞鸟绝迹的严冬,结果,查理一世只能用区区二万二千名士兵和仅存的四支大炮来对抗彼得大帝的八万大军。① 正是在这种语境中,孟德斯鸠评价说:

> 在大多数情况下,一位君主在战场上被杀是偶然结果,但是,查理十二的军事行动却使得他的死亡不可避免。(页519)

显然,孟德斯鸠表明的是,查理十二之死是必然的。《波斯人信札》的第127封信表明,他完全知道查理不是在普尔塔瓦战役丧命,而是在1718年的挪威战役中丧命——因为他固执地坚持发起军事行动,而其他统帅则会因为这些行动草莽而避免如此行动。因此,查理最终的死亡是一种"必然",这仅仅是因为他一贯倾向于拒绝任何生存的理性几率(rational odds of survival)。

因而,我们可以肯定地得出结论说,在1731至1733年写就的《思考》一文中,孟德斯鸠论述查理十二时并没有提供太多支持决定论的内容。孟德斯鸠强调查理自己的行为和他作为一名统帅的

---

① David Ogg, *Europe in the Seventeenth Century*, New York, 1962, 页437—440。

种种缺陷。查理十二顽固的决定并不是由事物的神秘性或者事物的常轨所决定的，正如路易十一和菲利普二世同样引发灾难的政策选择一样。与孟德斯鸠在《论政治》中描绘英格兰查理一世的方式相比，瑞典国王查理十二绝不是命定要失败。归根结底，是瑞典的君主制造成了他的死亡。

四

基于我们刚分析过的这些文章，关于孟德斯鸠的历史哲学思想，我们能够得出何种结论呢？无疑，我们可以有把握地说，到1725年他写作《论政治》为止，他还没有选择把偶然性或必然性当作历史的主要推动力。他当时愿意认为这两种可能性都有某种效果，这取决于特定的历史背景。另外，到1731年至1733年期间，也就是写作《关于某些君主的秉性及其生平事件的思考》期间，他强调的重心已经开始从《论政治》部分段落中的决定论，转向了政治领袖不可预期的行为。因而，在《论罗马人之伟大及其衰亡的原因》(1734)之前，孟德斯鸠并没有以教条式的决定论者的面貌示人。他不太认真地考虑过决定论，但他肯定没有发现一个需要清晰阐发的、与其他所有的历史解释理论相对抗的体系(système)。

那么，我们如何解释孟德斯鸠关于罗马历史的哲学性描述中明显可见的决定论倾向呢？或许最令人信服的解释是：无论看起来有多少偶然事件和偶然状况在历史的某些阶段占据着主导地位，似乎都的确存在一种主导罗马历史进程的逻辑次序。如果有人曾经想要从决定论的角度解读历史，那么，罗马就是可以引发这种回应的例子。此外，罗马人的历史在时间上距离18世纪足够遥远，足以让孟德斯鸠辨识出诸多事件的逻辑发展进程，生活在其中或者近距离评论这些事件之人，则当然不会洞察到这种逻辑进程。

当然，我们不能认为，孟德斯鸠的罗马史著作体现了其历史思想的一种实实在在的转变。毋宁说，罗马历史的内容只是把那种可追溯至《论政治》的决定论态度置于显眼的位置。然而，他的罗马史著作的确表达了作为一种历史解释模式的决定论的最为教条化的立场。孟德斯鸠写道：不仅罗马，甚至"每一个君主政体"都遵循那些普遍原因，这些普遍原因甚至控制着看似偶然的事件。然而，只是暗示决定论有这样广泛的适用性，与证明它之间还有很大差异。如果孟德斯鸠尝试证明它，那么，他很可能会感到困难，因为他那些我们已经分析过的历史作品已经揭示了这样一个孟德斯鸠——他非常坚定地认为，直到他那个时代的欧洲的历史进程，实质上受到了欧洲统治者不可预测的决定、行为和错误的影响，这些统治者确实创造了他们时代的历史。

同样正确的是，孟德斯鸠的观点并没有包括寻求一元论的解释，这种解释在19世纪成了某种令人沉迷的观念。他几乎肯定会让事实来限制他关于"每一个君主政体"的这类宽泛观点。他显然从来没有打算追求那种僵硬而教条的体系化论述，而19世纪的智识人可能会着意追求这种东西。孟德斯鸠并不打算成为一个像马克思、斯宾格勒和汤因比（Toynbee）那样的现代意义上的历史哲人。"历史哲人"这个短语，他甚至可能都不会接受。他更愿意做历史的研究者，时常就历史的内容做一些哲学性的评论。所以说，我们无法在其著作中看到一个已经完成的体系。他并不打算把一个一成不变的教条化体系强加给所有的历史记载。

此外，甚至孟德斯鸠的决定论观点，也并不总是能排除偶然因素的一定影响。他从未否认过，那些引发了具体事件的必然次序的[更重要]事件，不会具有偶然的而不是先定的起源。比如，在

《论政治》中分析查理一世问题的历史原因时,他并没有暗示说,亨利八世与罗马的决裂本身就是一个先定的事件。我们可以假设,另一个君主可能会走不同的道路。孟德斯鸠也没有断言,任何给定的决定论式的历史过程,无论在何时何地都不会有任何改变。相反,他坚持认为,受历史条件影响但又主导社会基调的那些变化,无法预测,亦无法提前看到。他坚称,这些改变

> 要么取决于太过遥远的原因,因此看起来无法比其他许多原因更能够影响事件的进程;要么取决于某种被一个重大原因隐藏起来的次要影响(a minor effect),这个重大原因会产生其他巨大而迅速可见的种种影响,同时又遮蔽了次要影响,直到这个次要影响爆发出来,有时,可能在三个世纪之后才爆发出来。①

而使得隐藏的原因突然或最终爆发的事件本身,可能是一件偶然事件。因此,即使是在某些体现孟德斯鸠决定论思想的语境中,也无法不考虑不可预测因素的作用。所以,我们一定要提防片面地解读孟德斯鸠的历史哲学。

当然,孟德斯鸠的整个罗马史著作总体上的历史哲学是决定论的。然而,如果仅仅关注他的那部著作,必然会曲解其历史思想的真正复杂性。只需简要研究孟德斯鸠更少受人研究的历史著作,我们就会发现,孟德斯鸠充分意识到历史事件可能有很多意外的曲折变化,这些变化取决于有影响力的历史人物作出的决定。然而,孟德斯鸠同时充分意识到在罗马人的历史(Roman history)中起作用的潜在的普遍原因,这使得他能够在那个背景下超越表面

---

① *De la politique*,见 *Oeuvres complétes*,卷一,页115。

上的种种纷乱——即布罗代尔（Braudel）所称的"年鉴史学"（l'histoire événementielle），进而关注结构性历史（structural history）的领域，关注影响既定历史发展的那些力量的潜在格局。因此，孟德斯鸠显然重要地促进了那种运动——它试图让历史不仅仅是"某种不可解释的象形文字"之类的东西。① 他意识到史学需要超越纯粹的编年史记载，开始追问原因，而不仅仅追问发生了什么。只有当人们开始追问这个问题时，历史研究才开始走向成熟。

然而，明白一系列特定历史事件之中的道理和原因，并不等于认识到历史之中的超验意涵。孟德斯鸠可能会认为一系列特定的历史事件乃由普遍原因所推动，但他并没有草率地得出结论说，历史事件的整体范式（pattern）服务于某些目的论的目标或目的。他在历史中没有看出任何"进程"（plan），所谓"进程"之类的观点，类似于康德在其《从一位世界公民的观点看待普遍历史的想法》（*Idea for a Universal History from a Cosmopolitan Point of View*, 1784）一文中的主张。康德这篇文章认为，对人类而言，自然在历史过程中的意图，是"人类所能实现的一切能力的发展"和实现"一个极其正义的公民宪制"（Beck编，前揭，页16）。

孟德斯鸠既没有保留波舒哀（Bossuet）对神意（Divine providence）的目的论式的强调，也不像同时代的许多智识人那样，设想通过目的论式地强调基于科学进展的持续不断的进步，来取代神意。在努力"将历史从终极因的统治下解放出来并把历史带回到真实的经验性原因"的运动当中，孟德斯鸠是其中的一份

---

① Black，前揭，页87。Black认为，对于休谟而言，由于他被"人的本性在任何时候和任何地方都一律相同的这一信念"所迷惑，历史更像是"某种不可解释的象形文字"。

子（Cassirer，前揭，页220）。尽管孟德斯鸠对自然科学兴趣浓厚，但他并没有和那帮人坚持同样的论调：因为自然越来越屈从于人类的控制而预言着无限进步。他或许会认为，与他同世纪的杜尔哥（1727－1781）和孔多塞的进步论观点，或者下个世纪的圣西门（1760－1825）和孔德（1798－1857）的进步论观点，其实只是一种主观而又不确定的说法（gloss）。

如齐纳德（Gilbert Chinard）指出的那样，孟德斯鸠绝非无限进步论的信仰者，而是一名"历史悲观主义者"，无论是他在《波斯人信札》中尽力延长（spin out）穴居人（Troglodyte）的循环中的道德进程的循环，或是他在同一本书中详述西班牙、意大利和波兰在当时的衰落，还是他描绘罗马历史当中的必然衰落，又或者他在《论法的精神》著名的第六卷第六章说明英国式自由的主要构成要素，甚至在临近结尾的地方预测英格兰的最终灭亡——所有这些都表明他是一位悲观主义者。① 就他愿意沉湎于彻底的思考而言，孟德斯鸠相信的不是无止境的向上发展，而是诞生、兴起和衰亡的可能性，正如罗马的例子所集中照实的。这意味着，他在精神气质上（in spirit）更靠近费奈隆、狄德罗（Diderot）、达朗贝尔（D'Alembert）、孔狄亚克、雷纳尔（Raynal）、格林（Grimm）、杜波斯（Dubos）和维科（Vico），② 而非法兰西的那些进步论先知。③

---

① Gilbert Chinard, "Montesquieu's Historical Pessimism"，收入 *Studies in the History of Culture*, Menasha, Wisconsin, 1942, 页161–172。

② ［校按］雷纳尔，1713－1796，启蒙运动时期的法国作家，主要著作有 *L'Histoire philosophique et politique des établissements et du commerce des Européens dans les deux Indes*。

③ Henry Vyverberg, *Historical Pessimism in the French Enlightenment*, Cambridge, 1958, 页139–169、198–200。

孟德斯鸠对历史编纂的重要贡献在于，他比绝大多数同时代人更能理解，历史不仅仅是记录人对事件的影响。如果说伟人有时决定历史的发展，那么，同样正确的是，过往之事累积的分量有时会凝聚成某种普遍原因，从而使得一个既定的社会朝着这个方向而非另一个方向前行，这甚至令特定个体的作用几近无效。吉本也意识到，孟德斯鸠认为这些普遍原因有时会压倒那些次要原因，并预先使得事件倾向于这种历史结果而非另一种历史结果。正如阿隆（Raymond Aron）的洞察所示，孟德斯鸠的总结是：

> 在偶然事件的混乱状态之外，存在着潜在的原因，它们解释了事物表面上的荒诞性。

孟德斯鸠试图用某种"智性秩序"（a conceptual order）替代社会领域中"杂乱的多样性"。[1] 因此，孟德斯鸠可视作人类社会领域的开普勒（Kepler）或牛顿。如果我们已经发现自然服从理性主义的解释，那么，人类世界可能也要向相称的睿智哲人透露其秘密。[2] 孟德斯鸠以敏锐的洞察力推动了历史研究的发展，这必然被视作一项伟业。

---

[1] Raymond Aron, *Main Currents in Sociological Thought*, 卷一: *Montesquieu, Comte, Marx, Tocqueville and the Sociologists and the Revolution of 1848*, Garden City, New York, 1968, 页14。

[2] 关于这一主题更详尽的论述，参见David Carrithers编, *The Spirit of Laws by Montesquieu. A Compendium of the First English Edition*, Berkeley, 1977, 页18–23。

对施特劳斯政治哲学观念的批判

郑和烈(Hwa Yol Jung) 撰

陈志伟 译

[编者按]西方主流学界对施特劳斯的批评,以意识形态者居多,而本篇批评则以哲学学界惯常的学术方式,立足于作者本人所信靠的"存在主义现象学",批判施特劳斯的政治哲学。编译这篇文章,一是丰富我们对施特劳斯在西方学界的理解的认识,一则借此促使我们加深对施特劳斯和政治哲学本身的理解。

本篇论文不乏对施特劳斯的真切理解和灼见,比如施特劳斯对实证主义的分析与批判;但遗憾之处在于,与往常对施特劳斯的批判一样,本文作者对施特劳斯屡有错误的理解,尤其是在问题的核心之处。比如:"施特劳斯的本质主义命题在如下观点中达到顶峰:政治哲学不是对政治的哲学处理,而是对哲学的普及化的政治性处理,其目标则是将政治生活转变为哲学生活。"

翻检一下施特劳斯的原文,就会发现,施特劳斯更准确的说法是,如果哲学要在政治面前为哲学自身辩护——换成该文作者的语言,即哲学要摆脱"一元论"的困境——就应该"尝试将有资格的公民,或者更准确地说,将他们有资质的后代从政治生活引入哲学生活"。施特劳斯从未有将哲学普及化的意图,更没有将政治生活转变为哲学生活的念头。本文作者割裂施特劳斯关于哲学与政治之间关系的看法,由此而构建出他所谓的思想与行动的二元论,在某种意义上,可以说是无的放矢。

> 西方自从柏拉图时代开始,就忽视了描述人类生活世界的任务,他将生活世界称为充满变幻莫测影像的洞穴,而现在,我们却面临着严重的困难和可能的偏离……
> ——威尔德(John Wild)

一

施特劳斯(Leo Strauss)的政治思想博得了敬重和钦佩,甚至他的批判者也敬重并钦佩他。他批判性的智识工作尖锐锋利,并经常充满斥责之词。他对现代性的批判,无论针对马基雅维利、韦伯(Max Weber)、存在主义者的现代性,还是某个科学的政治科学家的现代性,都发端于并深深植根于古希腊的唯理智主义的本质论,特别是亚里士多德的本质论,以及自然和自然权利的古老传统之中,正如他的著作《自然权利与历史》(*Natural Right and History*)[①]所表现的那样。

施特劳斯唯理智主义的紧迫性,来自柏拉图在写作《王制》(*The Republic*)的过程中悲叹雅典政体的衰败时所想象的使命。正如施特劳斯自己承认的,他的任务既不是"忘却自我和发思古之幽

---

① 施特劳斯,*Natural Right and History*, Chicago,1953。

情,也不是自我遗忘和陶醉式的浪漫主义情调";促使他复兴古典政治思想的迫切要求,来自我们这个时代西方的危机。① 这种所谓的西方危机,如施特劳斯所见,反映于两种哲学理论:实证主义和历史主义。在持有我们时代大量观点的同时,施特劳斯也为如下事实发出哀叹:那些观点都是政治哲学"衰退"甚至"腐朽"的原因。正是在他基于古典模式对现代性进行批判的根基上,存在着日益逼近的哲学前提,即真理是对永远有效且不以在世界中生存的人之"历史性"为条件的永恒表达。"永恒真理"清醒地知道,既不能向历史情境也不能向思想家自身的生存境况缴械投降。在现代性——实证主义尤其是历史主义——接受审判的最高法庭上,原告是古典政治思想,依据施特劳斯,它由苏格拉底发其端,随后经柏拉图、亚里士多德、西塞罗和圣托马斯·阿奎那,在现代政治哲学之父马基雅维利那里走向终结。施特劳斯写道:

> 自政治哲学在雅典萌生以来,政治哲学的意义及重要特点在今天同过去一样明显。所有政治行动的目标不是保守就是变革。当渴望保守时,我们希望不要变得更糟;当渴望变革时,我们希望能带来更好的东西。所有的政治行动因而都由某种更好或更糟的思想引导。但关于更好或更糟的思想隐含着关于善(the good)的思考。引导着我们所有行动的对善的意识(the awareness of the good)具有意见的特点:对善的意识不再受到质疑,但经过反思,它本身又证明是可疑的。我们能够质疑对善的意识,恰恰这一事实将我们引向那样一种不再是意见而成为知识的思想。因此,所有政治行动在其自身之内

---

① 施特劳斯,*The City and Man*, Chicago, 1964, 页1。

就拥有一种朝向善的知识的指向性:关于好的生活或好的社会。因为好的社会是最完善的政治善。①

对施特劳斯来说,哲学是对永恒真理的追求,而政治哲学是对关于政治事物的永恒真理的追求。可以确定的是,政治哲学是一门哲学学科,因为它是哲学的一个分支。哲学先于政治哲学,如同自然先于自然权利(natural right,或译"自然正当")一样。"自然的发现,"施特劳斯写道,"必定先于自然权利的发现。哲学要比政治哲学更古老。"② 很显然,"自然"在亚里士多德的哲学中,包括在他的价值理论中,都是一个关键概念。古典政治哲学在本质上是关于"自然正当"的哲学,就像哲学必然是关于"自然"的哲学一样。于是,施特劳斯就根据自然和自然正当的原则对实证主义和历史主义加以判断和批判。

依施特劳斯之见,古典政治哲学存在着如下四个特征:第一个也是最重要的一个是,作为哲学学科的政治哲学基于沉思(theoria,理论)先于并且优越于行动(praxis,实践)的观念之上;第二,理论知识来源于理解政治人的基本常识;第三,政治哲学与政治生活本身直接相关;第四,它关注有关最好政治体制或政制(politeia)的观念。③ 本文则依据存在主义哲学和现象学对施特劳斯的政治

---

① 施特劳斯, *What Is Political Philosophy? And Other Studies*, Glencoe, 1959,页11。[译注]中译参见施特劳斯,《什么是政治哲学》,李世祥等译,北京:华夏出版社,2011,译文略有改动。下不另注。

② 施特劳斯, *Natural Right and History*,页81—82。[译注]中译参见施特劳斯,《自然权利与历史》,彭刚译,北京:生活·读书·新知三联书店,2003,下同不另注。

③ 尤其参见施特劳斯,"On Classical Political Philosophy",收于 *What Is Political Philosophy? And Other Studies*,页78—94,以及"An Epilogue",收于

哲学观念展开批判。在哲学方法上尝试综合由基尔克果(Soren Kierkegaard)发起的存在主义思想和由胡塞尔(Edmund Husserl)创立的现象学思想,即众所周知的"存在主义现象学"(existential phenomenology)(或"现象学的存在主义[Phenomenological existentialism]"),其在德国以海德格尔为代表,在法国以萨特(Jean-Paul Sartre)、梅洛-庞蒂(Maurice Merleau-Ponty)和利科(Paul Ricoeur)为代表,而在美国则以威尔德(John Wild)为代表。① 本文

Essays on the Scientific Study of Politics,Herbert J. Storing编,New York,1962,页307-327。

① 参见Heidegger, *Being and Time*, John Macquarrie and Edward Robinson英译, New York, 1962; Sartre, *Being and Nothingness*, Hazel E. Barnes英译, New York, 1956; Merleau-Ponty, *Phenomenology of Perception*, Colin Smith英译, New York, 1962; Ricoeur, *History and Truth*, Charles A. Kelbley英译, Evanston, 1965; 以及Wild, *Existence and the World of Freedom*, Englewood Cliffs, 1963。篇幅的原因不允许我讨论存在主义哲学和现象学之间的关系。然而,应该注意的是,"存在主义现象学"在这里保持为一种相当独特的哲学形式。

美国社会学家Edward A. Tiryakian在他最近的"Existential Phenomenology and the Sociological Tradition"一文(载于*American Sociological Review*, XXX, October, 1965, 页674-688)中注意到存在主义现象学与一种未来的社会生存理论的相关性。舒茨(Alfred Schutz)的现象学极大地影响了Harold Garfinkel的社会学撰述,并对Richard C. Snyder及其拥趸的政治撰述产生了某种影响。参Garfinkel的博士论文 *The Perception of the Other: A Study in Social Order*, Unpublished Ph.D. Thesis, Harvard University, 1952; "The Rational Properties of Scientific and Common Sense Activities", 载于*Behavioral Science*, V (January, 1960), 页72-83; "Studies of the Routine Grounds of Everyday Activities", 载于*Social Problems*, XI (Winter, 1964), 页225-250; "Common-Sense Knowledge of Social Structures: The Documentary Method of Interpretation", 收于*Theories of the Mind*, Jordan M. Scher编, New York, 1962, 页689-712。另参Snyder, H. W. Bruck和Burton Sapin, "Decision-Making as an Approach to the Study of International

第二部分将特别审察施特劳斯本质存在论命题中处于核心地位的第一个原则，我将指出如下两点，表明他的政治哲学观念并不完全站得住脚：首先，它在任何意义上都产生了一个与政治或社会哲学相抵触的"自我中心的"二元论；其次，是它的理论中心特征和二元论特征。而第二条和第三条原则是自我否证的。第三部分将指出，除了某些根本差异，存在主义和现象学方法赞同施特劳斯对实证主义"价值"与"事实"分离的批判。第四部分将根据生活世界的现象学，澄清施特劳斯关于理论性（反思性）知识与常识性（前反思）理解之间的关系。第五部分将批判性地考察施特劳斯关于存在主义是"极端的历史主义"的指控；与此同时，我还会阐明"历史主义"的含义，并论证相关的存有（substantive）问题是某种本体论的决定论，或某种非决定论。

二

施特劳斯的哲学命题，如前面简要指出的那样，是一种与"存在主义"（existentialism）对立的"本质主义"（essentialism）。我仅仅用本质主义意指这种哲学学说：它主张思想（什么[whatness]）对行动（那个[thatness]）的优先性。它包含着本质意义上的实存（exsitence），然而存在主义却在生存的意义上来思考本质。在这一意义上，本质主义直接对立于存在主义（或关于人类行动的哲学）。

自柏拉图和亚里士多德以来，本质主义就支配着西方传统。理论（theoria）对实践（praxis）的优先性在柏拉图的《王制》和亚里士多德的《政治学》与《伦理学》中被大力提倡。阿伦特（Hannah

---

Politics"，收于 *Foreign Policy Decision-Making*, Glencoe, 1962, 页14–185。

Arendt)写道：

> 柏拉图的政治哲学中[可以发现]，沉思对于任何种类的、包括行动在内的活动的巨大优越性……在柏拉图这里，城邦生活的乌托邦重构不仅为哲人的高超洞见所引导，而且除了使哲人的生活方式成为可能之外没有其他目的。①

施特劳斯自己关于柏拉图也曾写道：

> ……政治生活的终极目标不可能由政治生活来达到，而只能由一种致力于沉思、致力于哲学的生活才能达到。这一发现对政治哲学至关重要，因为它为政治生活，为一切政治行动及政治规划设定了限度。而且，它暗示哲学生活乃是政治哲学的最高主题；哲学……如其所是的那样，提供了解决使政治生活变动不居的问题的方案。②

对施特劳斯来说，哲学化在本质上"意味着从洞穴向阳光，也就是说，向真理的上升"，在那里存在着"'天佑之福地'——对真理的沉思"。③ 要说明这一命题，我们必须理解他对马基雅维利的批判。对施特劳斯而言，马基雅维利犯下的最严重罪行，与其说是创立了权力政治的非道德世界，不如说他要为一种理智主义的亵渎负责。也就是说，马基雅维利贬低了政治生活的古典标准，从而改变了自己的哲学观念。施特劳斯将会说，在《君主论》(*The Prince*)

---

① Hannah Arendt, *The Human Condition*, Chicago, 1958, 页15。[译注]中译参见阿伦特，《人的境况》，王寅丽译，上海人民出版社，2009，页6-7，译文有改动。

② *What Is Political Philosophy? And Other Studies*, 页91。

③ *What Is Political Philosophy? And Other Studies*, 页92。

里，政治哲学仅仅成为一种"政策科学"或治国之术，而"智慧"也变成了"权术"(craftiness)。"智慧，"他写道，"对马基雅维利来说，并不是一个重大的主题，因为正义于他而言也不是一个重大的主题。"① 他继续写道：

> 与其说在马基雅维利的思想中哲学的地位开始变得模糊暗淡，或许还不如说，在他的思想里哲学的涵义经历着一种演变。古典学说理解把握道德政治现象所依据借助的，是人的最高德性或完美性，是哲人的生活方式，或者说是经过冥思苦索的生活方式。和平对于战争所具有的优势，或者说，闲暇自得对于日夜繁忙所具有的优越性，反映了思对行或实践的优越性。②

沉思或知识(episteme)是对思想的纯思。正如亚里士多德所说，它关注"超越其自身的没有对象的思想"。③ 知识沉思着"存在之为存在和本质上(per se)属于它的东西"。④ 纯理性认知(noesis)是"对思想作为被称为理论(theoria)之思想的积极占有"(同上，页15)。理性活动是必然的、永恒的和普遍的真理(aletheia)。因此，恰如马克斯(Werner Marx)所说，哲学知识(或纯理性认知：noesis)

---

① 施特劳斯，*Thoughts on Machiavelli*, Glencoe, 1958, 页295。另参见 *History of Political Philosophy*, 施特劳斯与 Joseph Cropsey 编, Chicago, 1963, 页245。[译注]中译参见施特劳斯，《关于马基雅维利的思考》，申彤译，南京：译林出版社，2003，下同；施特劳斯和克罗波西合编，《政治哲学史》，李天然等译，石家庄：河北人民出版社，1993，页341。

② *Thoughts on Machiavelli*, 页295。

③ 亚里士多德，《政治学》，Ernest Barker 英译，Oxford, 1948, 页289。

④ Werner Marx, *The Meeting of Aristotle's "Ontology"*, The Hague, 1954, 页4。

对亚里士多德而言就是

> 一种在它们成为思之思想或成为由直觉所把握的思想的实现中对思想之主题内容的"占有",纯理论性知识(noeta)。它是对这些纯理论知识的一种超越年代时间的揭蔽。(同上,页21)

在亚里士多德那里,自然(physis)"就是关于特殊自然的原理或本性"(同上,页23),它也是超时间的。哲学知识追求"关于终极原因的原理",并且知识和自然的关系在于,前者必定属于后者(同上,页22)。哲人是那种在其纯理智认知活动中"'看到'自然的统一性"的人(同上,页60)。一个人只有以"哲学态度"才能"看到"自然的统一性。这种"观看者"(seer)不是别人,正是哲人。因此,哲人(philosophos,爱智慧者)要去追求哲学知识或原理与事物之终极原因所归属的自然。理论生活从实践(empeiria)生活中分离出来。思考纯粹思想的哲人的活动也从其他人的活动中分离出来,即,从"自然态度"中分离出"哲学态度"。① 在亚里士多德那里,在

---

① Werner Marx 谈到亚里士多德以下方面:

> 事物是如此秩序井然,甚至在接近于所有种类的常识的"自然"行动和认识时,它们依然拥有一种相对于思考其作为存-在(qua be-ings)的哲学的纯理论认知而言使其容易理解的"作为"(qua)结构,作为纯理性认知之物。为了掌握这种确定结构,哲人并不否认他们拥有其他的通向存在之途径(ways-to-be)……也就是说,存在着两条行动和认知之路,自然之路和哲学之路。[事物]之结构如此明确,以致它们在两条路上都可以被接近。对我们来说,这似乎是亚里士多德的命题。它们可能拥有不止两条通达的道路,只是人或许没有、或尚未发展出通达它们的能力。(同上,页26)

施特劳斯那里亦然，"哲学态度"不仅不同于，而且作为思想传承之首要性的逻辑上的必然结果，要优越于"自然态度"。

现在，对施特劳斯而言，就像对亚里士多德那样，人依其自然就是一个社会的、政治的动物，否则他非神即兽。亚里士多德在他的《政治学》中明确表示，只有在政治联合中人才能达到完善自足（autarkeia）的最高阶段。在《尼各马可伦理学》中，他把自足规定为"独处时使得生活愉悦而又无所欠缺的状态"。① 在施特劳斯那里，"哲人拥有人所可能拥有的最大自足"。② 正是此处，在协调"相对于永恒存在者的哲人属性"和"相对于人的人之自然属性"时出现了两难困境。谁更满足，哲人还是政治人？柏拉图在《王制》中以"哲人王"的理念来解决这个问题。亚里士多德也处理了"好人"与"好公民"的问题，后者是一个相对概念，即，相对于某种特殊的政治体制。和柏拉图一样，亚里士多德得出结论：仅仅在统治者身上，"好公民之优秀才与好人之优秀一致"（《政治学》，前揭，页103）。然而，两难困境依然存在，因为并不是每一位哲人都是或都能够成为统治者。在亚里士多德看来，这种两难的最终答案很清楚：就终极的和自足的某种圆满之幸福是活动的目标而言，沉思活动是圆满之幸福。就如施特劳斯谈到亚里士多德时所言：

> 困难因如下事实而突显，即个体之最高目标是沉思。他似乎通过主张城邦如同个人一样也能够是沉思的而解决了这个困难。然而，很显然，城邦最多也只是相对于沉思生活的

---

① *The Basis Works of Aristotle*, Richard McKeon 编, New York, 1941, 页942。
② 施特劳斯, *On Tyranny*, Glencoe, 1963, 页214。

一种类似物……［他达到了这样的结论：］人并不仅仅是公民或城邦。人单单以其最好的东西就超越了城邦。（《城邦与人》，前揭，页49）

进而，亚里士多德还持有如下观点：闲暇或沉思生活不仅是幸福的，而且，这种生活并不比劳作或行动的生活更少积极性。他说，

> 善行（well-doing）没必要是……一种关涉他人关系的生活。我们的思想不应该被认为仅当它们指向必须通过行动才能获取的对象时才是积极的……纯粹为其自身之故而进行的沉思与反思之训练，更配得上积极奋进之名。（《政治学》，前揭，页289）

施特劳斯的本质主义命题在如下观点中达到了顶峰：政治哲学不是对政治的哲学处理，而是对哲学的普及化的政治性处理，其目标则是将政治生活转变为哲学生活。① 对他来说，真正属人的东西就是"神圣的"沉思或智慧；不是"工作而是思考构成了人之人性"，智慧是"人的目的"（《论僭政》，前揭，页224）。

施特劳斯接受了关于理论相对于实践的首要性的古典本质主义学说，考察了这一点之后，现在，从晚近人的行动的哲学立场上对他做出一些批判评论十分恰当。首先，古典本质主义割裂了思想和行动，因此而产生了二元论；其次，古典本质主义是一种非关系性的（也即非社会性的）哲学，由于这个原因，它在一种非常根本的意义上实质性地对立于政治或社会哲学，因为政治的或社会的

---

① *What Is Political Philosophy? And Other Studies* 页93-94。

事物必然总有关系。

首先，柏拉图和亚里士多德确立了理论生活是唯一好生活的观念，这一传统长期受到追捧，施特劳斯就是这一传统的忠实信徒。相当明显，某种唯理智主义的信念引导亚里士多德一方面宣称思想并不比行动更少积极性，另一方面又断言积极的行动并不必然关涉到对他人的关系。布伯(Martin Buber)指出，

> 希腊哲学的历史是一种思想之反光(opticizing，或译"镜像")的历史，滥觞于柏拉图，完善于普罗丁(Plotinus)。这种视觉思想(visual thought)的对象是普遍的存在或作为比存在更高的一种现实性。①

同样，麦克马雷(John Macmurray)称之为不涉及行动的以理论为中心的哲学，②"纯理论的形而上学之谜"。他想起的是基尔克果的批判，后者将那种视真理是存在与思想的同一的学说批判为"一种抽象怪兽"。③思想处于积极奋进之中(in-active)，这里两种意义均蕴含在内，并且仅当我们把行动考虑为首要的和先于思想之际，才能获得思想和行动的统一。理论活动在这个世界之中(in the world)被运作或施行，并且它就是这个世界(of this world)的做或行。海舍尔(Abraham J. Heschel)说：

> 没有任何思想是一座孤岛……真正的思想来源于与世界的碰撞。我们不仅在概念之中思考；我们在这个世界之中思

---

① Matin Buber, *Eclipse of God*, New York, 1957, 页40–41。
② John Macmurray, *Persons in Relation*, New York, 1961, 页215。
③ Soren Kierkegaard, *Concluding Unscientific Postscript*, David F. Swenson 与 Walter Lowrie 英译, Princeton, 1941, 页176。

考。思想是人对世界之总体关系的回声。①

威尔德也写道,"理论认知和言说预设了这个世界。它们自身是在世存在的特殊方式。"② 真理和哲学别无所求,只是通过行动探察自我与其世界之间的辩证关系(dialectic mediation)。只有在这种意义上,才能获取理论与实践的统一。如同约翰娜(Robert O. Johann, S. J.)所言:

> 在理论与实践之间割裂的空间,两者将在一种真正的整体中融合。哲学不仅解释生活,而且帮助建构生活。它的任务是致力于一种没有它便不能具有的经验高度和模式的实现,一种在其中思想和行动、知识和现实融合为一的高度的实现。③

与此相反,古典本质主义主张建立思想与行动的二元论,最终导致思想与生活现实毫无关联。这种二元论产生于认为思想先于并优越于行动的"言过其实的唯理智主义"。然而,严格说来,生活要比思想更伟大、范围更广阔,思想构成了称为生活的整体之一部分。

第二,指向理论的古典哲学是"独白性的"(monological)或"自我中心的"(egocentric)。它所以是自我中心的(或独白性的),是因为理论活动就其自身本性而言是一种孤独的、没有参与者的游戏,在其中思想者是一个将自己从行动的世界中割裂开来的"事

---

① Abraham J. Heschel, *Who Is Man?*, Stanford, 1965, 页81。

② "Christian Rationalism", 收于 William Earle, James M. Edie and John Wild 合著, *Christianity and Existentialism*, Evanston, 1963, 页58。

③ Robert O. Johann, S. J., "The Return to Experience", 载于 *The Review of Metaphysics*, XVII(March 1964), 页339。

不关己的旁观者"。思想者作为思想者,并不在与其他行动者的关系中参与到世界中去。作为与理论性活动相反的一面,行动是"对话性的"(dialogical)或"他者中心的"(heterocentric)。[1] 只有行动才是他者中心的,因为它是自我(作为行动者)与其他行动者积极相遇。简而言之,它正是"我与你"均作为行动者的"一种例示"。[2] 因此,行动的哲学必然是对话性的或他者中心的。韦伯勾画出什么是社会的,以区别于什么是非社会的。在他的描述中,行动并不是社会性的,"如果它单单指向无生命对象的行为的话";仅当行为指向其他行动者时它才是社会性的。"沉思"(思想)无非"孤独的祈祷",它是非社会性的,因为它根本不关涉与其他行动者的实际关系,[3] 我们可以说,哲学反思是思考仅仅对于思想对象而言的主体关系,因此它不是社会性的。

三

对施特劳斯而言,实证主义包括"政治的新科学"是单单根据

---

[1] "独白的"与"对话的"这两个术语取自布伯。对这两个术语的阐释,尤其参见 *I and Thou*, Ronald Gregor Smith 英译,第二版, New York, 1958; *Elements of the Interhuman*, Ronald Gregor Smith 英译,收于 *The Knowledge of Man*, Maurice Friedman 编, London, 1965,页72-88;另参 *Philosophical Interrogations*, Sydney 与 Beatrice Rome 编, New York, 1964,页16-45。"自我中心的"和"他者中心的"两个术语由麦克马雷所创造,他是当今声名卓著的"行动哲人"之一,他的哲学与布伯"对话的哲学"最为切近。对这两个术语的阐释,尤其参见 *The Self as Agent*, New York, 1957,页62-103,以及 *Persons in Relation*,页15-43。

[2] Macmurray, *Persons in Relation*,页128。

[3] Max Weber, *The Theory of Social and Economic Organization*, A. M. Henderson 与 Talcott Parsons 英译, New York, 1947,页112。

自然科学的程序来规定真理和经验的学说。① 从自然权利的古典标准来判断，这种学说所犯的主要错误是"应然"（Ought）与"实然"（Is）的区分，即依施特劳斯之见连韦伯也在加以鼓吹的道德中立主义。因此，新政治科学并没有也不能提出关于最佳政制的问题。

在实证主义那里，价值淹没——用沃格林（Eric Voegelin）的表达方式——"在事实的海洋之中"。② 施特劳斯可能会批判实证主义的如下观点：评价（也就是价值判断）根本没有任何客观性可言，因此缺乏任何认识论上的有效性（或"意义"），因为它只是对主

---

① 施特劳斯对政治的科学学派所作的批判极为突出，虽然是在一种修辞的意义上。比如他写道：

> 只有极傻的人才会把新政治科学称作魔鬼般的：它根本不具有独特的堕落天使的性质。它甚至不是马基雅维利主义，因为马基雅维利的教诲优美微妙而特色鲜明。它也不是尼禄主义的（Neronian）。不过，一个人可以谈论它，当罗马烧成一片灰烬时它却无所事事。它由于两个事实而能够得到原谅：它并不知道它是无所事事的，以及它并不知道罗马烧成了一片灰烬（"跋"，页327）。

沃格林列出了当代科学信条的三个原则：

> 一，自然现象的数学化科学是一切其他科学必须与之相一致的一种模范科学；二，存在者的所有领域沿着关于现象的科学方法都是可以通达的；三，一切由现之科学不能通达的实在或者是不相干的，或者，在更为极端的教条形式中，是幻象。（"The Origins of Scientism"，载于 *Social Research*, XV, December, 1948，页462。）

另参 John H. Hallowell, "Politics and Ethics"，载于 *American Political Science Review*, XXXVIII（August, 1944），页639–655。

② Eric Voegelin, *The New Science of Politics*, Chicago, 1952, 页8。

体情绪的一种突然暴发,所以"在经验上是无法证实的"。所讨论的问题其实是一个方法论问题,即它是关于方法的问题,以这种方法,经验才能够有效。施特劳斯反对科学的帝国主义,后者将应然的重要性悬置不论或予以忽视,因而,作为结果,它鼓励了一种道德上的中立主义。他主张,社会科学家不能从整体上对价值免疫,仅仅因为他也是社会的一个成员。同样,很多存在主义和现象学的分析表明,价值和规范是生活世界(the life-world)的构成要素。①威尔德坚持认为:

> 在生活世界(Lebenswelt)之中,价值并不是一个后置条件。它对事物是构成性的……一种人类文化不是将赞成与不赞成外在地加于其上的中立结构。它就是赞成与不赞成的结构本身。②

然而,必须强调,在存在主义与亚里士多德主义(因此也即施特劳斯主义)对人类价值的分析之间,存在着不可还原的差异,因此,在二者对实证主义的道德中立性的批判态度之间,也有这种差异。存在主义对实证主义的批判比施特劳斯的批判更为极端,因为它抓住了价值问题的本体论的而非仅仅是方法论的根本。在存在主义者的分析中,就什么是人的与什么是自然的之间,一方面有本体论的区分,另一方面也有方法论的甄别;后者植根于对前者的确认。它既反亚里士多德主义,也反实证主义。

在亚里士多德主义的分析之中,人与自然的本体论上的统一,意味着它们共属于相同的自然(physis)与习俗(cosmos)的普遍系

---

① 比如,参Frederick Patka, *Value and Existence*, New York, 1964。
② *Existence and the World of Freedom*,页54。

统之内；作为与人类秩序相关的自然在本质上是规范性的，也即是说，应然或善是与自然相一致的应然与善，虽然其对立面是对它的歪曲。① 然而，存在主义的命题在接受关于自然与历史，以及随后关于自然科学（Naturwissenschaften）与人性（Kulturwissenschaften）之间的现代区分的意义上，又是反亚里士多德主义的，它坚持需要一种极端不同的方法来展开对什么是人的考察。海德格尔主张，对此在（Dasein）的分析，即，对基本存在论的分析（Fundamentalontologie），是普遍存在论的起点。正如洛维特（Karl Löwith）所言，对海德格尔来说，人的生存是"存在论兴趣的终极根源同时也是终极目标"。②

存在主义分析是反实证主义的，因为实证主义迫切要求本是应用于自然科学的方法也能够以相同的有效性运用于社会（或人类）科学，从而在这两者之间强加了方法论上的统一性。比如说，威尔德区分了"科学事实"与"世界事实"，并坚持认为客观性科学不可能充分掌握"世界事实"，即，不可能充分领会本质上是人的和隶属于人之领域的事物的事实。对人的事实的分析需要"现象学方法"，这种方法尝试从生活内部刻画人之在世生存的意向性和关系性结构。③ 然而，这并不意味着存在主义和现象学分析放弃了自然；相反，世界包含着自然作为其重要面相——就后者被带入人之生存的关系中而言。④

---

① John Wild, *Plato's Modern Enemies and the Theory of Natural Law*, Chicago, 1953, 页157及以下。

② Karl Löwith, *Nature, History, and Existentialism*, Arnold Levison 编, Evanston, 1966, 页36。

③ *Existence and the World of Freedom*, 页50-59、66-79、86-97。

④ 列维森, 对洛维特的"编辑导论", 前引书第xx页。威尔德论及生

四

施特劳斯进一步批判了新政治科学,因为与古典政治科学相反,它低估了政治人的语言和常识理解的重要性。他认为"亚里士多德政治科学的语言与政治人的语言若合符节"(《跋语》,页310),然而新政治科学却将市场语言①当作含糊不清和不甚精确的言谈而加以拒绝。因此,施特劳斯这一颇值得注意的洞识在于,就亚里士多德的自然世界的观念作为普通政治人的常识世界而言,施特劳斯赋予其一种新的意义。他写道:

> 政治科学立足于对政治事物的前科学意识的真理,否则它就将衰落。……我们对人和事的理解比任何"知识理论"——对我们理解人和事如何可能的任何阐释——更加显明和更加可靠——也能够如此;任何"知识理论"的真理都依赖于其对这种根本可靠性给出一种恰当说明的可能性。(同上,页315)

而且,在提到亚里士多德时,施特劳斯写道:

> 《政治学》包含着政治科学的原初形式:在那种形式中,政治科学无非是对政治事物之常识理解的充分意识的形式。古

活世界(Lebenswelt)之中的四种现象,其中之一是"自然"之域,其他三种分别是"人自身"、"他者与人类文化之域"和"超验之域"。*Philosophical Interrogations*,页177。

① [译按]市场语言(language of the marketplace),指古希腊时期人们在市场中进行的各种交谈与辩论,例如柏拉图对话中以苏格拉底为典型的那种交谈方式中所使用的语言。

典政治哲学是政治科学的首要形式,因为对政治事物的常识理解是首要的。(《城邦与人》,前揭,页12)

同样,在现象学运动中,一种切近生活世界(the life world)的精深研究已经得以开展,并引起了哲学反思。① 现象学试图揭示并阐明直接生活经验的意义,并将其如其赤裸地被给予的那个样子与人的在世存在关联起来。② 舒茨(Alfred Schutz)强调生活世界的主体间的(或社会的)特征,他把这种特征称为"社会实在"(social reality),即

> 在社会文化世界之内的对象和事件的总和,它被在其同伴之间过着日常生活的人们的常识思考所经验,并在相互影响的多方面关系中与他们关联在一起。③

正是胡塞尔在其哲学生涯的最后阶段首次讨论了生活世界(Lebenswelt),并将之看成作为哲学化原料的前理论世界。④ 早在1927年,海德格尔也在其对人的此在的现象学分析中引进了"在世

---

① 施皮格伯格(Herbert Spiegelberg)指出,与后胡塞尔现象学有关的两个主要领域是生活世界(the life-world)和主体间性(intersubjectivity)。Herbert Spiegelberg, *The Phenomenological Movement*, 卷一, The Hague, 1960, 页157。[译按]中译参王炳文、张金言译本,北京:商务印书馆,2011。

② Edmund Husserl, *Cartesian Meditations*, Dorion Cairns英译, The Hague, 1960, 页177。

③ Alfred Schutz, *Collected Papers I: The Problem of Social Reality*, Maurice Natanson编, The Hague, 1962, 页53。

④ *Die Krisis der europäischen Wissenschaften und die transzendentale Phanomenologie*, Walter Biemel编, 第二版, Den Haag, 1962, 页123以下。[译按]中译参王炳文译本,《欧洲科学的危机和超越论的现象学》,北京:商务印书馆,2001。

界之中"(Being-in-the-world: in-der-Welt-sein)的观念。① 他在《存在与时间》一书中革命性的独创性,正如洛维特明智地指出的,"首先在于把日常交谈的语言变成一种哲学术语"(同上,页56),而对海德格尔来说,语言是存在之家,其看护者是人。② 威尔德进一步论证了这种前概念的认知与经验的结构是"一种生存论上的先验"(an existential *a priori*):

> 存在着一个由满足我们三种先验标准的稳定结构所标志的感知世界。它们对所有人而言都普遍而必然地保持有效性。它们以特殊经验为条件,并由日常语言和科学所预设。最后,它们通常被隐藏于我们所关注的对象的边缘,需要经过训练的现象学方法才能清晰地聚焦于其上。③

依据以上所作分析,我们可以说,施特劳斯关于自然世界的说法与亚里士多德一样,都是相当"现象学的",而这似乎并不是完全的偶然,因为他认识到胡塞尔和海德格尔是"最近四十年来四位最伟大的哲人"中的两位——另两位是柏格森(Henri Bergson)和怀特海(Alfred North Whitehead)——尽管他时而批评这四位哲人丝毫也不关心政治哲学。④ 与施特劳斯论题相关的生活世界现象学分

---

① John Wild, "Husserl's Life-World and the Lived Body",收于 *Phenomenology: Pure and Applied*, Erwin W. Straus 编, Pittsburgh, 1964,页10。关于海德格尔本人对于"在世界之中"的讨论,参《存在与时间》,前揭,页78–224。

② "Über den 'Humanismus'",收于 *Platons Lehre von der Wahrheit*, Bern, 1954,页53。

③ "Is There an Existential A Priori?" Michigan State University 讲座, 1966年4月,页10。

④ *What Is Political Philosophy? And Other Studies*,页17。在为纪念已故

析有两点:第一,科学或哲学知识(episteme)预设了前科学或前哲学的意见(doxa),后者即是关于政治的(也即自然的)人的常识理解;第二,前者依赖或起源于后者。通过描述生活世界现象学尤其是由舒茨提出的"自然态度"(natürliche Einstellung)的构成性现象学,我希望阐明施特劳斯的哲学本质主义观念并准确地找出其缺陷。

对施特劳斯而言,准确地说,什么才是这种"前科学的"或"自然的"世界?正如他的描述,它是"我们生活和行动于其中的世界",并且它

> 不是一种理论性态度的对象或产物;它不是我们与之纯然分离地观看的对象世界,而是我们对之劳作的"事物"或"事务"世界。①

在这个世界里,政治事物"展示自身于政治生活、政治行动之中"。② 施特劳斯批判韦伯的错误,认为他没有尝试"对于'常识'所了解的社会世界或人们在社会生活或行动中所了解的社会实在进行融贯的分析"(同上)。按照施特劳斯的看法,我们不可能以我们现在所生活于其中的世界来规定前科学世界,因为前者

利兹勒(Kurt Riezler)而举办的一个演讲会上,施特劳斯对海德格尔的思想做过几句简短的评论,他说:"海德格尔远远超出他同时代的所有人。"(同上,页246)可能还要加上如下一点:施特劳斯学派跃向柏拉图和亚里士多德,在精神上类似于海德格尔,他回到前苏格拉底希腊思想家帕默尼德和赫拉克利特,以追寻西方思想中存在意义的起源,尽管在目标和结果上完全不同。我已经在 "A Post-Polemic" 一文对此作了简要评论,载于 American Political Science Review, LVIII(June, 1964),页400–401。

① *Natural Right and History*,页79。
② *Natural Right and History*,页77。

已然是科学的产物。更不用说由于技术,我们所生活于其中的这个世界摆脱了要不是科学的存在本来盛行不衰的鬼怪、巫术等等之类的东西。①

因此,

> 要把握住本质上前科学或前哲学的自然世界,人们就得回到科学或哲学初露之前。为此目的,人们并无必要从事广泛的并且必定是假说性质的人类学研究。②

这或许就是建议我们必须回到自然和自然权利的纯粹形式。然而,困难在于:如果像施特劳斯所说,哲学和政治哲学与对自然和自然权利的发现是同时的,那么,我们如何从哲学世界中分别出自然世界?

如同现象学所做的,仅当作为"前科学世界"(vorwissenschaftliche Welt)的生活世界在本质上被理解为一个非历史概念时,才能解决这一困难。也就是说,一个人不必回到科学或哲学产生之前的世界以便理解这种前科学世界。因此,并没有"前科学的"知识。威尔德解释说:

> 以世界这个概念,胡塞尔并不意指一个事物,也不指任何对象,而只是一个最终的视域,在其中所有这种对象和个体个人都实质性地被在日常生活的"自然态度"中加以理解。这种具体经验的视域与通过局部和抽象的透视法唯一只关注对

---

① *Natural Right and History*,页79。
② *Natural Right and History*,页79-80。

象的科学的对象性视域尖锐对立。①

因而,"前反思的"(prereflexive)或"前肯定的"(prepredicatve)世界这两个术语比术语"前科学世界"更恰当充分地揭示了它的意义:它是"前概念的""前逻辑的""前哲学的",在这个意义上,概念化、逻辑性和哲学都是反思性活动;而这种前反思的知识是反思性科学知识(Wissenschaft)的"母体"(matrix)。用同样的标志,生活世界就是

> 先于知识的(世界),知识总是谈及的这个世界,并且与作为抽象的和衍生的符号化语言的一切科学系统化相关联,就像地理学关联着国界,在其中我们已经预先知道了什么是森林、草原和河流一样。②

那么,如果我们将前科学世界看作一种历史概念,要将之确定并理解为"我们生活于其中的世界"就确实存在困难。斯特拉色(Stephen Strasser)提出,"前科学的"这一术语与"我们私人的认识生活的某个层面"有关;它涉及"人的感知和统觉生活"。③ 威尔德进一步阐述道:

> 前概念的经验并不是不连续印象的混乱杂多,而是一个包含大量从属世界和地域的广阔的世界视域。我相信当今现象学已经表明,语言意识的这些基本特征,如意向

---

① *Existence and the World of Freedom*,页41。
② Merleau-Ponty, *Phenomenology of Perception*,页ix,页viii。另参 *The Primacy of Perception*, James M. Edie编, Evanston, 1964,页13。
③ *Phenomenology and the Human Sciences*, Pittsburgh, 1963,页71。

性（intentionality）、意义（meaning）、时间性（temporality）、滞留（retention）、前摄（protention），在对这一术语的一种广阔意义上的理解以及有目的的追求，都已在感知的层面上展现在眼前，在这个层面上，对象以其原初的活生生的到场被呈现给我们。这一世界弥漫着晦暗模糊，因为感觉由其对象所支配，而其边缘总是暧昧不明。但是相似性和差异性却可以辨认出来。秩序和意义以一种混乱的方式呈现，并将在语言上得到阐明、确定和交流。由此理性就不会出现如下情境：作为完全相异的入侵者侵入经验混沌之中，在那里秩序必须被从无（ex nihilo）中创造出来。阐释、意义的实现和交流的方法已经准备好了。①

和施特劳斯一样，舒茨坚持认为社会科学的创立和模式"基于社会实在的前科学的常识经验"。② 舒茨声称，实证主义和自然主义低估了这种社会实在。然而，与施特劳斯不同的是，舒茨主张对社会实在的分析只有从"主体的观点"才能获得，也即是说，"要按照行动者对行动及其情境进行解释"（《论文集》卷一，前揭，页34）。他对行动的"主体分析"意味着行动必须从行动者的"计划与动机的整个系统"出发来理解，而不是从观察者或事不关己的旁观者角度来理解。因此，当行动被"主体地"加以确定时，它就是"作为由行动者提前设计出来的、正在进行之中的过程的人之行为，即，它奠基于预想的规划之上"（同上，页67）。在这方面，舒茨对社会实

---

① *Is There an Existential A Priori?*，页11。

② Alfred Schutz, *Collected Papers II: Studies in Social Theory*, Arvid Brodersen 编, The Hague, 1964, 页21；另参 *Collected Papers I: The Problem of Social Reality*, 页6—7。

在的现象学分析与韦伯的社会学方法重合。①对韦伯来说,"主体性理解是社会学知识的独有特征"(《社会理论与经济组织》,前揭,页103-104)。尽管施特劳斯批判他割裂了应然与实然的关系,但韦伯在任何意义上都不是一位实证主义者。因为如韦伯所说:"我们能够获得自然科学中从未获得的东西,即,对构成性个体之行动的主体性理解。"(同上,页104)

科学家之为科学家或哲人之为哲人,即,理论者,其关键在于他不能作为行动者直接参与到生活世界之中。生活世界是原初的和首要的,因为理论化世界必须预设它的存在:它"无论对在世界中劳作的人还是对进行理论化的思考者而言都是预先被给予的(pregiven)"(《论文集》卷一,前揭,页247)。因为它是"我生活于其中"的世界,而不是"我思考着"的世界,特别是,理论问题尚未在其中产生,尽管其后产生了那些理论问题。内坦森(Maurice Natanson)指出,

> 这种"生活世界"的重要性,并不是其作为知识的地位,而是它作为人之行动的意义基础而倍受关注。②

生活世界是一种独特的历史和自然世界。人们在其中出生、生活并死亡。它不仅是爱与欢乐的世界,还是恨与悲伤的世界。它是这样的世界:我们于其中发现"公路、耕地、村庄、街道、教堂、

---

① 参 Alfred Schutz, *Der sinnhafte Aufbau der sozialen Welt: Einleitung in die verstehende Sociologie*, Vienna, 1932, 1960年再版。这一著作被列入威尔德总编的"西北大学现象学和存在主义哲学研究"(North western University Studies in Phenomenology and Existential Philosophy)的翻译计划之中。

② Maurice Natanson 编, *Philosophy of the Social Sciences: A Reader*, New York, 1963, 页188。

工具、一口钟、一把勺、一管烟。这些物件中的每一个都被它所服务的人的行动所铸造"。① 包含于生活世界之中的前反思性知识本质上注重实效且讲究功利,因为知识与其说为知而存在,不如说为行而存在。在这个层面上,知识是直接的,而不是在反思意义上是间接的。它是"行动中的知识",也即是说,是伴随着一种行动观的知识。

另外,情感是行动的一个重要因素,因而也是生活世界的一个重要因素,行动总是在情感之中被执行。由于认识到这一基本事实,行动的伦理学就与唯理智主义的伦理学和伦理学的情感理论完全不同。然而,行动哲人并不主张行动都是非理性的,原因很简单,即行动蕴含着人的理性。与其说理智是使人区别于其他存在者的东西,不如说人真正的差异性特点(differentia)是行动,因为只有人才能够去行动。过去,一种唯理智主义的偏见将我们引入歧途,认为理性或合理性与理智完全一致,② 最终导致一种真正的行动伦理学变得毫无意义,因为它只对理智或沉思的伦理学感兴趣。当合理性与理智完全同一时,唯一的理性行动就是理智活动,也即是说,确立思想的至高无上性。尽管由于其本性,行动世界是一个比思想世界更为晦暗不明和情绪化的世界,但认为它是一个盲目、混乱和冲动的世界,却是一个错误。为了在一切方面公平合理,我们必须说,情感拥有其自身的合理性,因而我们不仅要谈论理智的合理性,还要说明情感的合理性。理性主义论证的缺陷就在于把理性(reason)与智性(intellect)混为一谈,由此而必然将生活世界

---

① Merleau-Ponty, *Phenomenology of Perception*, 页347。

② 参John Macmurray, *Reason and Emotion*, 第二版, New York, 1962, 页5; 另参V. J. McGill, *Emotions and Reason*, Springfield, 1954, 页25以下。

看作洞穴世界,如此一来,理性主义者就完全忽略了考察人的情感的丰富领域和它在生活世界中承担的角色。存在主义作为人的行动的哲学,严肃地关注对人的行动和生活之完整性来说必需的情感问题,这并非纯粹的偶然。

五

如前文所言,我们可能会说,对存在主义的思考模式和施特劳斯的本质主义思想来说,最起码,相对于哲学活动,普通人的常识理解的价值和优先性都是二者所共同强调的方面。虽然如此,但二者根本不同的地方在于,前者关注作为人之生存的一个不可分割的维度的历史性,相反——我将表明——施特劳斯的本质主义思想则完全忽视了它的存在。

在批判历史主义时,施特劳斯列举了两种类型:"理论的历史主义"和"存在主义的历史主义",后者是"极端的"或可能比第一种更加极端,虽然确切地说,施特劳斯用"极端的"这个词,其意指并不明确。同样,法肯海姆(Emil L. Fackenheim)也把历史主义批评为自我矛盾的理论,但他却将海德格尔看作比柯林武德(Collingwood)更具革命性的思想家。① 首先,施特劳斯主张历史主

---

① Emil L. Fackenheim, "Metaphysics, Historicity and Historicism", 载于 *The Personalist*, XLVI(January, 1965),页45。法肯海姆的推论与施特劳斯不同。法肯海姆论证说,关于历史性的理论预设了自我建构(self-making)的观念,即"行动中的人构制或建构了他自身",并且自我建构的理论可以发展出三个不同的方向:历史主义、黑格尔主义和存在主义。他评论道,存在主义的命题

> 是黑格尔主义和反历史主义的,只要看到其主张如下观点就足以表明这一点,即人之存在能够产生根本性的哲学自我反思,然而同时又

义的一切形式都是错误的，因为它们明确或隐含地否认"历史客观性是可能的"，即，否认人能根据自己的理解来理解历史上某位思想家对真理的理解。他们否认"历史经验"确实的形态。第二，施特劳斯对历史主义更为严肃的反驳是：它否定植根于自然和自然正当之中的永恒真理。他写道，历史主义"忽略或扭曲了"关于"正确和错误"的经验，而这种经验是"自然正当是否存在的哲学争辩的基础"。①

因此，对施特劳斯来说，要完全解决超历史时间的真理是否可能的问题，历史主义问题就无法回避。正如他的主张，"由于社会和人类思想在本质上的历史性"，历史主义拒斥关于好的社会的观念。② 对施特劳斯来说，哲学并不仅仅是对时代精神（Zeitgeist）的某种表达，而是在某种意义上超越了一个时代的历史条件；它既是超历史的，又是超社会的。由于混淆并拒绝了"哲学和历史问题的根

足以表明它是反黑格尔主义的，因为它否认黑格尔主义的处境的超越性（transcendence of situatedness）。（同上，页47–48）

那么，根据法肯海姆的看法，存在主义在历史主义与黑格尔主义之间采取中间立场。

① *Natural Right and History*，页32。
② *What Is Political Philosophy? And Other Studies*，页26。施特劳斯注意到实证主义与历史主义的区别，后者拥有如下四个方面的特征：

(1)历史主义抛弃了事实与价值的二分，因为每一种理解，无论其多么具有理论性，都蕴含着特殊的价值评价。(2)它否认现代科学的权威性，后者不过是世界上诸多人类思考方式中的一种。(3)历史主义拒绝将历史过程看作在根本上是进步的，或更一般地说，它拒绝承认历史过程是合理的。(4)它否认进化论者的命题的切题性，辩称从非人向人的进化无法使人的人性得到理解。

本差异",历史主义坚持"人类思想是历史的,所以不可能掌握任何永恒",而这正是批判历史主义的缘由。① 施特劳斯论证的要点指向反驳哲学真理的相对性主张。因此,他会拒绝柯林武德的观念,后者不仅坚持"形而上学预设是无法证实的",更极端的是,还坚持"形而上学预设的有效性依赖于它们的历史情境"。② 如果施特劳斯正是以历史主义意指一种历史相对主义——我认为他就是如此,那么,存在主义对人类历史性的关切,就绝不是一种历史相对主义。比如说,海德格尔"只是通过将历史性自身绝对化……〔而〕获得现代历史主义的自我救赎"。③

施特劳斯的本质主义姿态或许可以用下面两条原则加以概括。第一,人是一个完善的整全,拥有永恒不变的结构;人之拥有永恒不变的结构是指,成为人就是或将要永远保持为同一;施特劳斯说:"存在"就是"一直存在"。第二,作为整体的人,就包括他的未来,他作为思想的对象是完全可知或可理解的,也即是说,人的未来能够由思想得以预见和预测。④ 这种观点我将称之为本体论的决定论(an ontological determinism)。施特劳斯从永恒的自然本质的层面看待哲学或知识理论。自然本质包括被称为理性动物的人的存在,而其他非人的存在者或事物也同样拥有一种本质形

---

① *What Is Political Philosophy? And Other Studies*,页57。

② Fackenheim,"Metaphysics, Historicity and Historicism",页45;另参 *Metaphysics and Historicity*, Milwaukee, 1961,页11.

③ Löwith, *Nature, History, and Existentialism*,页18。另参Calvin O. Schrag, *Existence and Freedom*, Evanston, 1961,页16-17、146,另参George Joseph Seidel, *Martin Heidegger and the Pre-Socratics*, Lincoln, 1964,页156,页15-26。关于海德格尔自己的分析,参《存在与时间》,尤其参页424以下。

④ *Natural Right and History*,前揭,页30-31。

式(essential form)。亚里士多德说,作为哲人就是去认识这种自然的统一性。相反,存在主义是一种本体论上的非决定论:人之存在(human *being*)在根本上是不完善的,因为他的未来尚需实现,而作为其生存的构成部分的思想亦是有限的,因为它不可能决定或预测未来。因此,从存在主义和现象学立场来看,为了澄清历史性问题,人(在行动中)的思和做必定卓尔不群。正是历史(Historie),或更准确地说,正是历史科学记录了对人类过往即"客观的"历史(Geschichtswissenschaft)之考察;而与这种对历史的科学研究根本不同的,是由作为行动者的人实际生活所构成的历史(Geschichte),也即"主体的"历史性(Geschichtlichkeit)。前者总是预设了后者,而绝对不能颠倒过来,在这个意义上,"主体的"历史就成为在"客观的"历史中被考察的材料或对象,因此它就是历史科学的根基。这种观点正是存在主义的历史激进性,人植根于历史的存在证明了历史编纂学的正当性:历史性预设了终极性的存在主义命题,即人是(存在于)他之所为,即预设了积极的自我构成或作为历史创造者的人的观念。正如萨特所说,存在主义的基本原则是这样的观念,即"人就是他对自己之所为,除此之外,什么也不是"。①

本质主义和存在主义立场之间的根本对立很明确。施特劳斯承认并遵循的亚里士多德的本质主义立场,认为自然(以及人的本性)是普遍、明确和固定的,与此相反,存在主义立场则将人之生存看作某种独特、偶然(即从属于运气和机遇的)和积极的东西。②从一种普遍的观点来看,前一种明确而固定的本质,不仅忽略了历史(Historie),还忽视了历史性,因此也忽视了人的自我构成的观念。

---

① *Existentialism*, Bernard Frechtman 译, New York, 1947, 页 18。
② John Wild, *The Challenge of Existentialism*, Bloomington, 1959, 页 256。

像他的前辈亚里士多德一样,施特劳斯忽视了时间尤其是未来作为人的生存建构的重要性。洛维特已经发现,几乎考察了太阳底下一切事物的亚里士多德,却没有就历史写过一篇单独论文,这绝非偶然(同上,页23,页135)。作为人的时间性维度的未来,对于确定性的理性具有重要的意义,但希腊人通常忽视了这一点,甚至认为"未来事件都要从属于过去事件之相同法则"(同上,页137)。在《诗术》(*Poetics*)中,亚里士多德指出,诗要比历史更具有哲学意味,因为诗才是其自身本性的一种"普遍性"表达,而历史则只是"个别性"的表现。①

说人的生存是偶然的,意味着人的未来不可预测。希腊人没有看到人总是有某种可能性。因为说人的本性是永恒的(也即"存在"就是"一直存在"),就等同于说它是"永远处于现在",也就是说,它在根本上恒定不变,并由一系列的现在构成。相反,说人是不确定的,或是偶然的,意味着他是"一种持续不断的可能性",或拥有一个不能确定的未来。② 因此,正如约翰(Robert O. Johann)所说,存在主义的基本洞见是这样一种观点:拒绝传统的自然法理论,即人是一种规划(project);而这一观点所肯定的理念是:人的本性不是由普遍本质确定,而总是"一项有待完成的任务"。③ 这是人类事务与非人类事务之间的决定性差异。人类自身的生物类比总是需要一种决定论。其困难是在生物世界与人类世界之间缺乏本体论的区分。舍勒(Max Scheler)反对人的动物性观念,他写道:

---

① *The Basis Works of Aristotle*,页1464。[译注]中译参见亚里士多德,《诗学》,罗念生译,人民文学出版社,1962。

② Löwith, *Nature, History, and Existentialism*,页35。

③ "Love and Justice",收于 *Ethics and Society*, Richard T. De George 编, Garden City,1966,页34。

"人能够或多或少成为一个动物,但绝不会是一个动物。"①

而且,从行动哲学的立场来看,施特劳斯所主张的本体论决定主义在其发端之处就丧失了基础。人的生存的历史性是行动的历史性,因为生存意味着行动。行动不仅隐含好与坏的划分,而且还包含对与错的甄别,因为它就是自我参与到世界之中,而那不是别的,只是各种关系的连结。决定人的历史性的,是人的时间性。人的生存是种迷醉(ecstati)。在自我成就上,当下在场的人紧紧抓住过去,然后将自己规划进未来。时间性是行动的构成性要素,也就是说,时间是由行动决定的。过去是已经做过的事情,未来是任何尚未做成的事情(即可能性),而现在则是"行动点"(即现实性)。行动是不可逆的,即做过的就不能反悔,不仅如此,决定论还是一种不可能性,因为它等同于说,未来总是已经完成了。此外,作为选择的行动,其存在的理由是"可能性的实现"。对于行动而言,"突出的"是其可能性;世界不是别的,只是行动的可能性领域,而历史则是"行动的连续"。② 正如行动使人成其所是,成为人就是成为自由的,且与此相关并首要的是成为有责任的,因为人只有在与他人的关系之中行动。归根到底,"历史性"从属于现实:正如科耶夫(Alexandre Kojève)所说,

> 现实(至少是人的现实)并非一次性给出并就此不变,而是在时间的过程中创造自身……③

---

① *Man's Place in Nature*, Hans Meyerhoff 英译, New York, 1961, 页29。参 Macmurray, *Persons in Relation*, 页45, 页128。

② 参 Macmurray, *The Self as Agent*, 页131-135。

③ "Tyranny and Wisdom", 施特劳斯, *On Tyranny*, 页164。

六

施特劳斯的政治哲学观念追寻着古典传统,是一种奠基于理论对于实践的优越性之上的本质主义。归根到底,我对他的本质主义信念的批判可概括如下。以我所见,他的基本困难对于他的本质主义律令来说是特有的,这个律令就是:思想(什么[whatness])要优先于并优越于行动(那个[thatness])的真实世界。这一本质主义立场的消极推论是,它缺乏人的历史性视野,缺乏作为某种"非理性"之物的人的行动的情感层面,因为它专注于人之所想而非人之所做。尤其是其本体论意义上的决定论,也就是说,由于本质是普遍的、确定的和不变的,人类事务因而是可预测的,这种决定论就导致忽略作为生存之迷醉维度的未来。然而,正如本文开始所言,这种政治哲学的本质主义观念的最严重后果在于:首先,它是自我中心的,因而作为一种政治哲学是自我否证的;其次,它太学术化,以致成了一种对政治生活的直接相关性而言的无为主义,尽管施特劳斯持有相反的主张。

首先,施特劳斯的政治哲学观念是自我否证的;它自始至终都在否定政治现实的观念,与之相关的是,正如麦克马雷曾非常有效做出的论证,智识活动(或思想)恰恰在其本性上是自我中心的(或非社会性的),而与行动的他者中心主义(或社会性)对立。因此,在一种非常基本的意义上,本质主义对于真正的政治哲学或社会哲学是有害的。在施特劳斯看来,思考着的自我只是一个"封闭的单子"和一种"自足的"存在,因为就这一点而言,思考被视为从实践的生存性世界的退缩。不是存在主义哲学,而是施特劳斯所持有的传统本质主义,在其根源上拥有"一种主观主义的内核"。① 施特劳斯自己承认,哲学化就是从他所谓的"公共的教条"向"私人知识"的攀升。② 然而,真理并非"私人知识"对神启精英的接近,而是如雅斯贝斯(Karl Jasper)所说的交互沟通性。③ 甚至像《自然权利与历史》这样的"私人知识"(抑或"自传"),也要出版以供他人阅读。如果真理无论如何都与现实相关,那么,我们立刻就可以用布伯的话来说,若没有交互性,就没有现实(《我与你》,页63)。与存在主义和现象学态度相反,将哲学视为从洞穴世界向太阳世界的攀升,就逃离了真实的人类世界,而真实的人类世界相对于理念的想象世界而言总是有限的并处于历史之中。我们总是被禁锢在历史的意义之中,而且

> 哲人并非是一个不占有空间的精神,悬停在历史进程之上,爬升到社会现实之上,他并不能于一瞥之间就能理解大全。④

哲学更因生活世界的神圣化而得以提升,而非相反,哲学要把生活世界降格为某种更低的东西。可以说,施特劳斯尝试去恢复那个在街上"被遗忘了的人"的地位,他将政治事物直接理解为一切理论——哲学和科学——研究的必要前提,尽管我们不能怀疑他在这些方面的独创性,但是,他的本质主义远远不足

---

① Wild, "Christian Rationalism",页59。

② *Natural Right and History*,页12。

③ 参 *The Perennial Scope of Philosophy*, Ralph Manheim英译, New York, 1949,页45–46; *Way to Wisdom*, Ralph Manheim英译, New Haven, 1951,页27;另参 *Reason and Existenz*, William Earle英译, New York, 1955,页77–106。

④ Strasser, *Being and Nothingness*,页231。参Merleau-Ponty, *The Primacy of Perception*,页13。

以证明，理论活动就是一种日常生活的前理论世界的上位结构（Superstructure）。然而，正如施特劳斯所同意的，实证主义把本然的生活世界视为理所当然，并且恰恰由于此，才可能被指控有过失，但他的本质主义也要对这种自相矛盾负责。

其次，政治哲学不能因其智识上的纯粹和了无生气而保持一种假装不在场的姿态。我既不主张存在主义制定出一种有关其自身的令人满意的政治哲学，也不主张对真理的无私追求应该视为与政治意识形态完全等同。梅洛-庞蒂在谈到行动的哲人时说，他

> 可能是离行动最远的人，因为以一定深度和精确性谈论行动，就是说一个人并不想去行动。①

我在这里所坚持的唯一一点就是，在某种程度上，哲学必须为观念的理性论证体系提供帮助，而观念恰恰与真实的政治境况相关。作为一种哲学的存在主义恰恰对这一目的保持友好的开放心态。正是由于注意到如下事实，即最近的学院哲学已经成为文化生活的"贫瘠荒地"，威尔德才这样评论：

> 对于人类文化而言，无论发生什么，都不如其意识形态的崩溃更令人感到恐惧。②

只有将学院哲学和文化结合起来，哲人才能够将自身看作胡塞尔精神中的"人性的公仆"。③施特劳斯相信"哲学观念独自就拥

---

① Maurice Merleau-Ponty, *In Praise of Philosophy*, John Wild 和 James M. Edie 英译, Evanston, 1963, 页59。

② *The Challenge of Existentialism*, 页272。

③ Husserl, *Die Krisis der europäischen Wissenschaften und die transzendentale Phanomenologie*, 页15。

有重要的政治影响"(《论僭政》,页221),与这一信念相反的是,只有思想并不足以改变世界,观念反而必须被转化成行动才能影响世界和历史。因为只有行动才富有创造力并能产生实际效果。它独自就能实现"从我所拥有之物到我计划拥有之物,从我之所是到我打算成为之所是的剧烈转变"。① 我们可以问施特劳斯,提出关于好社会的纯粹学术问题,如果不导向政治行动的过程,其价值何在呢?一切价值判断必定具备特定的生存论后果,甚至会导致作者自己被误解和滥用的不满意后果。政治哲学,恰如施特劳斯所认为的那样,除非它在有关政治世界的一种好的哲学分析的意义上导致了政治行动,否则就虚弱无力。正是在这样的基础上,存在主义哲学是充足的,因为它不仅是对生存价值的描述,它还致力于生存规范的制定。②

就施特劳斯的最好方面而言,借用海德格尔谈及亚里士多德的哲学时所言,

> 那不可能是我们的问题的唯一答案。更好的说法是,它是很多其他答案中的一种。③

然而,哲学的命运难道就是使具体的现实变成纯粹的抽象本质?有关人的行动的哲学,其终极价值就在于,唤起对思想限度的持续警惕:现实世界不是我们想出来的,而是我们做出来的。现实不仅与关于现实的思想相一致,甚至可以说,思想(或哲学)只是现

---

① Merleau-Ponty, *Phenomenology of Perception*,页382。

② 参John Wild, "Authentic Existence: A New Approach to Value Theory",载于*An Invitation to Phenomenology*, James M. Edie编, Chicago, 1965,页59、70、76。

③ *What Is Philosophy?*, William Kluback和Jean T. Wilde英译, New York, 1958,页59。

实的智识成分。政治哲学或许困难，因为它既以对行动的反思为目标，也以对知识的反思为指向。只有当它将自身既与思想者相联结也与行动者相关联，它才有希望成为关于整全之人的完整哲学。这或许很困难，但却太过重要而不容忽视。

（译者单位：西安电子科技大学人文学院）

旧文新刊

讀《廣論語駢枝·微子篇》質章太炎先生

黃云眉

章太炎先生《廣論語駢枝·微子篇》曰：

"柳下惠爲士師，三黜。人曰：'子未可以去乎？'曰：'直道而事人，焉往而不三黜？枉道而事人，何必去父母之邦？'"柳下惠爲盜跖之兄，事見《莊子》，《呂覽》亦以惠跖並舉。跖所過大國守城，小國入保，惠爲士師，則追胥糾守，是其專職。數黜而復起者，魯人畏跖，欲藉惠以解免耳。是即晉世王敦王導之事也。惠去則跖必入魯，魯之君相無以禦之，不欲顯言，故以雅辭答問。

謹按：章先生此解，可謂甚新，前人未嘗有注意及之者。然竊以爲未免違忤史實。

盜跖與柳下惠之關係，除《莊子·盜跖篇》外，他書殆未之見。子書記載，本與經史異科，其人其事，往往出於虛構或假借傳會，讀者能遺文取義，知其爲寓言斯可耳。今章先生解《論語》，乃認寓言

爲史實,蒙甚以爲未安!敢述所疑以質章先生:

考《莊子·盜跖篇》謂"孔子與柳下季爲友。柳下季之弟盜跖,從卒九千人,橫行天下,所過之邑,大國守城,小國入保。孔子往說盜跖,盜跖按劍瞋目,詬辱孔子,孔子趨出,執轡三失,色若死灰"云云。莊子詆訾孔子,以此篇爲最不蘊藉,而文辭鄙俚,尤與內篇絕不相類,故前人疑其僞託。《史記》謂莊子作《漁父》《盜跖》《胠篋》以詆訾孔子之徒,以明老子之術,今《盜跖篇》直斥孔子,亦不見所謂老子之術,故前人又疑其僞託且在《史記》之後,蓋讀《史記》不審而失其意者。

按高誘注《呂覽異用篇》跖與企足曰:"跖,盜跖;企足,莊蹻也。皆大盜人名也。"又注《當務篇》曰:"跖,大盜之人。"不言盜跖爲何時何地人。其注《淮南·主術訓》,雖以盜跖爲孔子時人,而亦不言盜跖爲柳下惠之弟。至《說林訓》惠跖並舉,誠如《莊子》云云,高誘固宜注惠及跖矣;顧但言惠爲展無駭之子,於跖則無一語及之,豈非以惠跖本無關係之可牽合邪?迨宋裴駰唐司馬貞張守節注《史記·伯夷傳》、楊倞注《荀子·勸學篇·賦篇》,皆云盜跖爲柳下惠弟,李賢注《後漢書·馮緄傳》,亦錄《莊子·盜跖篇》語,則僞文既行之後,諸人未加深考而遽信之耳。惟顏師古注《漢書·賈誼傳》曰:"莊周云,盜跖,柳下惠之弟,蓋寓言也。"此雖不知《盜跖篇》之僞,而知《盜跖篇》所敘之事,爲寓言而非史實,其讀書眼光,固有異乎裴駰諸人矣。

夫寓言史實之辨,初不僅以書之真僞爲斷,其性質果屬寓言,即真出莊子之手,亦決不能據爲史實,況顯然僞託之文乎?師古信其書而不信其事,猶可云意存矜慎,章先生信其書而又信其事,則受欺未免太甚矣!

請得而申論之:

《盗跖篇》第一語,孔子與柳下季爲友,此便與史實不符。《左傳》僖公二十六年,公使展喜犒齊師,使受命於展禽。杜預注,展禽即柳下惠。孔穎達《正義》謂

  其人氏展,名獲,字禽。柳下是其所食之邑。諡曰惠。莊子云柳下季者,季是五十字,禽是二十字。

  按韋昭注《魯語》,亦謂展禽即柳下惠;《魯語》記展禽譏臧文仲祀海鳥爰居,而未云文仲聞柳下季之言,是展禽與柳下惠柳下季必爲一人無疑。展禽既即柳下惠柳下季,則當問展禽是否與孔子並世?《左傳》文公二年,載孔子譏臧文仲語,亦及祀爰居事,假令季爲展禽五十之字,祀爰居時,正展禽字季之年,則最遲文公二年以前,柳下惠必年已五十,至孔子生時襄公二十二年,惠年且百二十餘歲矣。而盜跖語又及子路之死,子路之死在哀公十五年,若柳下惠此時尚存,則年且近二百矣。(《盜跖篇釋文》曰:"按《左傳》云,展禽是魯僖公時人,至孔子生八十餘年,若至子路之死,百五六十歲,不得爲友,是寄言也。"略與吾說不同。)《列女傳》柳下惠妻誄柳下惠曰:"庶幾遐年,今遂逝兮。"是柳下惠非甚老壽者,孔子必不與之並世,必不能與之爲友,又無疑也。(《史記·仲尼弟子傳》亦曰:"孔子數稱臧文仲柳下惠銅鞮伯華介山子,然孔子皆後之不並世。")

  然則以此例彼,《盜跖篇》謂柳下季之弟名曰盜跖者,可信乎?不可信乎?且五十以伯仲叔季別字,柳下惠字季,則於兄弟之次爲末矣,乃更有大盜之弟乎?此就柳下惠之年字言,可證孔子與柳下惠,柳下惠與盜跖,皆無何等關係也。

  蒙以爲盜跖蓋有其人,然其爲何時何地人,則殊難確定。

  《史記·伯夷傳正義》曰:"按蹠者黃帝時大盜之名,以柳下

惠弟爲天下大盜，故世放古號之盜跖。"其言不知何據？然由此可知《史記》所謂暴戾恣睢，日殺不辜之盜跖，流傳已遠，必不指柳下惠之弟。而守節泥于《莊子》偽文，遂謂前後有兩盜跖，後者乃世放古號之，則曲說矣。彼楚之莊蹻，亦世所目爲大盜者，而讀《韓非·喻老》《呂覽·介立》《史記》《漢書》《後漢書》《西南夷傳》《華陽國志·南中志》諸書，及高誘、司馬貞注文，誠不知所謂莊蹻者，爲大盜乎？爲將軍王滇者乎？其時則不知在成王乎？莊王乎？威王乎？頃襄王乎？故王應麟《困學紀聞》(卷十二《考史》)亦謂前後有兩莊蹻。(楊慎亦云然，惟全襲應麟說。見《升菴集卷》七十二。)蓋此輩馬足所到，民間口耳孳乳，愈遠愈虛，以致爲一人爲兩人而不可究詰。盜跖如此，莊蹻亦如此，而盜跖爲愈渺茫耳。此考之時而難于確定者。

《莊子·駢拇篇》曰："伯夷死名於首陽之下，盜跖死利於東陵之上。"《釋文》："李頤云，謂泰山也。一云陵名。今名東平陵，屬濟南郡。"又段成式《酉陽雜俎》(卷九《盜俠》)曰：

　　高唐縣有鮮卑城。城旁有盜跖冢。冢極高大，賊盜當私祈焉。《皇覽》云："盜跖冢在河東。"按盜跖死於東陵，此地古名東平陵，疑此近之。

考《駢拇篇》文辭卞急卑怯，亦非莊子所作。其云東陵，不知何指？(《禹貢》及《爾雅·釋地》皆有東陵名)李頤以爲泰山，不過緣《盜跖篇》"休卒徒於泰山"之語，不足證泰山確爲盜跖所在地也。至以東平陵爲東陵，尤覺傅會可笑。漢濟南郡有東平陵縣，其稱東平陵者，以右扶風有平陵縣，故加東字以別之。亦猶左馮翊有武城，屬清河郡之武城，因稱東武城；代郡有平舒，屬勃海郡之平舒，因稱東平舒耳。非先有東陵之名，而後加平字爲東平陵，亦非東平陵可省稱東陵也。

　　《皇覽》之說，《史記·伯夷傳集解》亦引之云："盜跖冢在河東大陽，臨河曲，直弘農華陰山潼鄉。"（劉昭《後漢·郡國志》河東郡大陽縣下注亦引《皇覽》曰："盜跖冢臨河。"）又《正義》"《括地志》云，盜跖冢在陝州河北縣西二十里。河北縣本漢大陽縣也。"而《博物志》（卷六《地理考》）亦謂盜跖冢在大陽縣西。似非漫無所據而云然者。然則高唐縣有盜跖冢，大陽縣亦有盜跖冢，果孰爲眞盜跖冢邪？《漢書·賈誼傳》曰："謂隨夷溷兮，謂跖蹻廉。"注引李奇曰："跖，秦大盜也。"以冢在高唐縣言之，則魯人之說爲近；以冢在大陽縣言之，則又秦人之說爲近。魯邪秦邪？其或非魯非秦邪？夫古固有無其人而有其墓者，亦有有其人而其墓乃兩見三見於相距甚遠之地者，蓋往往好事爲之。此又考之地而難於確定者。

　　夫就柳下惠之年字言，既不能爲孔子之友，盜跖之兄，而就盜跖之時地言，亦不能確定其與柳下惠孔子同時或同地，則《莊子·盜跖篇》云云，其爲寓言而非史實審矣。博學如章先生，竟援之以解《論語》，蒙誠期期以爲不可也。

　　然章先生固以爲《莊子》文或爲寓言，《呂覽》亦以惠跖並舉，則非盡不可信矣。竊謂《盜跖篇》一文，後人有信者，有不信者。章先生信之，猶可曰受古人之欺；若章先生以《呂覽》證《莊子》，則吾之惑且滋甚！《呂覽》抄集前人文以成書，其抄《莊子》文亦甚夥；惟惠跖並舉，則吾僅見之於《淮南》，而未見之於《呂覽》。《呂覽·異用篇》曰："仁人之得飴，以養疾侍老也。跖與企足得飴，以開閉取楗也。"《淮南·說林篇》則改其語曰："柳下惠見飴曰，可以養老。盜跖見飴曰，可以黏牡。"是惠跖並舉，乃《淮南》而非《呂覽》，而章先生謂《呂覽》亦以惠跖並舉，殆吾讀之未審邪？抑章先生詮釋時匆促未之檢也？

　　然使《呂覽》而果有惠跖並舉之文，亦不足證《盜跖篇》之非寓言而爲史實。夫舉人以類善惡，豈必彼此有關係而始得並舉。孟子曰："仲子所居之室，伯夷之所筑與？抑或盜跖之所筑與？"（《滕文公》）是伯夷與盜跖並舉矣。（《莊子·駢拇篇》亦以伯夷與盜跖並舉，見上文。）又曰："雞鳴而起，孳孳爲善者，舜之徒也。雞鳴而起，孳孳爲利者，跖之徒也。"（《盡心》）是舜亦與盜跖並舉矣。若惠跖並舉，可證彼此之昆季關係，則舜跖、夷跖之關係又何在？古賢聖之與盜跖並舉者，諸書中蓋數見不鮮，章先生先梗一《莊子》僞文於胸際，故見惠跖並舉，便聯想及於惠跖之兄弟關係，其實乃與舜跖、夷跖同爲後人泛舉之相反人型無毫髮異也。

　　杜甫《醉時歌》曰："儒術於我何有哉？孔丘盜跖俱塵埃。"苟有人焉，執此詩以告章先生曰："杜詩亦以孔跖並舉，此可證《盜跖篇》孔子往說盜跖之事非誣矣。"章先生得毋啞然笑其穿鑿乎？然惠跖並舉之語，其穿鑿殆有類於是，章先生偶率意言之不覺耳。

　　且蒙又有進者：孟子嘗極意推崇伯夷柳下惠之人格能化百世矣。其言曰：

　　　聖人，百世之師也。伯夷柳下惠是也。故聞伯夷之風者，頑夫廉，懦夫有立志；聞柳下惠之風者，薄夫敦，鄙夫寬。奮乎百世之上，百世之下，聞者莫不興起也。非聖人而能若是乎？而況於親炙之者乎？（《盡心》）

　　若孟子之言非爲溢美，則柳下惠之人格，遠可以化百世，近不足以化一弟何哉？雖曰下愚不移，而大猾無異上智，骨肉之間，尤有聖人所難處者，故朱象之嵬瑣，堯舜亦不能化之（見《荀子·正論》），吾人固不當獨致疑於柳下惠；然使柳下惠有盜弟而不能化，孟子但極意推崇，號之爲百世之師，但侈其辭曰，百世之下猶能化鄙薄爲寬敦，而柳下惠不能化其盜弟之事，則無一語及之，將何以取信於後人邪？

舜與象爲兄弟，舜不能化象，孟子述之甚詳，惠與跖爲兄弟，惠不能化跖，孟子顧隱而不言；乃至如舜跖、夷跖之泛舉，章先生以爲可證兄弟關係者亦無之，彼孟子胡獨爲柳下惠諱而不爲舜諱邪？而況以盜跖之名聲煊赫，果與柳下惠爲同產，亦非孟子所得而掩覆者。是則僅據《孟子》一書，亦有以知《盜跖篇》所述，全出於作者之捏造牽合矣。（《列子·楊朱篇》亦言子產有好酒好色之兄弟而不能化，此晉人誤以縱慾爲楊朱之學者所僞託。其文則與《盜跖篇》極相類。）

夫寓言與史實，其間本有不能混淆之涇渭，然非細心讀之，則有時亦不易辨。經史中儘有非史實而誤爲史實者，子書則十九皆爲寓言。吾人試作孔子言行錄，而盡錄諸子記載以綜核之，吾知孔子之一言一行，將無在而不呈其矛盾之狀，蓋子書太半喜用此等捏造牽合之文以排擊異己，其學愈淺者，其卑侮人亦愈甚，《盜跖篇》特其一耳。（諸子各欲以學說爭雄，此等虛構牽合之手段，亦非絕不當有者。吾人但知寓言之爲寓言，則寓言何嘗非史實？要之主客之位，不可不辨，此所謂史實，當屬之作者自身，而不當屬之文中扮演者耳。）

稱謂古書浩如烟海，吾人在今日萬不能耗精力之全部以窮老鑽研於其間，而古代社會政治學術等之演變動態，吾人又亟待有斟酌羣籍鼇訂嚴密之新史，爲重映於吾人眼前，予吾人以確切之明瞭。

惠跖之是否爲兄弟，事至微末，不足深辨，然魏晉以前之書，此等記載，十占七八，假令漫無所別，謂古人之文，皆可依憑，冥採盲摭，以成所謂吾人合讀之新史，則此新史所重映之古代，錯雜模糊，吾人對之必仍如墮五里霧中而絕無所見，此豈吾人所期於今日學者努力之事邪？故因讀章先生書，偶見惠跖一事，而有感於寓言史實之不可不辨，遂不憚辭費而爲之申論如上，頗冀讀者以此推彼，於董理古書有小助云爾。

劉向別錄考釋

李獨清

一 辨 名

自秦政燔書,典籍毀滅,牛宏五厄,舉以爲首。雖蕭參劉大樾康有爲之徒,創爲秦始皇不焚書之論,然按之前史,守尉雜燒,蓋不在少。諸生抱持,壞壁竊藏,不過一二。三代以來,禮壞樂崩,書殘簡脫,嬴氏實尸其咎,未可曲恕之也。漢孝惠帝除挾書之令,簡册稍出,未甚顯也。成帝即位,大集遺書,謁者陳農,遍索天下,其藏之中祕伏而未發者,詔劉向領校。向於是條別篇章,定著目次,備列比勘,錄而奏進,殫精樂思,蔚成偉業,不惟目錄學家推爲鼻祖,自孔子删述以後,迄於哀平之世,有功舊籍,一人而已。

向之有功於典籍,在乎領校中祕。其精思所萃,在乎《別錄》一書。然自唐以來學者所論,頗與其子歆《七略》相亂。今探其相亂之原,稍加辨析焉。

按《漢書·劉向傳》:"上方精於詩書,觀古文,詔向領校中五經祕書。"《藝文志》：

> 至成帝時，以書頗散亡，使謁者陳農，求遺書於天下，詔光祿大夫劉向校經傳諸子詩賦，步兵校尉任宏校兵書，太史令尹咸校數術，侍醫李柱國校方技。每一書已，向輒條其篇目，撮其指意，錄而奏之。

是向之校中祕書，不過條其篇目，撮其指意，錄而奏之，原無別錄之名也。向傳後附《劉歆傳》：

> 向死後，哀帝初即位，大司馬王莽，舉歆宗室有材行，貴幸復領五經，卒父前業。歆乃集六藝羣書，種別為《七略》。

《藝文志》：

> 歆於是總羣書而奏其《七略》：故有《輯略》，有《六藝略》，有《諸子略》，有《詩賦略》，有《兵書略》，有《數術略》，有《方技略》。

是劉歆復領五經，始有《七略》之種別也。自梁阮孝緒《七錄序》：

> 昔劉向校書，輒為一錄，論其旨歸，辨其訛謬，隨意奏上，皆載在本書，時又別集眾錄，謂之《別錄》，即今之《別錄》是也。

《別錄》之名，始見於此。據以上各書，劉向為《別錄》，劉歆為《七略》，本甚明白，無庸致疑。乃《隋書經籍志》史部簿錄類，著錄《七略別錄》二十卷，劉向撰。又《七略》七卷，劉歆撰。不僅《七略》《別錄》，合為一名，屬之劉向；另錄劉歆《七略》，其卷數又相差頗鉅，於是後世之紛爭起矣。然本志篇敍則云：

> 漢時劉向《別錄》，劉歆《七略》，剖析條流，各有其部，推尋事迹，疑則古之制也。又似《別錄》專屬劉向，《七略》專屬劉歆，前後自相牴牾，將何所適從耶。

竊謂《別錄》之解釋有二：一爲別集各書敍錄，合爲一書。一爲《七略》之別本，劉向奉詔校書，雖屬總領其事，而所分校者爲經傳諸子詩賦，其餘諸書則另有人任之。茲可考見者：任宏校兵書，李柱國校方技，尹咸校數術。（《劉歆傳》："時丞相史尹咸，以能治左氏與劉歆共校經傳。"是尹咸所校，不徒數術。《儒林傳》於《左氏傳》授云："尹更始傳子咸翟及方進而劉歆從尹咸翟方進受。"則尹咸亦深通經傳也。）

又謁者陳農，長社尉杜參，見《藝文志》。光祿勳王龔，五官中郎將房鳳，見《儒林傳》。（《房鳳傳》云："時光祿勳王龔，以外屬內卿與奉車都尉劉歆共校書。"三人進退必偕，鳳本以明經通達，爲王根所薦，當亦預校書之事。）蘇竟，見《後漢書》本傳。班斿，見《漢書》敍傳。太常屬臣望（郝蘭皋云："望蓋丁望，定陶丁姬之父。"），見劉秀上《山海經表》。楊宣，見《華陽國志》。大中大夫卜圭，臣富參，射聲校尉立，見管子書錄。臣敍，見鄧析子書錄。

卜圭以下四人，未言同校，以兵書數術方技推之，殆各用專家，以校羣籍。則敍錄必各出校者之手。若據阮序，是"別錄"者，不過將各書之敍錄，另寫一份，集爲一書，謂之《別錄》而已。并未明稱《七略》，有所分別，今其書雖不傳，可推而得。

清姚振宗《〈別錄〉〈七略〉佚文》謂：

> 劉向典校既未竣事，則《別錄》亦無由成書，相傳二十卷，

殆子駿奏進七略之時勒成之。其曰《別錄七略》者，謂《七略》之外，別有此一錄也。

其《隋書經籍志考證》：

按阮氏七錄序目，言別錄體製，至爲明析，是知《別錄》即《七略》之別本，言別有此錄本云爾。方之《四庫全書》，《別錄》爲總止提要，《七略》乃簡明目錄也。總目提要有附存之目，《別錄》亦有附見之條：如《易》有子夏之傳，救氏之注，《儀禮》有大小戴及自定之本，《禮記》亦有小戴四十九篇之次第。其在諸子之中，則楊雄《太玄》，亦記其篇目并及其子楊信字子烏與父玄文之事，又錄東方朔所著書。凡此皆諸書明著見於劉向《別錄》者，而皆不見於《七略》也。他如所輯《五經通義》、《五經要義》及《楚辭》十六篇，當亦附著於別錄中。

（原注：諸書引文，有稱爲劉向《別錄》者，皆即此別錄也。童烏與玄文之事，御覽亦引云《別傳》。）

其《漢書藝文志條理》：

按條辨流別數語，即《輯略》之文，班氏散附於諸篇之後者。何以明之？《七略》本於《別錄》，今考荀悅《漢紀》，成帝三年，劉向典校經傳，考集異同云："名家者流，蓋出於禮官，名位不同，禮亦異數，故正名也。"又《史記·太史公自序·索隱》引劉向《別錄》云："名家者流，出於禮官，古者名位不同，禮亦異數。孔子曰：必也，正名乎？"此兩處所引，並與本志名家篇敘相同。知班氏取《輯略》之文。次之於此，而《七略》取《別錄》之文著於《輯略》者也。蓋《別錄》首一篇，亦有

《輯略》，故名《七略別錄》。《隋志》："《七略別錄》二十卷，劉向撰。"劉歆刪取其要，每略皆爲一卷，故《隋志》又云："《七略》七卷，劉歆撰。"方之《四庫全書》，《別錄》爲總目提要，《七略》則簡明目錄也。

姚氏之意，謂《別錄》爲《七略》別本。其釋《七略》《別錄》之名：一則曰"謂《七略》之外，別有此一錄。"再則曰"《別錄》首一篇，亦有《輯略》。"說解已歧。其矛盾最甚者，既云："《別錄》無由成書，爲子駿奏進《七略》所勒成。"則《別錄》當屬之劉歆矣；何以又云："《七略》本於《別錄》。"又云："劉歆刪取其要，每略各爲一卷。"豈歆同時既勒爲《別錄》，復刪成《七略》耶？既出一手，何本之有？

夫《七略》之名，至劉歆而始著。向校讎時，但事編排篇目，校讎字句，寫定敘錄而已，未及排列羣書之次序，故其時有《別錄》而無《七略》。至劉歆受命，卒父前業，又歷時數載，始能網紀羣書，分類編目，種別爲《七略》矣。阮序明言，"輒爲一錄，皆載在本書。時又別集眾錄，謂之《別錄》。"所謂眾錄者，謂敘錄非出一手；所謂集者，謂編排由向一人。所謂時者，即向領校之時也。若又爲《七略》，由一手所成，何集之有？則《別錄》非《七略》之別本明矣。姚氏以之方《總目提要》及《簡明目錄》，義亦未協。蓋二者皆種別類分，不過提要有繁簡之殊，若《別錄》則有提要而無分類，未可混同。

試再以諸書徵引之例證之：《禮記正義》鄭目錄自《曲禮》至《喪服四制》，《儀禮》疏自《冠禮》第一至《少牢》下篇第十七，《詩‧大雅》疏師尚父，《尚書》疏武帝末民得《泰誓》，又《堯典》作《虞夏書》，《周禮》疏路寢在北堂之西，社稷宗廟在路寢之西，《左傳》疏左邱明授曾申及荀卿授張蒼，並引劉向《別錄》，無《七略》二字。《史記集解》《索隱》《兩漢書注》《風俗通義》所引，亦無《七略》二字。是自唐以上作者所引，猶不相亂也。後世引之者，乃游移無定。即姚氏《漢書藝文志拾補》所引，如《易傳》稱劉向《別錄》，《王制》稱劉向《七略》，亦無一定。

善乎嚴可均之輯《全漢文》，謂各書所引《別錄》《七略》多同，今以題劉向者俱入於《別錄》。洪頤煊亦然。惟馬國翰之輯《玉函山房叢書》，仍稱《七略別錄》，踵《隋志》之誤。不知《隋志》之以《七略》及《別錄》合稱者，蓋其錄略之界，其泯已久。《隋志》不復別白，合爲一書，以父統子，遂列向名。其《七略》七卷，稱劉歆撰，或從全書錄出之本，又依《漢志》題名。牽合更張，致叢疑竇。不得據以爲辨。世甯有不信在前之阮孝緒《七錄》而信在後之《隋志》哉？姚氏亦曾謂阮序言《別錄》至爲明析，不詳加審究耳？

劉氏父子繼踵董理羣書，劉歆之種別爲《七略》，亦非絕與向無關也。或向在讎校羣書之際，已有略分爲七之議，不過未至分編之時，遽爾身歿，歆卒前業，遂沿用之。章炳麟《徵七略》引《漢志》，謂爲《別錄》先成，《七略》後述之明文。又云：

> 然歆傳言，河平中受詔，與父向領校祕書，其後卒業，則《山海經》之錄，亦署臣秀，向時雖未著《七錄》，其與任宏、尹咸、李柱國分職校書，業有萌芽，故《隋志》已稱《七略別錄》。

自注引《隋志》別出之《七略》七卷，謂此非二書，蓋除去敘錄奏上之文，則專稱《七略》是也。但以其父子世業，不可割異，仍題《七略別錄》，又自陷於迷罔矣。章宗源《隋書經籍志考證》，以《班志》推考現存劉向敘錄，字句多有不合。《班志》本沿襲《七略》者，故知劉歆七卷，固屬本諸《別錄》，但取舍異致，刪存各殊，有所不符，理爲當然。姚氏知《七略》本于《別錄》，而誤信其成書之時代，故有此失。然向劉歆之間，因襲遞嬗之跡，又不可諱言者也。

是故《別錄》者，劉向等校定羣書，論其指歸，辨其訛誤之敘錄，別集而成者也。《七略》者，劉歆取《別錄》所載，并加增補，總括羣篇，撮其旨要，種別而成者也。《別錄》爲提要之祖，《七略》爲編目之宗。《別錄》之非《七略》，灼然可別，不能以自昔稱者相亂，遂不加別白也。

二 釋文上 書錄全文

《別錄》及《七略》，唐代猶存，洎宋而亡，清輯本有嚴可均、馬國翰（馬氏《玉函山房輯佚書》，或謂竊自章宗源宜都楊守敬已辨其誣）、洪頤煊、顧觀光、姚振宗諸家，所或屬未定，或多出入，唯嚴、馬、姚三家最備。嚴氏就散條綴集，全據原文，馬氏依《七略》爲分類，稍加編纂；姚氏則多有考訂，三家相較，以嚴氏爲勝。今取三家，從而爬梳，或發揮舊說，或自闢新義，取含從違，妄有斟酌。吾輩生千百年後，取證殘文賸義，論定綦難，但就識力所及，以待諟正而已。

《戰國策書錄》

中書餘卷，雜亂相糅莒。

《四庫提要》云：“按莒字未詳，今姑仍原本錄之。”《提要》所著錄，原據常熟毛氏汲古閣本，鑱刻未精，疑有誤字。然黃丕列以姚宏本校訂《國策》，作爲札記，考正訛誤甚衆，於此字則付闕如，知宋本如是，字未誤也。按《詩·皇矣》：“以按徂旅”，《孟子》作“以遏徂莒”。朱駿聲曰：“借莒爲旅也。”孔廣森曰，“莒爲旅，古書假借",莒字得聲之呂,本即膂字,是莒與旅,本可相互假借用之。雜亂相糅莒,即糅旅也,《爾雅·釋詁》:"旅,眾也。"糅旅即糅眾,謂雜亂相糅者眾多也。姑獻此疑,再求確證。

臣向因國別者,略以時次之,分別不以序者,以相補。除復重得三十三篇。

按劉氏校錄之例,其一曰謹編次,其二曰除復重。《戰國策》三十三編,蓋除去復篇,因國別以時次,重爲編訂者也。後漢高誘爲之註。至《隋志》著錄,則爲三十四卷,高誘注止二十一卷。唐《藝文志》所錄,闕二卷,高誘注增十一卷。宋《崇文總目》載二十二卷高誘注八卷。《文獻通攷》引《總目》曰:

> 今篇第亡闕,第二至十,三十一至三闕;又有後漢高誘注本二十卷,今闕第一至五,十一至二十,止存八卷。

曾鞏編校史館書籍,校《戰國策》敘云:

> 劉向所定著三十三篇,《崇文總目》稱十一篇者缺,臣訪之士大夫家,始盡得其書。

又云:"此書有高誘注者二十一篇,或曰三十二篇,《崇文總目》存者八篇,今存者十篇。"當曾氏校書,宜本所闕,誘注適有;誘注所闕,官本悉存,所闕者只二卷,遂於他家書內採摭補之,本文誘注,合而爲一,然後劉向所定,悉符其數。但取正文,未論注也。至姚宏重校,悉取誘注入之,並自爲補。殆傳寫有訛,遂全題誘註。雖費點勘,無涉本文。不過曾氏所編,牽合補綴,是否劉向舊文,不可曉矣。

劉氏校錄之例,其三曰列篇目。此書所定目次,原在敘錄前,以東周爲第一，西周爲第二，宋鮑彪注本無之，而東西周互改，蓋更其次第因而刪去也。鮑氏以西周爲第一，東周爲第二，謂西周正統所在，自矜爲考據之特筆。吳師道作補正，雖仍其次第，但別附劉向原次，以存其舊，於鮑氏之竄改古本，深致不然，《四庫提要》曰：

> 考趙與時《賓退錄》曰："《戰國策》舊傳高誘注，殘缺疏略，殊不足觀。姚令威寬補注（原注：案補注姚寬之兄姚宏所作，此作姚寬殊誤，謹附訂於此），亦未周盡，獨繒雲鮑氏。校注爲優，雖間有小疵，殊不害其大體。惟東西二周一節，極其舛誤，深誤學者，反不若二氏之說"。是則南宋人已先言之矣。

實則鮑氏之升西周爲首，殆有所本，非必出諸己也。宋初，邵雍《皇極經世書》，紀赧王爲西周君，無公；東周爲惠公，是以西爲王，以東爲公，周隱以西周爲正統也。鮑氏並沿其誤。不知東西周之別稱，蓋周考王末年，河南惠公封其少子班於鞏以奉王，稱東周；考王復以王城故地封其弟揭，以續周公之職，是爲河南公，稱西周，兩周皆爲公之封地，王則東西無定也。元吳隆《東西周辨》，言之最詳，並謂："《戰國策》編題，首東周次西周，豈無意哉？"如草廬言，向所編次，固未可憑臆妄改也。錢曾讀書敏求記亦極稱吳澄辨，謂購得宋槧姚本於絳雲樓，同人共相繕寫。然非草廬之辨，互爲證明，焉知鮑注淆亂如此。

顧千里序黃丕烈《戰國策札記》曰：

> 廣圻於是書，尋繹累年，最後於敘錄所云"臣向因國別者，略以時次之，分別不以序者，以相補，除復重得三十三篇"者，恍然而知《戰國策》，實向一家之學，與韓非太史公諸家牴牾，職此之由，無足異也。

按劉向奉詔校書,定次序,除復重,不只《國策》爲然,他書皆同,豈能以其編校,遂謂一家之學?劉向深於經術,粹然儒者,非縱橫之流也。其與諸家牴牾,蓋由記載旁雜,所采各殊。姚宏跋宋本《國策》謂:

> 太史公所采九十三事,内不同者五,《韓非子》十五事,《説苑》六事,《新序》九事,《呂氏春秋》一事,《韓詩外傳》一事,皇甫謐《高士傳》三事,《越絶書》紀李園一事,甚異。

史遷所采九十三事,異者只五六條;《説苑》《新序》出向手,亦有互異,出之記述差誤,瞭然可見,劉向固未嘗改著也。

本字多誤脱爲半字,以趙爲肖,以齊爲立,如此字者多。

按劉氏校録之例,其四曰"訂脱誤"。如趙齊脱爲肖立是也。《晏子》敍録云:"中書以夭爲芳,又爲備;先爲牛,章爲長,并同。""如此字者多"之"字",吴師道校,謂浙建括蒼本作"類"。洪邁《容齋随筆》云:"劉向叙戰國策,言其事雜亂相糅莒,本字多脱誤爲半字,以趙爲肖,以齊爲立,如此類者多。"洪氏宋人,所引爲"類",是"類"字於義爲長。但後又云:

> 余按今傳於世者,大抵不可讀,其《韓非子》《新序》《説苑》《韓詩外傳》《高士傳》《史記索隱》《太平御覽》《北堂書鈔》《藝文類聚》諸書所引用者,多今本所無,向博極羣書,但擇焉不精,不止於文字脱誤而已。惟太史公《史記》所采之事九十有三,則明白光豔,悉可稽考,視向爲有間矣。

劉向編校之業,在存其原書,太史公則采以述史,目的迥不相同,未可並論。至諸書所引用爲今本所無者,國策至唐宋,已殘缺不完，或後世傳本所佚，非劉向定著之不然也。

中書本號或曰《國策》，或曰《國事》，或曰《短長》，或曰《事語》，或曰《長書》，或曰《修書》。臣向以爲戰國時游士輔所用之國，爲之策謀，宜爲《戰國策》。

按劉氏校錄之例，其五曰定名稱。《戰國策》之爲書，諸本名稱各異，向乃定從今名，不使參差也。策謀爲計劃之意。《史通》曰："夫謂之策者，蓋錄而不敘，即簡以爲名。"其說不同。所謂長短者，或譽其長而數人之短以媚之，或暴人之長而言其短以恐之，或言彼此之短長，以施離間，以事聯絡，隨事施之，皆游說之術也。縱橫爲短長術之一種，邊通學長短，蒯通善爲長短說，主父偃學長短縱橫書，皆其流亞。劉向定《戰國策》之名，蓋《戰國策》長短縱橫之術最盛，此書所錄即其策謀也。

其事繼春秋以後，訖於楚漢之起，二百四十五年間之事。

按劉氏校錄之例，其六曰立斷限。此於《國策》斷其年代也。《春秋》絕筆於魯哀公十四年，即周敬王三十九年庚申；劉邦項梁並起，爲秦二世元年壬辰。其間相距爲二百六十年，不合二百四十五年之數。以秦二世元年，上推二百四十五年，爲貞定王七年己卯，《國策》所記，無始貞定王七年之事。或云：

> 此書既謂戰國筆，當截至六國最後齊亡之年爲止，即秦始皇二十六年庚辰。是年，始皇稱帝，秦已統一天下。故書中無庚辰以後事。所記高漸離筑擊始皇，乃因燕亡，連帶敘及。

此說是也。自獲麟後起算，至齊亡之年，則二百四十九年。意者，四十五爲四五十之誤，蓋謂二百四五十年間之事，綜括言之，不定確算爲二百六十年，或二百四十九年。其後有"及春秋時，已四五百歲矣",句法相同可證。曾鞏《戰國策》序曰:"至於此書之作,則上繼春秋,下至秦漢之起,二百四五十年之間。"正作四五十,或曾氏所見本,作四五十未誤也。又《史記·淮陰侯列傳》,詳載蒯通說韓信自立之言,司馬貞《索隱》云:"按《漢書》及《戰國策》,皆有此文。今本《國策》,並無此文。"張照曰:"《戰國策》安得有韓信蒯通之事?《索隱》誤。"是也。

若鄭之子產,晉之叔向,齊之晏嬰,挾君輔政。

金正煒曰:"按《廣雅·釋詁》:'挾,輔也。'挾義從夾,而諸子無與夾輔其君者,疑當作扶,俗書挾與扶相似而誤。"今按挾字義通,不定誤。《廣雅》:挾並作護解,此謂鄭子產,晉叔向,齊晏嬰,各護持其君也。如作扶,與輔音近,文句不調利。

歌說以相感,

金正煒曰:"按說當爲詩。"並引《左氏傳》及《漢紀》爲證。今按說意甚廣,相感不必定屬賦詩。著作歌詩,與下聘覲朝會不類。

期會以相舉一。

集賢院本"期"作"朝"。按"期會"是也。上云"聘覲以相交",此作"朝會",意複。

是以傳相仿效。

黄校:"傳,鮑本作轉。"按傳即轉也,非字之異。《呂覽》:"人倫之傳則不然。"高誘注:"傳猶轉。"

力功爭強。

曾鞏本,集賢院本,功作巧。金正煒曰:"力功當作力政。政誤爲攻,攻功古通,因致爲功。"並引《周書》《大戴禮》《漢書》《五行》字皆有力政，政謂征也，言專以武力征伐。今按功强對文，功字是。

雖有道德，不得施謀，有設之强，負阻而峙固。
黃校："謀設二字，鮑本互易。"按二字不必互易，德設音近，有礙文氣。

諸侯方弱，蘇秦結之。
曾鞏本，集賢院本無"弱"字。劉敞本，錢藻本"結"下有"從"字。按"弱"字當有，無則句意不足，蓋脫文也。"從"字當無，上有"蘇秦爲從"句，此不必有，蓋衍文也。

是故始皇因四塞之固。
黃校："固，鮑本作國。"按固字是也。下云："據崤函之阻，跨隴蜀之饒，聽眾人之筴，乘六世之烈，以蠶食六國，兼諸侯，并有天下。"固與阻饒並舉，句意相似。

杖於謀詐之弊，終於信篤之誠。
黃校："謀詐，鮑本作詐謀。"又"終於"之"於"，黃校：鮑本"無"，丕烈案："無"字是也。按謀詐是也。與下句信篤皆雙詞可對，詐謀爲單詞。終，窮也。見《廣雅·釋詁》。終於信篤之誠，謂窮於信篤之誠，"於"若作"無"，與上句句法參差，恐未盡合。下句爲"無"道德之教，仁義之化。此亦不當作"無"字。金正煒謂"終"疑當作"繆"。繆，違也。

據時而爲故，其謀扶急持傾。
金正煒曰："按《呂覽·知度》篇：'非晉國之故。'"高注："故，法。"又《國語·晉語》："多爲之故，以變其志。"韋注謂"多作計術,以變易其志"。《漢書·吳王濞傳》:"使吏劾擊訊治,以侵辱之爲故。"師古曰:"言專以侵辱諸侯爲事業。"此文於故字句絕,諸說並通。姚鮑於爲下注脫字,而以故字屬下句,非也。"今按金說是也。《文選·景福殿賦》:"省生事之故"。李善引賈逵《國語》注曰:"故,謀也"。此句作謀劃解正合。

雖不可以強國教,化兵革,救急之勢也。

黃校:"國,鮑本無。"金正煒曰:

> 按國教即邦教。向避高帝諱而改也。《漢書·高帝紀》注:"邦之字曰國者,臣下所避以相代也。"《周禮·地官》序官:"使帥其屬而掌邦教。"此以強國教,化兵革爲對文。鮑本缺國字,蓋誤挩也。黃丕烈以教化斷句,遂失其義。

今按金說,是也。又錢藻本,"救"上有"亦"字。以文意審之,當有"亦"字。

皆高才秀士,度時君之所能行,出奇策異智,轉危爲安,運亡爲存,亦可喜,皆可觀。

按劉氏校錄之例,其七曰"究得失"。蓋就《國策》論究得失,謂其可喜可觀也。然曾鞏云:

> 向敘此書,言周之先,明教化,修法度,所以大治,及其後謀詐用而仁義之路塞,所以大亂,其說既美矣,率以謂此書戰國之謀士,度時君之所能行,不得不然,則可謂惑於流俗而不篤於自信者也。

葉適云:

且其設權立計，有繫當時利害之大者，學者將以觀事變，固不宜略。然十纔一二耳。其餘讖碎反覆，徒竸錐刀之細，市井小人之所羞稱，所謂不足以牙頰也。又烏在其皆可喜而可觀哉？

按劉向生於漢代，去古未遠，縱橫之道，餘習尚存，故於《國策》立論如是。曾葉已逮趙宋，綱常大義，深中人心，其不取向說固矣。又借此窺文學思想之變。

《管子書錄》

所校讎中《管子書》三百八十九篇，大中大夫卜圭書二十七篇，臣富參書四十一篇，射聲校尉立書十一篇，太史書九十六篇，凡中外書五百六十四篇以校。除復重四百八十四篇，定著八十六篇。

按劉向校錄之例，其八曰備眾本。中書者，中祕所藏；外書者，外臣所藏，因錄寫易訛，皆取以備校讎也。所謂卜圭書富參書（富參或疑即杜參之誤。杜參爲長社尉，《北齊書·樊遜傳》，作長水校尉亦誤），立書，太史書，蓋其所取外臣之本。考書錄云，"凡中外書五百六十四篇，而定著八十六篇"，則除復重應爲四百七十八篇，今本爲八十六篇，不誤，是所云"除復重四百八十四篇"誤也，劉歆《七略》云"《管子》十八篇，在法家"。

《漢志》入道家，作八十六篇。《漢志》本襲《七略》，此又其異也。實則《管子》之書雜，陳澧所謂"一家之書，而有五家之學"者也。以法家不言爲多，後世因之。《隋志》《新唐志》俱作十九卷，《舊唐志》作十八卷，《崇文總目》則兩本並載。蓋《隋志》，《新唐志》，並目一卷計之；《舊唐志》，《崇文總目》，則不數目錄。晁、陳書目，王應麟《漢志考證》《宋志》，馬端臨《通考》，俱作二十四卷，乃宋人所改分。然《袁本讀書志》作十八卷,是宋時猶存十八卷本,與二十四卷本並行。

袁本又云"劉向校八十一篇,今亡一篇",則一乃六之誤,一篇乃十篇之誤。《衢本讀書志》云,"劉向所定凡九十六篇,今亡十篇",九乃八之誤。今本八十六篇,與《漢志》合,而《王言》《謀失》《正言》《言昭》《修身》《問霸》《牧民解》《問乘馬》《輕重丙》《輕重庚》十篇,有目無書,與《晁志》合。

自明以後,皆二十四卷,只梅士享《管子成書》作十五卷,則以己意妄合也。諸家著錄,有作三十卷者,則尹知章所注。自杜佑《指略》,誤屬之房元齡,後世遂沿其訛。舊書本最淆亂,明趙用賢曾校刻之,孫星衍《平津館鑒藏記》云:"以黃蕘圃所藏翟源蔡潛道宅本校勘,無大異,惟《幼官圖》一篇,前後更易,稍爲不同。"然《四庫提要》謂"書中稱短語十九,雜篇十一",今考原書,短語只十七十九,而無十八,其編次又未短少;雜篇則有十二,十三,不止十一,雖經多次勘校,仍復訛奪至此,歷代竄亂,固非劉向定著之舊矣。

有三歸反坫,齊人不以爲侈。

三歸有見《論語》。《八佾篇》云:"管氏有三歸。"解者之說有四,惟《說苑·善說篇》:"管仲築三歸之台,以自傷於民。"朱注從之。此書錄爲劉向所撰,《說苑》亦出向手,則此篇更當依《說苑》爲釋也。

太史公曰:"余讀管氏《牧民》《山高》《乘馬》《輕重》《九府》,詳哉言之也。"《九府》言民間無有。《山高》一名《形勢》。

按劉氏校錄之例,其九曰"稽闕佚"。民間無《九府》書,謂其闕佚也。《史記索隱》云:"九府蓋錢之府,藏其書,論鑄錢之輕重,故云輕重九府。"則輕重當以九府連讀，非今本《輕重篇》也。既云民間無有，則向定著時已佚，故或疑《輕重篇》，亦後人因輕重九府之言所加入。又今本《形勢第二》，首句爲山高而不崩，故舊名《山高》，司馬遷所見如此，今本以形勢爲名，非其朔也。

《晏子敘錄》

所校中書《晏子》十一篇，臣向謹與長社尉臣參校讎。太史書五篇，臣向書一篇，參書十三篇，凡中外書三十篇，爲八百三十八章。除復重二十二篇，六百三十八章，定著八篇，二百一十五章，外書無有三十六章，中書無有七十一章。

按劉氏校錄之例，其十日記分章。此於八篇下再列其分章也。所謂中外書八百三十八章，定著既爲二百一十五章，則除復重應爲六百二十三章，今凡本內外八篇，總二百十五章，與劉向定著篇目合，則六百三十八章，蓋有誤。

《漢志》同《別錄》作八篇，劉歆《七略》，只作七篇，《隋志》《新舊唐志》鄭樵《通志》同《七略》（《四庫提要》謂《漢隋志》皆作八篇，誤）。《崇文總目》作十二卷，陳振孫《解題》同。以卷爲篇，後人所改。《七略》作《七編》者，蓋合雜上下二篇爲一也。十二卷本，則宋時所析（孫星衍序，謂宋時析爲十四卷，見《崇文總目》。今本《總目》，實作十二卷，《玉海》引亦同，孫誤）。至《史記索隱》謂今其書有七十篇，未知所據？

又陳振孫《書錄解題》云："《漢志》八篇，但云《晏子》，《隋唐》七卷，始號《晏子春秋》，今卷數不同，未知果本書否？"考《史記・管晏列傳》，即作《晏子春秋》，非始於《隋唐志》。劉知幾《史通》稱："晏子，虞卿，呂氏，陸賈，其書篇第，本無年月，亦謂之《春秋》。"今此錄雖僅稱晏子，與《史記》《七略》稱春秋不同，蓋二名兼行，非有異也。

其書六篇，皆忠諫其君，文章可觀，義理可法，皆合六經之義。又有復重，文辭頗異，不敢遺失，復列以爲一篇。又有頗不合經術，似非晏子言，疑後世辨士所爲者，故亦不敢失，復以爲一篇。

按劉氏校錄之例，其十一曰考異同。此書後兩篇，其一考之《晏子》他篇，雖同而文辭異。其一不同晏子言，疑後人所爲，然雖有異同，不敢遂失之也。其敘初子書錄，於《穆王》《湯問》《力命》《楊朱》諸篇，頗有異辭亦然。

《孫卿書錄》

所校讎中《孫卿書》，凡三百二十二篇，以相校，除復重二百九十篇，定著三十二篇。

孫卿即荀卿，荀之改孫，司馬貞《史記索隱》、顏師古《漢書注》，皆以爲避漢宣帝諱，後此因之。漢法觸諱，罪至死。劉向校錄官書，異於私著，有所觸犯，必爲改定，此理之當然也。本書《彊國篇》，有"荀卿之說齊相"句，即脫漏而未盡改之證。

定著三十二篇，《漢志》作三十三篇，王應麟考證云："當云三十二篇，《漢志》誤也"（《四庫提要》引劉向校書敘錄，稱孫卿書三百二十三篇，除重複二百九十篇，定著三十三篇，與本敘異，亦誤）。《隋志》作十二卷，《新舊唐志》同。《新唐志》另有《楊倞注》二十卷。唐仲友曰："孫卿新書，劉向定名，至倞分易卷第，更名《荀子》。"按倞，唐武宗時人，《隋志》已作十二卷，則分易卷第，不始自倞。今本二十卷，即倞注也。諸家皆同，只《季滄葦藏書目》作二十八卷。

是時孫卿有秀才，年五十，始來游學，諸子之事，皆以爲非先王之法也。孫卿善爲《詩》《禮》《易》《春秋》，至齊襄王時孫卿最爲老師，齊尚修列大夫之缺，而孫卿三爲祭酒焉。齊人或讒孫卿，乃適楚。楚相春申君以爲蘭陵令。人或謂春申君曰："湯以七十里，文王以百里，孫卿賢者也。今與之百里地，楚其危乎。"春申君謝之，孫卿去之趙。後客或謂春申君曰："伊尹去夏入殷，殷王而夏亡；管仲去魯入齊，魯弱而齊强，故賢者所在，君尊國安，今孫卿天下賢人，所去之國，其不安乎？"春申君使人聘孫卿，孫卿遺春申君書，刺楚國，因爲歌賦以遺春申君，春申君恨，復固謝孫卿。孫卿乃行，復爲蘭陵令。春申君死而孫卿廢，因家蘭陵。李斯嘗爲弟子，已而相秦。

唐仲友曰：

> 向博極羣書，序卿事大抵本司馬遷，於遷書有三不合；一，《史記·六國年表》，春申君死，當齊王建二十八年，距宣王八十七年，向言卿以宣王時來游學，春申君死而卿廢，設以宣王末年游齊，年已百三十七矣。

按此以本序所云，是時孫卿年五十，始來游學推之也。年五十之說，《史記》亦然，應劭《风俗通·窮通篇》作十五，歷代以來遂各有從違。晁公武云："《史記》年五十爲十五之譌。"胡元儀本之，謂作年十五者是也。《史記》與劉向序，皆傳寫誤倒耳。汪中《荀子通論》則從五十之說，謂顏之推《家訓·勉學篇》，荀卿五十，始來游學，之推所見《史記》古本已如此，未可遽以爲訛字也。且漢之張蒼，唐之曹憲，皆百有餘歲，何獨於卿而疑之。

近人考荀卿行歷者，如梁啓超、錢穆、游國恩，則以十五爲然；劉師培、胡適、羅根澤，則以五十爲然，所謂十五五十之異，蓋以荀卿來齊在何時爲其爭點，史未明言，故滋歧議。若唐仲友序，以宣王時游齊，則五十爲不合。然細繹向序，文義顯然。方宣王戚王之時至作書刺世，因後有齊尚修列大夫之缺一語，而追述前事。是時孫卿有秀才，是時者，宣王之時也。有秀才者，明孫卿當宣王之時尚幼也。此句屬上言。年五十始來游學，則爲另一時間之事，惜稷下已非極盛，而孫卿始來，此句屬下言。諸子作書刺世，孫卿又非諸子，補此義更足。是五十不誤也。

孫卿游齊之年，桓寬《鹽論·論儒篇》云"湣王矜功不休，諸儒諫不從，各分散，孫卿適楚。"是以游齊爲湣王之世，此說從者頗不乏人。然有以游齊爲齊王建初年者，其說又異。今考向序，孫卿善爲《詩》《禮》《易》《春秋》，至齊襄王時，孫卿最爲老師，齊尚修列大夫之缺，而孫卿三爲祭酒焉。揆其文義，明謂齊襄王時，尚修列大夫之缺，孫卿始來齊，三爲祭酒。蓋齊襄復國之後，尊崇學術之士，諸儒遂紛然來集，以孫卿資望最高。

宋濂《〈荀子〉書後》，謂孫卿襄王時游稷下是也，然孫卿之來齊爲襄王何年？則未能確指。試以齊襄王五年孫卿五十計之，宣十九年五歲，時當幼冲，下推至齊王建二十七年，春申君死，則孫卿九十一歲見廢不久而卒，是孫卿至齊，大約在襄王五年前後；若《鹽鐵論》所云湣王"矜功"，孫卿即適楚，似不可信。同書《毀學篇》云："李斯相秦，荀卿爲之不食。"李斯爲秦相，約在始皇三十四年，上距齊湣王之立，爲一百一十一年，距湣王之卒，爲八十一年。孫卿非百餘歲不及見，若五十游齊爲是，則年至百五六十歲，當無是理，其矛盾甚明，故不可據。至適楚之年，《史記》云："春申君相楚八年，以荀卿爲蘭陵令。"楚考烈王八年，爲齊王建十年，其適楚當在此年之前。

"齊人或讒孫卿，乃適楚。"盧文弨校本，於"乃適楚"上，重"孫卿"二字，謂宋本不重，據《史記》補。

按"或謂春申君曰：湯以七十里"云云，"後客或謂春申君曰：伊尹去夏入殷"云云。《國策》《韓詩外傳》，與向序有繁簡之異，然其意同，此劉向節錄也。胡元儀云："春申君所聽信者，惟觀津人朱英，春申君徙楚，都壽春，然則說春申君反郾卿于趙之客，蓋即朱英歟？"此或然之辭也。朱英嘗說春申君，見《國策》，然不能以此爲客即朱英之據。

汪中曰：

> 按春申君請孫子，孫子答書，或去或就，曾不一言，而泛引前世劫殺之事，未知其意何屬？且靈王雖無道，故楚之先君也。豈宜向其臣子斥言其罪。不知何人鑿空爲此，韓嬰誤以說詩，劉向不察，採入《國策》，其餘《荀子》《新書》又載之，斯失之矣。

胡元儀則斥汪氏爲武斷，謂：

> 書旨言春申將有劫殺之禍，指李園女弟之謀與親信李園也。故其詞隱，其意微，言外有去而不就之心，何得以去就不言爲疑耶？其說靈王也，直據《春秋》所記之事言，非斥其罪，《國策》載之，《韓詩外傳》載之，劉向校孫卿書，雖未載其謝書，然云謝春申書，以刺楚國，事不誣也。

今按胡氏之說是也。所遺書，《韓非子·姦劫弒臣篇》全采其文可證。至復爲蘭陵令。則《國策》《韓詩外傳》均未載。

"李斯嘗爲弟子，已而相秦。"盧文弨曰："宋本脫'已'字，據《史記》補。"按此補述李斯相秦，在郾卿歿後，"已"字即有歿後之意，不當脫。

孫卿之應聘於諸侯，見秦昭王，昭王方喜戰伐，而孫卿以三王之法說之，及秦相應侯，皆不能用也。

按劉向敘孫卿遊秦，未著年代，但《荀子》本書《儒效篇》，有與秦昭王問答，《彊國篇》有與應侯問答，遊秦之事當不誣。應劭《風俗通》繫之於初次適楚復去之後。考荀卿爲蘭陵令，在考烈王八年，當秦昭王五十二年。四十一年，秦以范雎爲相，封以應，號爲應侯。五十年，秦遭邯鄲之敗。五十二年，應侯即稱病篤歸田，何得共荀卿問答？其不可信甚顯。

胡元儀《別傳攷異》則謂：由趙入秦，不出秦昭王五十四至五十六三年中，并以劉向稱秦相應侯約言之，荀卿書直稱應候，不曰秦相，得其實矣。此更繆說。無論范雎既罷相歸應，不預朝事，何至接納郇卿？而郇卿"四世有勝"之語，亦不合。黃式三《周季編略》，列荀卿入秦於周赧王五十一年，當齊王建元年是也。蓋齊襄王既死，荀卿遂入秦，然後入楚。或以繫於遊齊之前，因游齊之年移後，故不得不如是也。

至趙，與孫臏議兵趙孝成王前，孫臏爲變詐之兵，孫卿以王兵難之，不能對也。卒不能用。

唐仲友曰：

> 田忌荐孫臏爲軍師，敗魏桂陵，當齊威王二十六年，距趙孝成七十八年。臨武君與卿議兵於王前，向以爲孫臏，倞以敗魏馬陵疑年。馬陵去桂陵，又十三年矣。

按孫卿至趙，在初適楚爲蘭陵後，劉向序錄極明，無須懷疑。但共臨武君議兵趙孝成王前，劉向以臨武君爲孫臏，遂滋紛呶。故唐仲友有言如是也。本書《議兵篇》，但稱臨武君，而無其人之名，若以爲孫臏，則與趙孝成王相差近百年，必無是理。楊倞注以爲楚將，引《楚策》春申君欲將臨武君，魏加以爲秦孽爲證，當是另一臨武君，而非孫臏也。沈欽韓以爲孫軫，軫與臏聲近，劉向序爲後人不知妄改。近人錢穆以爲龐煖，謂劇辛敗死於龐煖，亦如龐涓見殺於孫臏，事絕相類，劉向一時筆誤，遂致有誤。皆可備一說。

孟子者，亦大儒，以人之性善；孫卿後孟子百餘年，以爲人性惡，故作《性惡》一篇，以非孟子。

唐仲友曰：

> 遷書記孟子以惠王三十五年至梁，當齊宣王七年，惠王以叟稱孟子，計亦五十餘，後二十三年，子之亂燕，孟子在齊，若卿來以宣王時，不得如向言後百餘歲。

按孟子生卒，言人人殊，生年更多歧說，其卒年最可據者，爲孟子譜周赧王二十六年，當齊湣王三十五年。諸家所推孫卿年齡，無論主張何說，是時已四十至五十之間，孫卿雖後於孟子，相差不過如此，決無百餘年之久，此劉向誤也。胡元儀云：

> 向必言後孟子百餘年者，以《史記》言孟子所如不合，退而與萬章之徒，述仲尼之意作《孟子》七篇；又言郇卿者數萬言而卒，是孟郇著書，皆在晚年，故據孟荀之卒年相去百餘年爲言也。向讀中祕書，博覽參稽，其言信而有徵者也。

胡氏此說，亦未可信，荀卿卒年，決不能及始皇三十四年，以始皇三十四年上推至孟子卒，只七十六年，亦無所謂百餘年也。胡氏無以自解，故於孟子之卒年，又致疑焉。

蘇秦、張儀以邪道說諸侯,以大貴顯,孫卿退而笑之曰:"夫不以其道進者,必不以其道亡。"

　　按蘇秦被刺爲齊湣王六年,依前推算,孫卿爲十一歲;張儀死爲十五年,孫卿已二十歲,不能謂其不及見,但較年幼耳。孫卿見蘇張之行事,後著書頗不以爲然,故訕笑之。此"退"字指孫卿退而著書之時,不必定解爲相見而退,致啟同時與否之疑。《風俗通》"退"字作"随",爲隨即之意可證。

　　至漢興,江都相董仲舒,亦大儒,作書美孫卿。

　　盧文弨曰:"其'漢興'以下十七字,似不當在此,應在下文'蓋以法孫卿也'句下。"按盧說是也。十七字在此處,文義不順。"蓋以法孫卿也"下云:"孟子、孫卿、董先生皆小五伯。"頂接正合。董仲舒,儒者,今存《春秋繁露》及《膠西集》,皆無美荀子之言,蓋失傳矣。

　　又滑稽亂俗。

　　盧文弨曰:"宋本無'亂俗'二字,從《史記》增。"

　　處子之言。

　　盧文弨曰:"案《史記》作劇子之言,徐廣曰:應劭氏姓注,直云處子。"

　　楚有尸子長盧子芋子,皆著書。

　　盧文弨曰:

　　　　按宋本盧作廬,古可通用。今從《史記》,取易曉耳。《史記》芋子作吁子。《索隱》曰:"吁音芋,《別錄》作芋子,今吁亦如字也。"又按《漢書・藝文志》有《芋子》十八篇云:"名嬰，齊人。"師古云："芊音弭。"與此又不同。

今按《史記》吁子上有阿之二字，本序無。徐廣以爲東阿，《漢志》以爲齊人，東阿屬齊，當不誤。顏師古所謂，正義已云恐顏公誤也。尸子長盧子皆楚人，故有楚有二字，芊子既爲齊人，其上阿之二字，似不能少，如缺則芊子亦楚人矣。二字應增。

蘭陵人多善爲學，蓋以孫卿也。長老至今稱之。曰："蘭陵人喜字爲卿，蓋以法孫卿也。"

按汪中《荀子通論》引《漢書·儒林傳》，東海蘭陵孟卿，善爲《禮》《春秋》，授后蒼疏廣。因劉向有蘭陵人善爲學，蓋以孫卿，遂謂曲台之禮，荀卿之支與餘裔也。此殊牽附，劉向蓋泛言之，不能遂以此爲禮家傳授之證。

《列子書錄》

按《釋文》引作《〈列子〉〈新書〉目錄》。《新書》者，劉向奏書時所題，凡未校者爲故書，校定可繕寫者爲《新書》。

右《新書》定著八篇。

按劉向校書敘錄，惟《列子書錄》，篇目完整，可爲敘目之楷式，其前有《天瑞第一》《黃帝第二》《周穆王第三》《仲尼第四》《湯問第五》《方命第六》《楊朱第七》《說符第八》，故首云"右新書定著八篇，"然後爲"護左都水使者光祿大夫臣向言"，與各篇體式不同。他篇目錄，皆後人就各書篇目所錄列也。

列子者，鄭人也。與鄭繆公同時，蓋有道者也。其學本於黃帝老子，號曰道家。道家者，秉要執本，清虛無爲，及其治身接物，務崇不競，合於六經。而《穆王》《湯問》二篇，迂誕恢詭，非君子之

言也。至於《力命篇》，一推分命；《揚子》之篇，唯貴放逸，二義乖背，不似一家之書。然各有所明，亦有可觀者。孝景皇帝時，貴黃老術，此書頗行於世。及後遺失，散在民間，未有傳者。且多寓言，與莊周相類，故太史公司馬遷不爲立傳。

按劉氏校錄之例，其十二曰敘流別。此謂列子之學，出黃老爲道家，而道家之大旨如是也。《列子》一書，攻駁最多。柳宗元曰：

> 劉向古稱博極羣書，然其錄《列子》，獨曰鄭穆公時人，穆公在孔子前幾百歲，列子書言鄭國，皆云子產鄧析，不知何以言之如此。《史記》鄭繻公二十四年，楚悼王四年圍鄭，鄭殺其相駟子陽，正與列子同時，是歲，魯穆公十年，不知向言魯穆公時，遂誤爲鄭耶？然其書亦多增竄，非其實。

考今本《列子》，出東晉光祿卿張湛注，湛云：

> 先君所錄書中，有《列子》八卷。及至江南，僅有存者，《列子》唯餘《楊朱》《說符》《目錄》三卷。比亂，劉正輿爲揚州刺史，先來過江，復在其家得四卷，尋從王輔嗣女壻趙季子家，得六卷，參校有亡，始得全備。

唐宋以降，多疑其僞，柳宗元外，高似孫並疑本無列子其人，有如鴻濛列缺之屬。《四庫提要》則引《尸子·廣澤篇》，證當時實有列子。葉大慶宋濂亦謂高氏之說不然，而極以柳氏魯誤爲鄭之疑爲可據。黃震、姚際恆、錢大昕、鈕樹玉、何治運、俞正燮、汪繼培、吳德旋，及近人梁啟超、章炳麟、顧實、馬敘倫，皆謂後人所依託。或云周秦間人，或云漢人，或云魏晉人，或云東晉人。或云王弼，或云王浮葛洪，或云張湛，不一其說。

又有疑向序亦出僞造者，首見姚際恆《古今僞書考》，馬敘倫沿其說。有疑本書偽而向序不偽者，如章炳麟謂偽託者依附劉序爲之。日本武義因雄作《列子冤詞》，則確斷向序非偽。《列子》八篇，雖非禦寇之筆，且多經後人刪改，然大體尚存向校定時面目。謂姚氏以鄭繆公之誤，斷爲序非向作，因一字之誤而疑序之全體，頗不合理。況由後人之譌寫，抑由向自誤，尚未可知？

其駁馬氏疑向序者三；其一，以《莊子·讓王篇》之記事可信，未可如壺丘子林、伯昏无人等寓言一例視之。《讓王篇》是否莊周所作，與史料之價值如何？實無關係。其二，以爲《尸子》《呂氏春秋》《莊子》，謂《列子》貴虛，而劉向敍亦謂《列子》八篇駁雜，舉此證《列子》非真作則可，不能以證向序之偽。向序言其乖背，而《別錄》入之道家，想此乖背者雖與《列子》他篇不同，亦道家之支與流裔。其三，謂向校上此書，在永始三年，上距景帝約一百二十年，可見當時傳本頗少稍完全者，司馬遷《史記》終時，在景帝後約五十年，正淮南王上《莊子》而最流行之時，《史記》不爲列子立傳，亦由當時學者不引用列子。

武義氏之說，雖不盡充暢，頗有可取。列子實有其人，不惟《提要》所引尸子，《戰國策》亦有史疾引列圄寇之言。但事歷甚虛渺難徵，賴劉向一敍，稍有據依，不當反以不實不盡之記載難之。

今本《列子》，實非劉向編錄之舊，東晉人所依託是也。然向序則不偽。今《列子》中多有鄭繆公後事，使序屬偽作，必與原書所敍相應，此作譌者所熟知也。惟其欲依附向序，故仍其舊，然後就當時所傳殘餘之本，雜采各書，牽合補綴，以足八篇之數，遂不覺有乖於序，此甚可證序之真，而世反摘書中不合處以訛之，則過矣。此序前有完整篇目，後有上書年月，最可據。其敍列子之流傳與性質甚明，無確切之根據，不能搖撼之。

《說苑敘錄》

所校中書《說苑》雜事,及臣向書民間書,誣校讎。

按《漢志》劉向所序六十七篇。注云:"《新序》《說苑》《世說》《列女傳頌圖》也。"自《隋志》以至《四庫提要》,皆稱劉向撰。近人羅根澤,遂據取錄所校二字。證險志稱撰之誤,謂序次與撰者不同。考撰同篹,《漢志》:"門人相與輯而論篹。"《敍傳》:"故探篹前記,篹書刪詩,草法篹元。"注:"與撰同。"有篹述之意。又通選,有選擇之意。謂所序者(周壽昌注校,補謂或曰所序爲新序之訛。又或云:下有楊雄所序,因轉寫亦爲所也。此直無識),蓋編輯也。編輯自當選擇而篹述之。古人於撰篹二字,每無甚區別,以編成說爲篹,出己意著作爲撰,此後來所分。《隋志》稱撰,亦編次之意,不定誤也。各家書目稱撰,殆沿用耳,《說苑》《新序》,向多增補,後云更造,撰或有此義。

盧文弨曰:

> 按《論語》"焉可誣也。"《漢書·薛宣傳》作"可憮"。蘇林曰:"憮同也。兼也。"晉灼曰:"憮音誣。"疑此誣亦與憮同義。

今按傳用憮以當誣,憮誣互用,此解本通。但誣又作加解,又作妄解,於此句皆文義甚順,不必求之過深。

除去與《新序》復重者,其餘淺薄不中意理,別集以爲百家後,令以類相從。

盧文弨曰:"疑有脫字。"別集以爲百家後。姚振宗曰:"後當爲復。"是以百家斷句,下云:"復令以類相從。"姚說是也。別集句不甚可解。

更以造新事十萬言以上，凡二十篇，七百八十四章。

按劉向校訂《說苑》，一一條別篇目，則就原書整理，不當云更造新事，故孫詒讓以新事爲新書之誤，咸因《說苑》爲零碎記載，除舊本外，劉氏另有增入，與校錄他書不同，故曰更造，未知是否？

嚴可均曰："宋本《說苑》有劉向序，言凡二十篇，七百八十四章，今本《說苑》，尚少一百四十五章，是亦非完書也。"按《隋志》作二十卷，卷即是篇，《新舊唐志》作三十卷，盧文弨、周中孚皆云字之誤，是書至宋已殘，《崇文總目》存者五篇，曾鞏序謂於士大夫家得十五篇，合《崇文》五篇，始爲二十卷完書，其實曾氏所謂完書，蓋分《修文》爲上下，以足二十卷之數，尚缺《反質》一卷，陸游《渭南集》，記李德芻言，謂後高麗所進本補成，王應麟《漢志考證》亦然。當曾氏校其書時，其間不無編訂，故黃震以爲後世之殘斷錯誤，非必皆劉向本文。葉大慶疑非出向手，最盧文弨則謂章懷注《後漢書》《困學紀聞》等書所引，尚有出於今本之外者。考《唐志》劉貺有《續說苑》，似不必皆出中壘，其重複錯訛，自有別故。

號曰《新苑》。

陳振孫曰："《新苑》之名亦不同。"姚振宗曰："新下脫說字。"按敘錄稱《說苑》，此稱《新苑》，或《新說苑》，名不劃一。《漢志》無《新苑》之名，亦無《新說苑》，以劉向校書之例推之，當稱《說苑新書》，不於書名上加新字，非新下脫說，蓋新乃說之誤也。如敘《戰國策》，標題爲《戰國策書錄》，序云"所校中戰國策書"，後云，"宜爲《戰國策》"，稱名無不吻合。此稱《說苑敘錄》，首云"所校中書《說苑》"，而後獨云"《新苑》"，其爲字誤可證。

臣向昧死。

盧文弨曰："下當有謹上二字。"

《鄧析書錄》

中《鄧析》書四篇，臣敘書一篇，凡中外書五篇，以相校。除復重爲一篇。

按《漢志》云："《鄧析》二篇。"《宋志》作二卷。《崇文總目》云："《漢志》二篇，初析著書四篇，劉歆有目一篇，凡五。歆復校爲二篇。"與序云除重復爲一篇不合。今本實二篇，一《無厚》，一《轉辭》，此篇卷之異也。此敘本劉向所奏，而《總目》云"劉歆有目一篇"，此撰著之異也。故臣敘書，姚振宗云："似臣歆之誤。"然考楊倞《荀子注》，馬總《意林》，高似《孫子略》，皆作劉向，明刻本《鄧析子》，前有此序，亦然。《四庫提要》則作劉歆，並注云，"按高似《孫子略》，誤以此奏爲劉向，今據《書錄解題》改正"。檢今本《書錄解題》，無此說。《崇文總目》之作歆者，嚴可均《鐵橋漫稿》云：

《崇文總目》言，劉歆校爲二篇，今本二篇，即歆所分，而前有劉向奏，稱除復重爲一篇者，蓋歆冠以向奏，唐本相承如此也。知者，《意林》及楊倞《荀子注》，皆云向不云歆也。

嚴氏之說近是。但各篇皆有劉向題銜，或在前後，此獨未有，爲可疑耳。

析者，鄭人也。好刑名，操兩可之說，設無窮之辭。當子產之世，數難子產爲政，記或云：子產執而戮之。於《春秋左氏傳》：昭公二十年，而子產卒，子太叔嗣爲政，定公八年，太叔卒，駟歂嗣爲政，明年，乃殺鄧析而用其竹刑。《竹刑》，簡法也。久遠，世無其書。

子產卒後十年而鄧析死，傳記或稱子產誅鄧析，非也。

按劉氏校錄之例，其十三曰"辨是非"。鄧析之死，《列子》《荀子》《呂氏春秋》皆以爲子產所殺，此據《左氏》定九年傳，辨析死在子產卒後二十年，舊說非也。馬總《意林》引劉向曰："非子產殺鄧析，推《春秋》驗之。"與敍合。析蓋駟歂所殺。春秋之世，傳聞異辭，故就是非辨正之。析所著《竹刑》，久失傳，劉向時已無其書，或云：鄧析惟作《竹刑》，別無他書。

其論無厚者，言之異同，與公孫龍同類。

按今本《鄧析子·無厚篇》首云："天於人無厚也，君於民無厚也，父於子無厚也，兄於弟無厚也。"非名家堅白無厚之義。故或疑爲後世淺學者所爲，尚非戰國人僞造。王應麟《漢志考證》，謂其論無厚異同，與公孫龍同類與向序合，豈王氏所見，猶是劉向校訂之本歟。

《韓非子書錄》

故作《孤憤》《五蠹》《內外儲》《說難》五十五篇，十餘萬言，人爲傳其書至秦，秦王見《孤憤》《五蠹》之書曰："嗟乎！寡人得見此人與游，死不恨矣。"

按《漢志》篇數同。王應麟《考證》作五十六篇，蓋傳寫之訛也。《史記正義》引七錄作二十□□□，書目因之。惟《隋志》載二十卷外，有目一卷。錢曾《述古堂影宋鈔本》作二十四卷。元何犿《韓子》止五十三篇。明趙用賢校本，謂五十五篇不誤。今本二十卷，篇數同。

秦因急攻韓，韓始不用；及急，乃遣韓非使秦。

按韓非使秦，《史記·始皇本紀》及《六國年表》，均在十四年，爲韓王安六年。而《韓世家》則云五年。攻韓事，《韓世家》有之，《始皇紀》《六國表》但有攻趙，而無攻韓。頗歧出。大抵所謂急攻韓者，殆有其謀，而未發卒，韓聞，遣非來秦乞和。及非死，遂有内史騰攻韓事。其間必有相當年月，本紀年表，皆按年爲紀，故不載，《韓世家》則統括言之耳。

秦王悦之，未任用，李斯害之秦王曰："非，韓之諸公子也。今欲並諸侯，非終爲韓不爲秦，此人情也。今王不用，久留而歸之，此自遺患也，不如過法誅之。"秦王以爲然，下吏治非。

按《史記·韓非列傳》，載李斯姚賈害之。《戰國策》載姚賈出使四國，以珍珠重寶，外自交於諸侯，秦王封賈上卿。韓非短之，謂賈乃監門子，梁之大盜，趙之逐臣。王召賈問，賈答云："賈忠王而王不知……王聽讒則無忠臣矣。"秦王曰："然。"乃復使賈而誅韓非。與序並異。

司馬駰《史記集解》，謂《戰國策》非也。韓非爲人所讒，李斯外更有姚賈，此亦情理。不過非自韓來，處危疑之際，何暇譖人親信，深結怨戾，是可疑耳。序於非事，盡同《史記》，獨此無姚，未審何故？馬總《意林》引劉向云，亦有姚賈。此篇宋本《韓非子》有之，前不言所據各本，後無撰著人名，張溥《百三家集》，嚴可均輯《全漢文》，皆以爲劉向作。頗有疑之者，顧廣圻云："按此即《史記》列傳耳。《韓子》首必有劉向敘錄，而今佚之也"。姚振宗云："或以爲即劉氏敘錄，然無確證，未敢信，疑是王儉《七志》之文"。

以上《別錄》中奏書敘隸之僅存者。自《戰國策》以迄《說苑》，皆可確斷爲劉向所作。《鄧析書錄》，或以爲劉歆作；《韓非子書錄》，則舊無撰人，并在可疑之列。然就文之辭義理氣比勘，猶與劉向他篇相類。至嚴輯《全漢文》，有《闗尹子書錄》，《子華子書錄》，嚴云："疑皆宋人依託，姑錄之。"按《關尹子》，稱周關令尹喜撰。陳振孫《書錄解題》云：

> 其書久亡，徐藏子禮得於永嘉孫定，首載劉向序，末有葛洪後序，未知孫定從何傳授？殆皆依託也。序亦不類向文。

宋濂云："文既與向不類，事亦無據。"胡應麟云："篇首劉向序，蓋晚唐人學昌黎聲口，亡論西漢，即東漢至開元無有也。"《四庫提要》云："或唐五代間方士解文章者所爲。"《子華子》，稱周程本撰。朱熹云："觀其書數篇，與前後三序，皆一手文字，其前一篇託爲劉向，而殊不類向。"周氏《涉筆》云："《子華子》所著向序，文字淺陋不類向。"是兩書及序皆僞而屢經論定者也。然兩者雖依託，大抵爲唐宋人所著，其僞尚早。《百三家集》有於陵子敘，則明人所僞。嚴輯本無。姚際恆云："劉向曾上於陵子，今不傳，此乃明姚士麟僞撰，見祕冊彙函。"《四庫提要》云：

> 前有元鄧文原題詞，稱前代《藝文志》，《崇文總目》所無，惟石廷尉熙明家藏，又稱得之道流，其說自相矛盾。又有王鏊一引一跋，鏊集均無，其文之僞可驗。

此不足置論者也。故《關尹子》以下三篇，不錄。

三　釋文下　書錄佚文

讎校，一人讀書，校其上下，得謬誤爲校。一人持本，一人讀書，若怨家相對，故曰讎也。（應劭《風俗通義》，《文選》左太沖魏都賦李善注，《太平御覽》卷六百十八。）

殺青者，直治青竹作簡書之耳（《文選》劉孝標《重答劉秣陵沼書》注，《太平御覽》卷六百十八）。

新竹有汗，善朽蠹，凡作簡者，皆於火上灸乾之（虞世南《北堂書鈔》卷一百四）。

陳楚間謂之汗，汗者，去其汗也（《初學記》卷二十八）。

按馬國翰《玉函山房輯佚書》，首讎校一人讀書條，無"故曰讎也"四字。末陳楚間謂之汗條無。嚴可均輯《全漢文》皆有之。馬輯本謂此爲《輯略》之文，《輯略》者，《七略》之首。《別錄》無之，前已有考。其列入《輯略》者，皆《別錄》中各書敘錄原文，後世亡逸，僅存零斷，故失其源。如荀悅《漢紀》所稱，劉向典校經傳，攷異集同，因述《易》始自商瞿子木，受於孔子，以授魯橋庇子庸。《尚書》本自濟南優生。《詩》始自魯申公，作古訓，《禮》始於魯高堂生，傳《士禮》十八篇等。姚振宗斷爲《別錄》中《輯略》之文，皆非也。

向以中古文《易經》，校施孟梁丘經，或脫無咎悔亡，惟費氏經與古文同（《漢書·藝文志》引劉向）。

按馬輯本以此冠《六藝略》之首，嚴輯本無。攷《漢志》諸句，載易類小序，不云引劉向。《漢志》雖本《七略》，《七略》又本之《別錄》。然此等句，皆經班固改編，明爲班氏所云，非向原文，不能輯入《別錄》。下"向以中古文，校歐陽大小夏侯三家經文，《酒誥》脫簡一，《召誥》脫簡二，率簡二十五字者，脫亦二十五字；簡二十二字者，脫亦二十二字；文字異者七百有餘，脫字數十"。及向分《國語》二條，并同。

服氏，齊人，號服光（《漢書·藝文志》）。

陸德明《經典釋文》引作服光。姚振宗曰："猶言服先生也。漢人常有是稱，先字蓋寫誤。"按此恐未然，《釋文》在《漢志》後，應從《漢志》。

所校讎中《易傳》《古五子書》,除復重定著十八篇。分六十四卦,著之日辰。自甲子至於壬子,凡五子,故號曰《五子》(《初學記》卷二十一)。

所校讎中《易傳》《淮南九師道訓》,除復重定著十二篇。淮南王聘善爲易者九人,從之採獲,故中書署曰《九師書》(《初學記》卷二十一,《太平御覽》卷六百六)。

按劉氏校錄之例,其十四曰述原委。此明其稱《五子》《九師》之故也。《淮南九師道訓》,《漢志》作二篇。《別錄》衍十字,或《漢志》脫十字,未可定?

易家有救民之法(《史記·淮南衡田王傳索隱》)。

姚振宗曰:"應作救氏之注,《史》《漢》皆誤。"

《尚書》五十八篇(出《堯典》孔正義)

按《漢志》爲五十七篇。鄭玄云:"後又亡其一篇,故五十七篇。"王應麟《攷證》謂:"康成云:'《武成》逸書,建武之際亡。'所謂亡其一篇者,即《武成》。"

武帝末,民有得《泰誓》書於壁內者,獻之。與博士使讀說之,數月皆起傳以教人(《書正義》)。

姚振宗曰:"按《堯典正義》云:'百篇次第之序,孔鄭不同,鄭以賈氏所奏《別錄》爲次。'是《別錄》中有百篇之序。"今按此說是也。如《禮記》四十九篇,其下有各篇次第,可推而知。

《周書》七十一篇,周時誥誓號令也。蓋孔子所論百篇之餘也(《漢書·藝文志》)。

按此見《漢志》。顏師古注原文曰："劉向云：'周時誥誓號令也，蓋孔子所論百篇之餘也'。今之存者，四十五篇矣。"馬輯本蓋孔子以下皆以爲顏注，故所錄只周時誥誓一句，嚴輯本并蓋孔子一句錄之。姚振宗曰："今之存者云云，則顏氏之語也。"是百篇之餘一語，亦劉向原文，嚴輯本是。

《古文記》二百四篇（《〈釋文〉序錄》）

按《漢志》有《記》百三十一篇，當在二百四篇中。《隋書·經籍志》云：

> 劉向考校經籍，檢得一百三十篇，第而敘之；又得《明堂陰陽記》三十三篇，《孔子三朝記》七篇，《王氏史氏記》二十一篇，《樂記》二十三篇，凡五種，合二百十四篇。

《隋志》所謂一百三十篇，此傳寫顛例，一應在十下。二百十四篇，當爲二百十五篇。《釋文》所引二百四篇亦不同。篇之分合，《別錄》已佚，今不可攷矣。此條馬輯本無。

《禮記》四十九篇（《樂記正義》）

按《釋文》云："其篇次與今《禮記》同。"是《別錄》中有《小戴禮》，此四十九篇是也。又《藝文類聚》引《別錄》有《大戴禮》。二戴與向同時，《別錄》中分見大小戴《記》，至《漢志》但存古文篇數。故只云百三十一篇。

《士冠禮》第一，《士昏禮》第二，《士相見禮》第三，《鄉飲酒禮》第四，《鄉射禮》第五，《燕禮》第六，《大射儀》第七，《聘禮》第八，《公食大夫禮》第九，《覲禮》第十，《喪服》第十一，《喪禮》第十二，《士喪禮下篇》第十三，《士虞禮》第十四，《特牲饋食禮》第十五,《少宰饋食禮》第十六,《少宰下篇》第十七(《儀禮疏鄭目錄》)。

按《士冠禮疏》云:"大戴戴聖與劉向爲《別錄》十七篇次第,皆《冠禮》第一,《昏禮》第二,《士相見禮》第三,自兹以下,篇次則異,其劉向《別錄》,即此十七篇之次是也。"漢代所傳《儀禮》,凡三本:其一,戴德本。其二,戴聖本。其三,即劉向《別錄》本。三本中,二戴本,尊卑吉凶雜亂,鄭玄不用;劉本,則賈公彥所謂"尊卑吉凶,次第倫敘"者也,其編次實較善於兩本。

十一篇,餘次《奏樂》第十二,《樂器》第十三,《樂作》第十四,《意始》第十五,《樂穆》第十六,《說律》第十七,《季札》第十八,《樂道》第十九,《樂義》第二十,《昭本》第廿一,《昭頌》第廿二,《竇公》第二十三(《樂記正義》)。

按《禮記·樂記》,以《樂》本至魏文侯十一篇合而爲一篇,《正義》引《別錄》補第十二至二十三之目。嚴可均曰:"按《史記·樂書正義》云:'劉向《別錄》篇次,與鄭《目錄》同,而《樂紀》篇次,又不依鄭目。'《樂記正義》云:'依《別錄》所次,有賓牟賈師,有師乙,有魏文侯。'今此《樂記》,魏文侯乃次賓牟賈,師乙爲末,則是今之《樂記》,與《別錄》不同。"攷《漢志》謂:

> 武帝時,河間獻王好儒,與毛生等共采《周官》及諸子言樂事者,以作《樂記》。其內史丞王定傳之,以授常山王禹,劉向校書得《樂記》二十三篇,與禹不同。

是漢時《樂記》有兩本:一爲古樂記,一爲王禹記。姚振宗云:

> 其爲大小戴馬盧鄭所取者,乃公孫尼子所撰次,止于十一篇,當在《禮古記》百三十一篇中。此二十三篇,爲河間獻王與

毛生諸儒所論次，故其前十一篇之次第，與《禮記》微有不同。

姚氏以二十三篇《樂記》，爲河間獻王等所論次，與《漢志》不合。《漢志》以河間獻王等所論次之《樂記》，王禹所傳，王禹記爲二十四篇，今亡，劉向所得《樂記》，與禹不同，則《別錄》二十三篇之《樂記》，非河間獻王本可知。今《別錄》本其第十二以下雖亡，然有此目，則《古樂記》不止十一篇也。公孫尼子次撰《樂記》，《隋志》引沈約奏答謂：「《樂記》取公孫尼子。」《樂記正義》引劉瓛云：「《緇衣》，公孫尼子作。」事必非誣。然《漢志》有《公孫尼子》二十八篇，則關於記樂，其篇數若干。仍未可遂定也。

《樂歌詩》四篇（《隋書·音樂志》）

按《漢志》作《雅歌詩》。姚振宗引劉向《別錄》曰：「漢興以來，善雅歌者魯人虞公，發聲清哀，遠動梁塵，受學者莫能及也。」嚴輯本無。馬輯本不列於此。

趙氏者，渤海人趙定也。宣帝時，元康神爵間，丞相奏能鼓琴者，渤海趙定，梁國龍德，皆召入溫室，使鼓琴，時間燕爲散操，多爲之涕泣者（《藝文類聚》卷四十四，《太平御覽》卷七十九，《後漢書·劉昆傳》注，《白帖》卷六十二，《事類賦注》卷十一）。

按嚴輯本及姚振宗所引，皆「召入」下有「見」字。姚氏所引，「使鼓琴」下，有「待詔定，爲人尚清靜，少言語，善鼓琴」十四字。

師氏雅琴者，名忠，東海下邳人。言師曠後，至今邳俗猶多好琴也（《北堂書鈔》卷一百九）。

按嚴姚西本，名忠均作名志，「言師曠後」上有「傳云」二字。姚本「師曠後」作「師曠之後」，并云：「按班氏云：『名中』此云名志，未詳孰是？」

《龍氏雅琴》百六篇(《隋書·音樂志》)

按《漢志》有《龍氏雅琴》九十九篇，姚振宗曰："此言百六篇，當是合淮南劉向等《琴頌》七篇在內也。"劉向校錄書籍，未必即將已作《琴頌》編列在內，而不別白。以篇數計之雖符，然不可信。

左邱明授曾申，申授吳起，起授其子期，期授楚人鐸椒，作《鈔撮》八卷，授虞卿。虞卿作《鈔撮》九卷，授荀卿。荀卿授張蒼(《春秋左傳正義》)。

按《漢志》有《鐸氏微》三篇。注云："楚太傅鐸椒也。"《虞氏微傳》二篇。注云："趙相虞卿。"《別錄》所載《鐸椒鈔撮》八卷，《虞卿鈔撮》九卷，皆未合。姚振宗曰："《別錄》云《鈔撮》八卷，似後文尚有今定著三篇云云，抑《鈔撮》別爲一書也。"又曰："《鈔撮》九卷者，似謂儒家之《虞氏春秋》，非謂此書，史言《虞氏春秋》八篇，加以錄一篇，正合九卷之數。"攷《漢志·鐸氏微傳》，與《別錄》兩《鈔撮》，名不同而篇目異，各爲一書，當無疑義，姚氏謂別爲一書是也。餘說殊近牽附。

《世本》，古史官明於古事者之所記也。錄黃帝以來帝王諸侯及卿大夫系諡名號凡十五篇也(《史記集解序》《索隱》)。

按姚振宗引《別錄》末句云："十五篇，與左氏合也。"馬輯本無。

孔子見魯哀公問政，比三朝，退而爲此記，故曰三朝。凡七篇(《史記·五帝本紀索隱》)。

按《蜀志·秦宓傳》裴松之注引，稱劉向《七略》，此誤也。《藝文類聚》引作孔子三見哀公，作《三朝記》七篇，今在《大戴禮》。

徐子,外黃人也。外黃時屬宋(《史記·魏世家集解》)。

按嚴輯本無"外黃時屬宋"。

楊雄經目:有《玄首》《玄衝》《玄錯》《玄測》《玄舒》《玄瑩》《玄數》《玄文》《玄掜》《玄圖》《玄告》《玄問》,合十二篇(《漢書·楊雄傳蕭該音義》,《太平御覽》卷三百八十五)。

按《蕭該意義》及《御覽》又引《劉向別傳》云:

楊信,字子烏,雄第二子,幼而聰慧。雄筆《玄經》,不會子烏,令作《九數》而得之。雄又疑《易》"羝羊觸藩",彌日不就。子烏曰:"大人何不云荷戈入榛?"

姚振宗曰:

《別傳》疑是《別錄》中之《別傳》。王儉作《七志》,每人各次以傳,蓋即用《別錄》體例也。然考劉壘卒於成哀之間,而子雲于哀帝時方草太玄,書尚未成,何由於《別錄》中載其篇目?又攷《別錄》載楊雄書,唯《詩賦略》中《四賦》,因成帝時奏御,得著於錄。意者,其時子烏已死,劉氏于著錄《四賦》,因而記其事歟?又蕭氏引《別錄》,有《玄舒》。又云:有《玄問》,合十二篇。其本傳本書并異,顏氏已辨之。然中壘所記,在子雲未成書之時,其間容有與定本互異,不足怪也。

攷《漢書·楊雄傳》云:"哀帝時,丁傅董賢用事,諸附驪之者,或起家至二千石。時雄方草太玄。"當成帝綏和元年,劉向已卒,不惟不能載其篇目,且不能載入《太玄》;雄書未成,向即記入《別錄》,亦無是理。蕭氏所引,蓋劉歆《七略》之誤。隋唐以後,《別錄》《七略》,往往混雜不分,《別傳》亦猶是也。《詩賦略》著錄《四賦》，亦劉歆所編列，未必同也。《雄傳》又云："故有《首》《衝》《錯》《測》《摛》《瑩》《數》《文》《㧗》《圖》《告》十一篇"，與此另有《玄問》合十二篇不同。舒作摛，營作瑩，亦異。姚氏以爲未成書及定本之殊，則近是。

鬻子名熊，封於楚。辛甲，故殷之臣，事紂蓋七十五諫而不聽，去。至周，召公與語，賢之，告文王，親至迎之，以爲分卿，封長子。長子今上黨所治縣是也（《史記·周本紀集解》）。

按鬻子名熊，封於楚。姚振宗曰："疑引之者，誤節其文。""辛甲"以下，嚴可均曰："當別爲一條"。然嚴本末尾，無"長子今上黨所治縣是也"句，蓋以此句爲裴駰語。考《晏子敘錄》，有"萊者，今東萊地也"。於地名頗加闡釋，此或是《別錄》原文。

人間小書，其言俗薄（《漢書·藝文志》）。

姚振宗曰："《別錄》當是民間，此蓋顏監避諱所改也。"今按此說是也。《管子書錄》有"《九府》書，民間無有"。《說苑敘錄》有"所校中書《說苑雜事》及臣向書《民間》書"。《申子》有"今民間所有上下二篇"。皆可證。

或言輯諸公孫之所作也。言陰陽五行，以爲黃帝之道，故曰《泰素》（《漢書·藝文志》）。

姚振宗曰：

> 按《史·殷本紀》，伊尹從湯言素王及九主之事，《索隱》曰："素王者，太素上王，其道質素，故曰素王。"此言《泰素》，其義亦猶是耳。

今按此未盡確。《乾鑿度》云："太初者，氣之始也；太始者，形之始也；太素者，質之始也。"《大戴記》《列子·天瑞篇》注皆引之。《白虎通》并云："始起之天，先有太初，後有太始，形兆既成，名曰太素。"此書所言陰陽五行，蓋以爲天地所始，故有是名。

過字作輠。輠者，車之盛膏器也。煥之雖盡，猶有餘流者，言淳于髡知不盡如炙輠也（《史記·孟荀列傳集解》）。

按劉氏校錄之例，其十五曰存別義。齊人頌談天衍。雕龍奭，炙轂髡。此云過作輠，車盛膏器，則過與鍋相近，其另一義也。

申子學號曰形名者，循名以責實，其尊君卑臣，崇上抑下，合於六經也（《史記·張叔傳索隱》）。

按嚴姚輯本，其末并有"宣帝好觀其《君臣篇》"句。

尹文子與宋鈃俱游稷下（《漢書·藝文志》）。

按《宋中興書目》曰："尹文子，齊人。劉向以其學本于黄老，居稷下，與宋鈃彭蒙田駢等，同事于公孫龍。"似亦《別錄》之文。

毛公九篇，論堅白異同，以爲可以治天下，此蓋《史記》所云，"藏於博徒者"（《漢書·藝文志》）。

按嚴輯本"此蓋《史記》所云"以下無。馬輯本并有"《史記》趙有處士毛公，藏於博徒，薛公藏于賣漿家，漿或作醪"。攷趙有處士至賣漿家，此《史記·信陵君傳》正文，《集解》引徐廣曰："漿或作醪。"《索隱》曰：'徐按《錄》也。"《索隱》謂徐廣按《錄》，殆指漿之作醪，《別錄》本文，未必如是？入劉向《別錄》，不合。嚴氏未引是也。姚振宗所引末句云，"此蓋《史記》所云毛公藏于博徒，薛公藏于賣醪家者"，則以己意編合之，亦未是。

《我子》爲墨子之學（《漢書·藝文志》）。

按《漢志》,《我子》一篇。邵思《姓解》云:"古賢者我子,著書五篇。"篇數不合。姚振宗曰:"按此言五篇者,或劉氏敍錄有《中外書》五篇,除復重定著一篇之語,因而致誤歟?"應劭《風俗通》以爲六國時人。

今案:尸子者,晉人也(《史記·孟荀列傳集解》)。
梁玉繩曰:

《史記集解》引劉向《別錄》云:"佼,晉人"。《後漢書·呂强傳》注同,當是也。乃史作楚人,《藝文志》作魯人,蓋因其逃亡在蜀,魯後屬楚故耳。

按此蓋傳聞之異,自當以《別錄》爲是。或謂尸子有二,故多歧出。

少時數問長老賢人,通於事及朔時者,皆曰:"朔口諧倡辯,不能持論,喜爲庸人誦說,故令後世多傳聞者。"(《漢書·東方朔傳》)

按此《漢書·東方朔傳》贊語,雖曰劉向言,不必定是《別錄》文。嚴輯本無。馬輯本以爲《東方朔傳》注既非,入之《別錄》,亦不盡當。姚振宗曰,"此引劉向,似亦《別錄》文",作疑似之辭,尚是。

朔之文辭:《客難》《非有先生論》,此二篇最善。其餘有《封泰山》《責和氏璧》及《皇太子生禖》《屏風》《殿上》《柏柱》《平樂》《觀獵賦》《八言七言上下》《從公孫宏借車》,凡朔書其是矣(《漢書·東方朔傳》)。

按此《東方朔傳》原文,末句爲"凡劉向所錄,朔書具是矣",明是作傳人語氣。顏師古曰："劉向《別錄》所載。"蓋指上錄各書，非謂此段文辭，馬輯本截去末句劉向二字，入之《別錄》，有未當。

丹，燕王熹之太子（《史記·刺客列傳索隱》）。
督元膏腴之地（《史記·燕世家集解》）。
按各家皆繫此於《荊軻論》五篇下。姚振宗："《別錄》佚文，有此二語，似即爲此書發也。不可詳攷，今姑繫之此。"

疑李悝及商君所說（《漢書·藝文志》）。
按此謂《神農》二十篇也。劉氏校錄之例，其十六曰明真僞，以神農之世，不當有作，爲李悝商君所依託也。

尹都尉書有《種瓜》篇（《太平御覽》卷九百七十八）。
有《種芥》《葵》《蓼》《薤》《蔥》諸篇（同上卷九百七十九、九百八十）。**尹都尉有《種蓼》篇，有《種蔥》篇。曹公既與先生言，細人覘之，見其拔蔥**（《藝文類聚》卷八十二）。
按姚振宗所引，無"曹公"以下諸句，並云："此乃類事者，取魏武昭烈事，轉寫誤連爲一條，而譌先主爲先生耳。今不取。"諸句在此，頗爲不倫，姚說近是。

使教田三輔，有好田者師之，徙爲御史（《漢書·藝文志注》）。
按此《別錄》中氾騰之十八篇佚文，《太平御覽》又引《氾勝之書》曰："衛尉前上《蠶法》，今上《農法》，民事人所忽略，衛尉慇之，可謂忠國愛民之至。"姚振宗曰：

> 此似當時詔書襃美之文，又似《別錄》中語。氾勝之與劉中壘典校諸子時，適會其上《農法》，故云。今因併其前所上《蠶法》，合爲一編。攷《鄭樵氏族略》謂《農書》十二篇，則

《蠶法》六篇,合十八篇之數。

使教田用輔諸句,不知當屬何篇?已無徵玫者矣。

因以自諭自恨也(《史記·屈原賈生列傳集解》)。

按此賈生《弔屈原文》:"章甫荐履兮,漸不可久"注。馬輯本列之《屈原賦》二十五篇下,無理。

有合賦(《太平御覽》卷七百一十七)。

按馬輯本,劉向無此賦。

有《麒麟角杖賦》(《北堂書鈔》卷一百三十三)。**《有行過江上弋雁賦》《行弋賦》《弋雌得雄賦》**(《太平御覽》卷八百三十二)。

馬國翰曰:"二書引《麒麟角杖》等賦,止題劉向《別錄》,未言誰所作,意皆向賦。然未明言劉向,故列劉向賦後,別行書之。"按馬氏此頗謹嚴,姚振宗則以之全屬劉向。

有《麗人歌賦》(《藝文類聚》卷四十三)。

按姚振宗繫枚皋賦下,并云:"《別錄》佚文有此語,不知當何屬?今考《文章緣起》云:枚皋作《麗人歌詩》,似乎爲枚皋而發也。姑繫於此。"馬輯本列隱書後,不強斷其何屬是也。然以漢興以來,善雅歌者魯人虞公一條,綴諸其下,則悖矣。

蹴踘者,傳言黃帝所作。或曰:起戰國之時。蹋鞠兵勢也。所以練武士知有材也。皆因嬉戲而講練之(《史記·蘇秦列傳集解》)。

按釋之應《大般涅槃經音義》引云:"楚,鞠也。"《新書》二十五篇傳云,"黃帝所作。或曰:起戰國時",記云:"黃帝也"。《太平御覽》卷二百九十七作"所以陳之,知武材也"。"練之"作

"習也"。《後漢書·梁冀傳》注："蹵"作"蹴"，戰國下無"之"字，"蹋"作"蹴"，無"士"字及末句。《御覽》卷三十引云："寒食蹋蹴，皇帝所造，本兵勢也，或云起於戰國。"《史記·衛將軍傳索隱》"蹋蹴"二句，"士"作"事"。姚振宗引"起戰國之時"下，有記云："黃帝也，蹴亦蹋也。""講練"作"講習"，下有"今軍士無事，得使蹋鞠，有書二十五篇"。此條引者頗眾，而字句各不同。

人民密，蚕蝨眾多，則地癢也（《北堂書鈔》卷一百五十七）。

鑿山鑽石，則地痛也（同上）。

按此兩條，未知何屬？姚振宗繫於《五法積貯寶藏卷》二十三卷下，並云："《論衡》有云：'地之有人民，猶人之有蚤蝨也。'似即《別錄》此兩條上文，故其下云，'人民密，蚤蝨眾多'蓋比喻之詞。皆此書敘錄中語歟？"蓋以爲《相地書》中之言。

使子明炊湯，子儀脈神，子術按摩（《周禮》《疾醫書》）。

按此扁鵲診趙太子疾也。與《說苑·辨物篇》"使子容擣藥，子明吹耳，陽儀反神，子越扶形，子遊矯摩"，互異。嚴輯本無。

以上《別錄》中各書敘錄佚文。諸家并同而無他義者，從略。劉歆《七略》及《上山海經表》，以未陟劉向，不錄。

评 论

评《阿伦特的宪政主义》

沙 孔（Rodrigo Chacón） 撰

项 锐 译

沃克（Christian Volk），《阿伦特的宪政主义：法律、政治和自由的秩序》（*Arendtian Constitutionalism: Law, Politics and the Order of Freedom*），Oxford: Hart, 2015。

沃克（Christian Volk）的著作也许是近几年中有关阿伦特（Hannah Arendt）的最富雄心之作，他在书中为我们呈现了一个阿伦特的当代形象。沃克把关注的焦点放在了关塔那摩（Guantánamo）、摩洛哥（Ceuta）、兰佩杜莎（Lampedusa）以及索诺拉沙漠（Sonora desert）等无政府状态地区，因为这些地区正是生活在动荡之中的人群占世界人口比例日益增多的典型代表。而这是从阿伦特的著作中所获得全新的现实意义，即所谓的"当下视域"①（伽达默尔

---

① ［译按］属于伽达默尔的解释学中"视域融合"概念的一个组成部分，其他两个部分为："解释者的视域"和"文本的视域"。作者在这里想要表明，沃克的著作符合"视域融合"的过程。

[Gadamer])。我们早已不再处于"新起点"的门槛之上，特别是像20世纪80年代和90年代受阿伦特学术启发而兴起的东欧自由运动。而21世纪的前景则更加暗淡：当秩序问题摆在首要位置时，这一时期更类似于两次世界大战的间隙。根据沃克的解释，我们的时代会凸显出真正的阿伦特——一位与韦伯（Max Weber）和本雅明（Walter Benjamin）非常接近的思想家，而不是近几十年中一直被视为"激进民主主义者"或是"后现代主义者"的阿伦特，她是一位关注秩序同时也关注自由的思想家，或以沃克的核心命题来讲，是一位关注"自由的秩序"的思想家。

为了在大量学术研究中重新发掘阿伦特的工作，沃克把注意力集中在原始德文版本的著作上，首先是《极权主义的起源》（The Origins of Totalitarianism）和《论革命》（On Revolution）。沃克指出，与通常的认识相反，这些著作并非用英文写成——至少一开始不是。阿伦特上千页的学术笔记（或Denktagebuch）表明，她以德语来展开自己思想工作绝大多数的主体部分。然后，她将这些思路翻译为她现在那些经典著作的"最初"英文版，而这些著作她最终又重译回了德文。因此，她的著作存在两种——但不相同的——"原初"版本：英文版是大量关于阿伦特学术研究建立的基础；相比之下，德文版不仅篇幅更长，其内容也更为丰富。（比如，德文版《论革命》[Über die Revolution]比英文版的篇幅多了四分之一，主要是因为该书以更为全面和详细的方式展开讨论了一些核心问题。）

阿伦特的宏伟夙愿就是要从根本上重新思考西方政治哲学中的基本概念，如秩序、法律及自由。生活在21世纪动荡中的人们（特别是在2014年，大约有六千万难民，其中许多人事实上是无国籍的），与在20世纪30年代一样，仍处于危险和不安定中，但这在根本上不是因为全球的不平等，也不能说是由于全球化和"失败政府"的激增。在阿伦特的立场看来,危机的根源似乎来自理念。我们可能用于描述当下困境的词汇如"民族国家"、"主权秩序",或"合法暴力的垄断",都有致命缺陷。我们对"人权"所做的同一呼吁,其实是一种误导(页191)。在阿伦特的语境中,只要我们不断呼吁民族国家秩序的原则,那么,"世间有保障的和平"就会和"圆的方"一样,不过是虚无缥缈的"乌托邦"(页17)。

《阿伦特的宪政主义》试图寻找出另一条路径。通过细致的哲学重构,以及对于阿伦特德文和英美学术工作非常深入的批判,沃克指出其作品的全貌必须放在国家、法律及秩序三位一体的条件下才能理解(页19)。核心难题是如何重建秩序的原则,这一点始终贯穿在沃克阅读阿伦特的著作过程中。阿伦特如何构思法律及其强制力?她如何构思国家?关于"新开端"的现代信仰的失败,与她对于在法律秩序上所需的保守理解之间如何协调?毕竟,这种法律秩序可能包含了自由的体验,并令自由的体验得以可能。

该书的头两章一开始就解释了为什么以往重要的传统概念是有缺陷的。沃克这里特别将注意力集中于民族国家(nation-state)的概念上。民族国家自从法国大革命时期开始就是一个"不切实际的"政府形式(页15、19),这一情况也从两次世界大战的间隙贯穿到了当今的全球化世界。这一论断背后的根本原因是,民族国家没有能力掌控其自身的异质性(页47)。这一观点早已由与马克思(Karl Marx)和施特劳斯(Leo Strauss)这样完全不同的思想家所接受。由于国家与公民社会之间在构成上的差异,现代的(自由宪政的)国家允许(并因此扶持)歧视和排他性的存在。的确,现代政治史可视为解决以下一系列问题的尝试:"如何在多数投票中消除异见"——同时还要保证自由(参页67)?尽管霍布斯、卢梭以及马克思都在寻求通过公民化资产阶级来消除国家与公民社会之间的差异,但斯密

(Adam Smith)、黑格尔以及托克维尔(Tocqueville)则都在试图建立二者间的互补性。在这一问题上,同其他两次世界大战之间的思想家(他们在当时是少数)如施米特(Schmitt)、施特劳斯和韦伯(他更像是个民族主义者)一样,阿伦特也在寻求一条不同的道路。

特别是在《极权主义的起源》当中,阿伦特展开了对于民族国家的深入批判。民族国家的瓦解导致了极权主义的兴起,这是因为其对于"主权的"政府、"宪法的"政府和"国家的"政府的理解是非常自我的理解。所以,极权主义根本上不是一个道德、伦理或人类学的问题,而是现代政治概念内在张力的具象化形式(参页16、191)。沃克从历史的角度,对这些一直困扰并最终摧毁了欧洲民族国家的张力或"悖论"提供了一个解释。也许核心的悖论便是主权自身的消除(页33)。这一问题在于,被理解为一个国家"人民"的自决权的主权,破坏了被理解为法治意义上的主权。前者是凭借着自从法国大革命以来国家和人民就必须等同的情况来理解的,而阿伦特在美国却发现这一理解只是个例。这并不是一个新的观点,它已经很接近例如施米特所探讨的民主和自由之间固有的张力。这个观点新颖的地方在于阿伦特的洞见,她依据以往经验,发现了导致法治内在退化的结构。关于这个复杂的过程,沃克细致地用了大量史学学术工作来铺垫,我们只需要提到上文提及的现代思想家未能预见到的无政府状态就可以了。尤其是20世纪20年代的非国籍化运动,产生了大量的无政府人民(俄国人、美国人、斯洛代克人、犹太人),破坏了现代民族国家在概念上的构成。其原因如下(为简单起见,我不得不抛开沃克的细节分析):借由主权自身决定自身的原则,无政府状态下的人们在任何意义(主权人民、主权法律)上都被视为主权以外的事物,因此也被排除在任何形式的秩序和保护之外。在阿伦特的著名用语中,无政府状态下的人们被剥夺了"拥有权利的权利"。这种排除是众所周知的历史事实,并持续影响着上百万的人们。问题是,政治理论为什么以及如何在其中起着确切的作用?

沃克用五章篇幅给出了答案。第一章给出上述问题的大概情况。第二章及第三章分别重构阿伦特关于民族和国家的概念。二者作为对人民主权的批判,在第四章得到了详细阐述。最后一章则在重构阿伦特对法律概念的理解的基础上,给出关于"阿伦特的宪政主义"的积极建议。

为了解释民族国家为什么不能掌控异质性,沃克在重构阿伦特已有的国家概念的同时,也重新考察了阿伦特从卢梭那里得到的对于法国大革命的理解。沃克指出,比起一开始对卢梭的赞扬,阿伦特后来已经对卢梭有了更深入的理解。关于普遍意志(General Will)问题,近来学界集中关注其产生过程(塔克[Richard Tuck])、历史起源(赖利[Patrick Riley])及其康德哲学的传统(维克利[Richard Velkley]),但阿伦特则尝试理解能够巩固普遍意志说的哲学人类学。卢梭提出的这种团结与一致形态,已被极大地扩展成为关于民族的现代概念,但它以一种个体与自身相抗衡的"情感异化"过程为基础。仅仅借由一种奇特的"情感情绪",不是以(社会内的)激情而是(内在的)感受为基础,卢梭设想出政治社会中自我aliénation totale[完全异化]的可能性(页73–76)。通过这种令政治道德化、令政治事务内在化的思考方式,卢梭为现代的爱国主义概念铺平了道路,但这种爱国主义概念对于秩序来说终究是不稳定的(以及不合理的)基础。

根据沃克的叙述,阿伦特在不太可能的来源——韦伯那里找到了另一种秩序概念。沃论对阿伦特隐含的预设作出了有趣的探索,并认为,阿伦特剽窃了韦伯关于现代法律中包含内在合理性的理论。法律领域的自主权,独立于经济、宗教以及政治上的诸多考虑;这一自主权提供了一个便于运用的恒定准则,而且是所有人都可理解的,于是,显而易见的预见便是法律令资本主义的兴起成为可能(页101、103、119)。这一在阿伦特的作品中偶然浮现的隐秘的法律概念,是阿伦特眼中牢固的政治秩序的关键基础。韦伯所设想的法律领域与政治领域相分离;而阿伦特则试图认为法律和政治拥有共同的起源,或是相互促进。

最后一章说明了宪政的可能性。现代欧洲的历史表明,韦伯从法律的合理性中推导出政治的合理性的探索注定要失败(参页175)。德莱弗斯事件(Dreyfus affair)①便是该问题最明显的例子:政府倾向于成为国家管理机构,而法律的形式理性却在情感沉重的volonté générale[普遍意志]祭坛上被牺牲了。这表明,法律领域几乎不可能从政治环境中分离出去。于是困惑便在于如何避免两种极端处境:一是法律上的形式主义,它使得法律脱离了政治与政治活动;另一方面则是激进民主,它令法律瓦解为政治,并使得建立稳定可靠的法律体系不再可能。

答案部分在于提出新的正当性(legitimacy)概念:

> 只有当法律允许并使得政治活动的产生得以可能时,法

---

① [译按]这是一起法国历史上的著名冤案。当事人及受害者德莱弗斯(Alfred Dreyfus,1859-1935)是当时的法国炮兵军官,其犹太人的身份受到当局的怀疑,并受当局指控向别国泄露情报而以间谍罪被捕。在缺乏直接证据的前提下,当局并未将其无罪释放,反而制造了一系列伪证并将德莱弗斯流放。当后来有人指出真正的嫌疑人时,当局反而否认其罪名成立。于是在法国国内爆发了一场关于审判原则的争论,反犹太团体和保德莱弗斯派之间的斗争将这一事件上升为一场政治运动。后来德莱弗斯得到平反,但这一运动却改变了法国政坛的局面。

律才是正当的。(页117)

政治活动至关重要的一点就是,它不单单是任意一种集体活动。政治意义上的行动是"与他人一起"的行动,而不是"为了"或"反对"他人而行动。(当我们牺牲自己的个人利益而服务于共同体的利益时,我们便是在"为"他人行动,就像在基督教伦理和卢梭的普遍意志中那样。我们由此消融了我们之间的空间,这一空间构成政治关系并确保多元的意见。我们在"我们-他们"的结构中"反对"他人的行为,与施米特好斗的政治概念不同[页231]。)至于我们为什么"不应""为了"他人或"反对"他人而行动,阿伦特暗示的答案很简单:没有所谓的"应当"(ought)——只有在"我们对抗他们"(us vs. them)的行为模式中,才会产生"无止境的秩序与毁灭之间的螺旋式发展"(页231),[而在这种"我们对抗他们"的结构中,]"为了"他人的行为才会摧毁多元性,并进而摧毁令政治活动产生意义的因素。

受篇幅所限,拙文无法展现沃克重新解释阿伦特作为"自由秩序"理论家的所有细节。但这已足以使人们注意到这本重要著作的贡献。据我所知,该书包含了绝大多数阿伦特如何理解法律的说明(这是我不得不省略篇幅的原因)。向来有人指责阿伦特的思想缺乏规范性的批评,这本著作则对此提供了一个十分令人信服的回应(还有部分回应在于区分上文勾勒的行为模式,并澄清了这一点:并不是任何一种权力的表达都是积极的或者解放性的[页185])。这表明阿伦特并不像通常以为的那样,对贫困等社会问题视而不见(页239)。最后,该书强调,阿伦特对于解决当今全球化世界所陷入的困境具有重要意义,尤其是思考了真正关于人性的政治概念的重要性(页43)。

评劳勒《现代的美国式尊严》

施耐德（Thomas E. Schneider） 撰

李 鑫 译

劳勒（Peter Augustine Lawler），《现代的美国式尊严：我们作为人是谁，以及这对我们的未来意味着什么》（*Modern and American Dignity: Who We Are as Persons, and What That Means for Our Future*），Wilmington, DE: ISI Books, 2010。

七十年前，耶稣会神学家卢巴克（Henri de Lubac）著有《人文主义无神论者的戏剧》（*Le drame de l'humanisme athée*）。书名中的"戏剧"一词发端于如下问题：近来的无神论学者在转变欧洲人的基督教有神论方面，是否取得了成功？如果成功了，将会产生怎样的后果？劳勒的这本书如果取名为《"尊严"的戏剧》或许更好。不过，这部"戏剧"里的一些基本构成还需要梳理清楚。

《现代的美国式尊严》是由12篇"关联紧密的论文"组成的文集（页1）。所有文章均曾发表，或作为报刊文章和评论，或作为书籍章节。文章来源五花八门，使得这本文集也略微多样化。"尊严"是前四篇文章的一个明确主题,从标题中便可以看出。同时"尊严"也是其他文章的隐含主题,因为这些文章都探讨了"我们是谁"和"人是什么"(或者说"人的确切含义是什么")的问题,进而反映出人之为人的重要意义。有些文章在谈论上述主题时,则采取有时显得略为宽泛的评论方式,评论了那些劳勒也深受其影响的思想者的思考:比如德尔索(Chantal Delsol)、① 托克维尔(Alexis de Tocqueville)、教皇本笃十六世(Joseph Ratzinger)、神学家默里(John Courtney Murray)、索尔仁尼琴(Aleksandr Solzhenitsyn)。

虽然不同章节之间的术语稍微不同,但劳勒对人类尊严的基本历史理念的叙述总体一致。劳勒对古典观点一带而过,原因恐怕在于,他认为这些观点并不能很好地解释人和人格神(尽管他认为苏格拉底、柏拉图的观点不在此列,页207–216)。但是基督教式的尊严观诠释了每个个体无可取代的独特性,从而弥补了这种不足。事实上,基督徒创造和发现的这种尊严观念,我们现在称之为自由主义(页230–231)。现代自由主义观发现人类的尊严来源于自身的独特天赋,这种天赋是自然所赋予的,人类正是依靠它来抵御无情又危险的自然环境,概括来说,这种天赋就是人类的生产力。最终,康德哲学将人类尊严等同于人的自主性,这种自主性限定于人所制定的法律范围之内。这些观点尽管在理论上都清晰有别,但在现实中都被归为同类。

这些观点既将尊严与生产力相联系,又将其与自主性相联系,但它们都表明了一种态度:"神或自然——甚至族群与传

---

① [译注]德尔索(Chantal Delsol),法国当代女学者,自称是保守的自由主义者,阿伦特研究专家,最为著名的是提出个体原则(Principe de subsidiarité)。

统——都无法可靠地引导人类的本性。"美国民众曾希望我们的大学能够阐明神和自然,但我们仍将"生产力"和"自主性"视为"科技社会中自由与尊严的本质性诠释",而没有其他解答。他们那些毕业了的、世故的"布尔乔亚式的波西米亚人"(bourgeois bohemians)——这是记者布鲁克斯(David Brooks)发明的概念,轻易就为"生产力"和"自主性"这两个概念而自豪,却丝毫不觉得任何矛盾(页52-54)。但其外观可以分别被描述为个人主义者或者自由意志主义者。

也有一些学说将所有人类尊严的观点都看作完全反科学的和虚假的。根据达尔文主义的观点,人类与其他动物只具有进化程度上的区别,并没有本质区别。实际上,"虽然世故的美国人对自己身为彻底的达尔文主义者感到自豪,但他们也在不断地强调着自由和个体尊严"(页139)。尊严观念越来越不具有科学依据,但我们对它的依赖却似乎在不断增强。

说实话,劳勒的论证令人信服,不论是自由主义者、个人主义者,还是达尔文主义者,他们的见解其实都在错误的方向上越走越远。前者对自然和族群的思考太粗浅,但后者又思考得太过度。我们对自然所赋予的纤弱身躯很不满意,这足以证明人类不能仅视为自然的产物。但这纤弱的身体也在不断提醒着我们,作为家庭、政治共同体以及教会的一员,我们对父母、孩子、配偶、近邻乃至同胞都负有责任,这正是我们的尊严。基督教式的尊严观或许是一种融合了现代性与基督教自由主义的美式特殊产物,这种尊严观由于洞悉了人的本质而产生出最大的满足感。尽管自由主义或个人主义的尊严观具有极大的吸引力,但它也以自由的名义导向了超越人类主义,尽力突破自然的限制。美国人比以往任何时候都更加自由和安全,但也更加可悲,不断被死亡的问题所困扰。

正如劳勒所言,好的消息在于,人类会抵抗赫胥黎(Aldous Huxley)《美丽新世界》(*Brave New World*)中的社会的任何一种终极退化。这出"戏剧"还将持续。

当前的知识环境并不鼓励思考重大的问题,甚至会嘲笑这类思考,而劳勒这本书却令人神清气爽。同时,我也不禁希望他所探讨的重大问题能更大一些,至少更清楚一些。一方面,劳勒很勇敢,阐释了与我们共有现代社会精神的特定人物,另一方面,他对普通人群还是持谨慎态度。我们期待这本文集只是一个引论,并希望劳勒能在下一本著作中更全面地阐释人的生命和自然的问题。

图书在版编目（CIP）数据

斯宾格勒与西方的没落：纪念斯宾格勒《西方的没落》出版一百周年/娄林主编.--北京：华夏出版社，2018.10
（经典与解释）

ISBN 978-7-5080-9540-0

Ⅰ.①斯… Ⅱ.①娄… Ⅲ.①历史哲学 Ⅳ.①K01

中国版本图书馆CIP数据核字(2018)第174795号

斯宾格勒与西方的没落

主　　编	娄　林
责任编辑	马涛红　李安琴
责任印制	刘　洋
出版发行	华夏出版社
经　　销	新华书店
印　　刷	三河市少明印务有限公司
装　　订	三河市少明印务有限公司
版　　次	2018年10月北京第1版 2018年10月北京第1次印刷
开　　本	880×1230　1/32
印　　张	9.5
字　　数	222千字
定　　价	59.00元

华夏出版社 地址：北京市东直门外香河园北里4号　邮编：100028
网址：www.hxph.com.cn　电话：(010)64663331(转)
若发现本版图书有印装质量问题，请与我社营销中心联系调换。

西方传统：经典与解释
Classici et Commentarii
HERMES
刘小枫◎主编

古今丛编

孟德斯鸠的自由主义哲学
——《论法的精神》疏证 [美]潘戈 著

莫尔及其乌托邦 [德]考茨基 著

试论古今革命 [法]夏多布里昂 著

但丁：皈依的诗学 [美]弗里切罗 著

在西方的目光下 [英]康拉德 著

大学与博雅教育 董成龙 编

探究哲学与信仰
——基尔克果与苏格拉底 [美]郝岚 著

民主的本性
——托克维尔的政治哲学 [法]马南 著

梅尔维尔的政治哲学
——《切雷诺》及其解读 李小均 编/译

席勒美学的哲学背景 [美]维塞尔 著

果戈里与鬼 [俄]梅列日科夫斯基 著

自传性反思 [美]沃格林 著

黑格尔与普世秩序 [美]希克斯 等著

新的方式与制度
——马基雅维利的《论李维》研究
[美]曼斯菲尔德 著

科耶夫的新拉丁帝国 [法]科耶夫 等著

《利维坦》附录 [英]霍布斯 著

或此或彼（上、下） [丹麦]基尔克果 著

海德格尔式的现代神学 刘小枫 选编

双重束缚 [法]基拉尔 著

古今之争中的核心问题
——施米特的学说与施特劳斯的论题 [德]迈尔 著

论永恒的智慧 [德]苏索 著

宗教经验种种 [美]詹姆斯 著

尼采反卢梭 [美]凯斯·安塞尔-皮尔逊 著

舍勒思想评述 [美]弗林斯 著

诗与哲学之争 [美]罗森 著

神圣与世俗 [罗]伊利亚德 著

但丁的圣约书 [美]霍金斯 著

古典学丛编

探究希腊人的灵魂 [美]戴维斯 著

尤利安文选 马勇 编/译

论月面 [古罗马]普鲁塔克 著

雅典谐剧与逻各斯
——《云》中的修辞、谐剧性及语言暴力
[美]奥里根 著

莱园哲人伊壁鸠鲁 罗晓颖 选编

《劳作与时日》笺释 吴雅凌 撰

希腊古风时期的真理大师 [法]德蒂安 著

古罗马的教育 [英]葛怀恩 著

古典学与现代性 刘小枫 编

表演文化与雅典民主政制
[英]戈尔德希尔、奥斯本 编

西方古典文献学发凡 刘小枫 编

古典语文学常谈 [德]克拉夫特 著

古希腊文学常谈 [英]多佛 等著

撒路斯特与政治史学 刘小枫 编

希罗多德的王霸之辨 吴小锋 编/译

第二代智术师
——罗马帝国早期的文化现象 [英]安德森 著

英雄诗系笺释 [古希腊]荷马 著

统治的热望
——修昔底德笔下的阿尔喀比亚德和帝国政治
[美]福特 著

论埃及神学与哲学
——伊希斯与俄赛里斯 [古希腊]普鲁塔克 著

凯撒的剑与笔 李世祥 编/译

伊壁鸠鲁主义的政治哲学
[意]詹姆斯·尼古拉斯 著

修昔底德笔下的人性 [美]欧文 著

修昔底德笔下的演说 [美]斯塔特 著

古希腊政治理论 [美]格雷纳 著

神谱笺释 吴雅凌 撰

赫西俄德：神话之艺
[法]居代·德·拉孔波 等著

赫拉克勒斯之盾笺释 罗逍然 译笺

《埃涅阿斯纪》章义　王承教 选编
维吉尔的帝国　[美]阿德勒 著
塔西佗的政治史学　曾维术 编

古希腊诗歌丛编
古希腊早期诉歌诗人　[英]鲍勒 著
诗歌与城邦　[美]费拉格、纳吉 主编
阿尔戈英雄纪（上、下）
[古希腊]阿波罗尼俄斯 著
俄耳甫斯教祷歌　吴雅凌 编译
俄耳甫斯教辑语　吴雅凌 编译

古希腊肃剧注疏集
希腊肃剧与政治哲学　[美]阿伦斯多夫 著

古希腊礼法
希腊人的正义观　[英]哈夫洛克 著

廊下派集
廊下派的神和宇宙　[墨]里卡多·萨勒斯 编
廊下派的城邦观　[英]斯科菲尔德 著

希伯莱圣经历代注疏
希腊化世界中的犹太人　[英]威廉逊 著
第一亚当和第二亚当　[德]朋霍费尔 著

新约历代经解
属灵的寓意　[古罗马]俄里根 著

基督教与古典传统
加尔文与现代政治的基础　[美]汉考克 著
无执之道
——埃克哈特神学思想研究　[德]文森 著
恐惧与战栗　[丹麦]基尔克果 著
托尔斯泰与陀思妥耶夫斯基
[俄]梅列日科夫斯基 著
论宗教大法官的传说　[俄]罗赞诺夫 著
海德格尔与有限性思想（重订版）
刘小枫 选编
上帝国的信息　[德]拉加茨 著
基督教理论与现代　[德]特洛尔奇 著
亚历山大的克雷芒　[意]塞尔瓦托·利拉 著
中世纪的心灵之旅
——波纳文图拉神学著作选　[意]圣·波纳文图拉 著

德意志古典传统丛编
彭忒西勒亚　[德]克莱斯特 著
穆佐书简　[奥]里尔克 著
纪念苏格拉底——哈曼文选　刘新利 选编
夜颂中的革命和宗教
——诺瓦利斯选集卷一　[德]诺瓦利斯 著
大革命与诗话小说
——诺瓦利斯选集卷二　[德]诺瓦利斯 著
黑格尔的观念论　[美]皮平 著
浪漫派风格——施勒格尔批评文集　[德]施勒格尔 著

美国宪政与古典传统
美国1787年宪法讲疏　[美]阿纳斯塔普罗 著

世界史与古典传统
从普遍历史到历史主义　刘小枫 编

启蒙研究丛编
现实与理性　[法]科维纲 著
论古人的智慧　[英]培根 著
托兰德与激进启蒙　刘小枫 编
图书馆里的古今之战　[英]斯威夫特 著

品达注疏集
幽暗的诱惑
——品达、晦涩与古典传统　[美]汉密尔顿 著

欧里庇得斯集
自由与僭越
——欧里庇得斯《酒神的伴侣》绎读　罗峰 编译

阿里斯托芬集
《阿卡奈人》笺释　[古希腊]阿里斯托芬 著

色诺芬注疏集
居鲁士的教育　[古希腊]色诺芬 著
色诺芬的《会饮》　[古希腊]色诺芬 著

柏拉图注疏集
柏拉图书简　彭磊 译著
哲学的奥德赛——《王制》引论　[美]郝兰 著
爱欲与启蒙的迷醉
——论柏拉图的《会饮》　[美]贝尔格 著
为哲学的写作技艺一辩
——《斐德若》疏证　[美]伯格 著

柏拉图式的迷宫——《斐多》义疏 [美]伯格 著
哲学如何成为苏格拉底式的 [美]朗佩特 著
苏格拉底与希琵阿斯 王江涛 编译
理想国 [古希腊]柏拉图 著
谁来教育老师——《普罗塔戈拉》发微 刘小枫 编
立法者的神学
——柏拉图《法义》卷十绎读 林志猛 编
柏拉图对话中的神 [法]薇依 著
厄庇诺米斯 [古希腊]柏拉图 著
智慧与幸福
——柏拉图的《厄庇诺米斯》 程志敏 选编
论柏拉图对话 [德]施莱尔马赫 著
柏拉图《美诺》疏证 [美]克莱因 著
政治哲学的悖论
——苏格拉底的哲学审判 [美]郝岚 著
神话诗人柏拉图 张文涛 选编
阿尔喀比亚德 [古希腊]柏拉图 著
叙拉古的雅典异乡人
——柏拉图《书简七》探幽 彭磊 选编
阿威罗伊论《王制》 [阿拉伯]阿威罗伊 著
《王制》要义 刘小枫 选编
柏拉图的《会饮》 [古希腊]柏拉图 等著
苏格拉底的申辩（修订版） [古希腊]柏拉图 著
苏格拉底与政治共同体 [美]尼柯尔斯 著
政制与美德——柏拉图《法义》疏解 [美]潘戈 著
《法义》导读 [法]卡斯代尔·布舒奇 著
论真理的本质 [德]海德格尔 著
哲人的无知 [德]费勃 著
米诺斯 [古希腊]柏拉图 著

亚里士多德注疏集

亚里士多德《政治学》中的教诲 [美]潘戈 著
品格的技艺 [美]加佛 著
亚里士多德哲学的基本概念 [德]海德格尔 著
《政治学》疏证 [意]托马斯·阿奎那 著
尼各马可伦理学义疏
——亚里士多德与苏格拉底的对话 [美]伯格 著
哲学之诗
——亚里士多德《诗学》解诂 [美]戴维斯 著

对亚里士多德的现象学解释 [德]海德格尔 著
城邦与自然——亚里士多德与现代性 刘小枫 编
论诗术中篇义疏 [阿拉伯]阿威罗伊 著
哲学的政治
——亚里士多德《政治学》疏证 [美]戴维斯 著

普鲁塔克集

普鲁塔克的《对比列传》 [英]达夫 著
普鲁塔克的实践伦理学 [比利时]胡芙 著

阿尔法拉比集

政治制度与政治箴言 阿尔法拉比 著

莎士比亚绎读

莎士比亚的历史剧 [英]蒂利亚德 著
莎士比亚戏剧与政治哲学 彭磊 选编
莎士比亚的政治盛典 [美]阿鲁里斯/苏利文 编
丹麦王子与马基雅维利 罗峰 选编

洛克集

上帝、洛克与平等 [美]沃尔德伦 著

卢梭集

论哲学生活的幸福 [德]迈尔 著
致博蒙书 [法]卢梭 著
政治制度论 [法]卢梭 著
哲学的自传
——卢梭的《孤独漫步者的遐思》 [美]戴维斯 著
文学与道德杂篇 [法]卢梭 著
设计论证
——卢梭的《社会契约论》 [美]吉尔丁 著
卢梭的自然状态 [美]普拉特纳 等著
卢梭的榜样人生
——作为政治哲学的《忏悔录》 [美]凯利 著

莱辛注疏集

汉堡剧评 [德]莱辛 著
关于悲剧的通信 [德]莱辛 著
《智者纳坦》研究版 [德]莱辛 等著
启蒙运动的内在问题
——莱辛思想再释 [美]维塞尔 著
莱辛剧作七种 [德]莱辛 著
历史与启示——莱辛神学文选 [德]莱辛 著

论人类的教育
——莱辛政治哲学文选　[德]莱辛 著

尼采注疏集
尼采引论　[德]施特格迈尔 著

尼采与基督教
——尼采的《敌基督》论集　刘小枫 编

尼采眼中的苏格拉底　[美]丹豪瑟 著

尼采的使命
——《善恶的彼岸》绎读　[美]朗佩特 著

尼采与现时代
——解读培根、笛卡尔与尼采　[美]朗佩特 著

动物与超人之间的绳索　[德]A.彼珀 著

施特劳斯集
原著
论僭政（重订本）——色诺芬《希耶罗》义疏
[美]施特劳斯 [法]科耶夫 著

苏格拉底问题与现代性（增订本）
——施特劳斯讲演与论文集：卷二

犹太哲人与启蒙
——施特劳斯演讲与论文集：卷一

霍布斯的宗教批判

斯宾诺莎的宗教批判

门德尔松与莱辛

哲学与律法——论迈蒙尼德及其先驱

迫害与写作艺术

柏拉图式政治哲学研究

论柏拉图的《会饮》

柏拉图《法义》的论辩与情节

什么是政治哲学

古典政治理性主义的重生（重订本）

回归古典政治哲学——施特劳斯通信集

苏格拉底与阿里斯托芬

研究作品
论源初遗忘
——海德格尔、施特劳斯与哲学的前提
[美]维克利 著

政治哲学与启示宗教的挑战　[德]迈尔 著

阅读施特劳斯　[美]斯密什 著

施特劳斯与流亡政治学　[美]谢帕德 著

隐匿的对话
——施米特与施特劳斯　[德]迈尔 著

驯服欲望
——施特劳斯笔下的色诺芬撰述　[法]科耶夫 等著

施米特集
宪法专政
——现代民主国家中的危机政府　[美]罗斯托 著

施米特对自由主义的批判　[美]约翰·麦考米克 著

伯纳德特集
古典诗学之路（第二版）
——相遇与反思：与伯纳德特聚谈　[美]伯格 编

弓与琴（重订本）
——从柏拉图解读《奥德赛》　[美]伯纳德特 著

神圣的罪业　[美]伯纳德特 著

布鲁姆集
巨人与侏儒（1960-1990）

人应该如何生活——柏拉图《王制》释义

爱的设计——卢梭与浪漫派

爱的戏剧——莎士比亚与自然

爱的阶梯——柏拉图的《会饮》

伊索克拉底的政治哲学

沃格林集
自传体反思录　[美]沃格林 著

大学素质教育读本
古典诗文绎读 西学卷·古代编（上、下）

古典诗文绎读 西学卷·现代编（上、下）

中国传统：经典与解释
Classici et Commentarii

古典互鉴

刘小枫 陈少明 ◎主编

论语说义 / [清]宋翔凤 撰
周易古经注解考辨 / 李炳海 著
浮山文集 / [明]方以智 著
药地炮庄 / [明]方以智 著
药地炮庄笺释·总论篇 / [明]方以智 著
青原志略 / [明]方以智 编
冬灰录 / [明]方以智 著
冬炼三时传旧火 / 邢益海 编
《毛诗》郑王比义发微 / 史应勇 著
宋人经筵诗讲义四种 / [宋]张纲 等撰
道德真经藏室纂微篇 / [宋]陈景元 撰
道德真经四子古道集解 / [金]寇才质 撰
皇清经解提要 / [清]沈豫 撰
经学通论 / [清]皮锡瑞 著
松阳讲义 / [清]陆陇其 著
起凤书院答问 / [清]姚永朴 撰
周礼疑义辨证 / 陈衍 撰
《铎书》校注 / 孙尚扬 肖清和 等校注
韩愈志 / 钱基博 著
论语辑释 / 陈大齐 著
《庄子·天下篇》注疏四种 / 张丰乾 编
荀子的辩说 / 陈文洁 著
古学经子 / 王锦民 著
经学以自治 / 刘少虎 著
从公羊学论《春秋》的性质 / 阮芝生 撰

刘小枫集

以美为鉴：注意美国立国原则的是非未定之争
海德格尔与中国
古典学与古今之争［增订本］
这一代人的怕和爱［第三版］
沉重的肉身［珍藏版］
圣灵降临的叙事［增订本］
罪与欠
儒教与民族国家
拣尽寒枝
施特劳斯的路标
重启古典诗学
共和与经纶
设计共和
现代性与现代中国：现代性社会理论绪论
诗化哲学［重订本］
拯救与逍遥［修订本］
走向十字架上的真
卢梭与我们
西学断章
现代人及其敌人
好智之罪：普罗米修斯神话通释
民主与爱欲：柏拉图《会饮》绎读
民主与教化：柏拉图《普罗塔戈拉》绎读
巫阳招魂：《诗术》绎读

编修［博雅读本］

凯若斯：古希腊语文读本［全二册］
古希腊语文学述要
雅努斯：古典拉丁语文读本
古典拉丁语文学述要
危微精一：政治法学原理九讲
琴瑟友之：钢琴与古典乐色十讲

经典与解释辑刊

1 柏拉图的哲学戏剧
2 经典与解释的张力
3 康德与启蒙
4 荷尔德林的新神话
5 古典传统与自由教育
6 卢梭的苏格拉底主义
7 赫尔墨斯的计谋
8 苏格拉底问题
9 美德可教吗
10 马基雅维利的喜剧
11 回想托克维尔
12 阅读的德性
13 色诺芬的品味
14 政治哲学中的摩西
15 诗学解诂
16 柏拉图的真伪
17 修昔底德的春秋笔法
18 血气与政治
19 索福克勒斯与雅典启蒙
20 犹太教中的柏拉图门徒
21 莎士比亚笔下的王者
22 政治哲学中的莎士比亚
23 政治生活的限度与满足
24 雅典民主的谐剧
25 维柯与古今之争
26 霍布斯的修辞
27 埃斯库罗斯的神义论
28 施莱尔马赫的柏拉图
29 奥林匹亚的荣耀
30 笛卡尔的精灵
31 柏拉图与天人政治
32 海德格尔的政治时刻
33 荷马笔下的伦理
34 格劳秀斯与国际正义
35 西塞罗的苏格拉底
36 基尔克果的苏格拉底
37 《理想国》的内与外
38 诗艺与政治
39 律法与政治哲学
40 古今之间的但丁
41 拉伯雷与赫尔墨斯秘学
42 柏拉图与古典乐教
43 孟德斯鸠论政制衰败
44 博丹论主权
45 道伯与比较古典学
46 伊索寓言中的伦理
47 斯威夫特与启蒙
48 赫西俄德的世界
49 洛克的自然法辩难